KB184396

통일교육의 페다고지

김병연

머리말

통일교육으로 통일을 이룰 수 있을까? 오랜 기간 통일교육을 연구하면서 내린 결론은 안타깝게도 '아니다'이다. 뒷받침하는 근거는 무수히 많다. 교육과정이 개정될 때마다 통일교육은 국가적 요구로 강조되었지만, 남북관계는 개선될 기미가 보이지 않고 오히려 퇴보할 때가 많다. 북한을 남보다 못하게 늘 경계심 가득한 눈빛으로 바라보는 인식 또한 커지고 있다. 한국 사회의 많은 이들은 도무지 풀리지 않는 답답한 남북관계의 현실에서 헤어질 결심을 단단히 한 것으로 보인다. 학생을 포함하여 통일에 대해 미지근하거나 회의적인 시각을 가진 시민들이 지속해서 증가하고 있다.

통일교육의 페다고지는 무엇인가? 두 말은 조화를 이루고 있는가? 그동안의 통일교육 논의에서 학생과 교사는 늘 소외되었다. 교육부와 통일부가 통일교육 활성화를 위한 논의를 적극적으로 펼쳤지만, 그 속에서 학생은 관찰 대상이었지 대등한 목소리를 내는 교육 주체로 존중받지 못했다. 교사들도 크게 다르지 않다. 주어진 교육과정과 교과서에 충실할 것을 요구받으면서도 정작 교사들이 북한을, 통일을 어떻게 받아들이고 있는지, 그러한 생각과 조화를 이룰 수 있는 통일교육의 페다고지가 무엇이어야 하는지 관심이 부족했다.

통일교육과 통일정책은 구분하지 않고 다뤄지는 경우가 많았다. 국제 정세와 한반도 안보 상황과 같이 큰 이야기, 헌법과 법률에 근거한 추상적이고 당위적인 교육목표, 게다가 정권이 교체될 때마다 북한을 친구로 가르쳐야 할지, 적으로 가르쳐야 할지 헷갈리게 만드는 일관성 없는 교육 방향 등은 과연 통일교육에 페다고지가 있는가에 관해 의구심을 불러일으키기에 충분했다. 이러한 이유로 이미 오래전에 많은 학생과 교사는 통일을, 북한을, 통일교육을 외면하기 시작했다.

통일을 잠시 내려놓아야 교실에서 다시 통일을 포함한 남북관계의 미래를 이야기할 수 있다. 통일을 유일한 목표로 한 통일교육은 이미 실패했다. 학생들의 삶과 거리가 멀어 관심을 불러일으키지 못할 뿐만 아니라 '통일 필요성 인식', '통일의지 함양'이라는 교육 목표에 동의하지 않는 이들이 너무 많다. 소위 진보와 보수를 오가는 정권 교체의 과정에서 지향점은 언제나 위태롭게 흔들렸다.

교육 주체 다수가 동의하는 가운데 진행할 수 있는 주제와 방법은 무엇일까? 한반도와 연을 맺고 살아가는 이들은 모두 분단 현실에서 자유롭지 않다. 분단이 유지되는 한 남한과 북한, 그리고 주변국들과의 긴장과 갈등은 지속될 수밖에 없고 이는 관계된 모두의 삶에 영향을 미친다. 따라서 이 문제는 학생들이 반드시 고민해야 할 훌륭한 교육 주제가 된다. 또한 외면하고 싶어도 외면할 수 없는 북한과의 관계 개선을 위해 있는 그대로 북한을 이해하기 위한 노력이 필요하다. 이를 통해 관계된 모든 이들의 더 나은 삶을 이룰 방안을 함께 머리 맞대고 찾아야 한다. 어떤 남북관계를, 어떻게 만들 것인가를 학생들에게 묻고 새로운 길을 모색해야 한다. 정답 없는 불확실한 미래를 어떻게 만들 것인가를 탐구하는 교육을 해야 한다. 이것은 교실에서 학생과 교사를 주체로 세우고 통일교육의 페다고지를 확립하는 길이기도 하다.

이 책은 다섯 부분으로 구성하였다. 제1부 주제는 '교육과정에서 통일교육'이다. 1장에서는 반공교육, 승공교육에서 평화통일교육에 이르기까지 분단 이후 교육과정에 반영된 통일, 남북관계 관련 교육과정의 흐름을 분석하여 평화 지향적 통일교육과 안보 지향적 통일교육이 공존하며 경쟁하는 현실을 다뤘다. '윤리연구' 제145호에 게재한 "평화 지향적 통일교육과 안보 지향적 통일교육의 연계성"을 수정하였다. 2장에서는 학교 통일교육의 잠재적 교육과정을 다루었다. 분단된 현실과 이로 인해 파생되는 학교 밖 환경, 학교의 생태, 인적 요소 등이 학생들로 하여금 통일 문제를 사고하는 데 잠재적 교육과정이 되고 있음을 다루었다. '도덕윤리과교육' 제59호에 게재한 "학교 통일교육의 잠재적 교육과정에 대한 연구"를 수정하였다. 3장에서는 2022 개정 교육과정과 2015 개정 교육과정의 도덕과와 사회과를 중심으로 학교 통일교육의 형식적 교육과정을 소개하고 쟁점과와 한계를 다루었다. '도덕윤리과교육' 제64호에 게재한 "2015 개정 도덕과 교육과정 통일교육 내용에서 쟁점 연구"를 수정하였다.

제2부 주제는 '교육 주체의 인식과 통일교육'이다. 학교 통일교육의 잠재적 교육과정 요소 중 하나인 인적 요소로서 학생과 교사의 인식을 살피고 그 바탕 위에서 통일교육 관련 교육과정과 교과서가 개발되어야 함을 밝혔다. 1장에서는 학교 통일

교육 실태조사 결과를 바탕으로 학생들의 북한, 통일, 통일교육 인식을 다뤘고, 2장에서는 학교 통일교육 실태조사와 서울특별시교육청 현장연구 결과를 바탕으로 교사들의 북한, 통일, 통일교육 인식을 분석하였다.

제3부 주제는 '교육환경과 통일교육'이다. 통일교육은 헌법과 통일교육지원법 등 관련 법률의 범위 내에서 이루어진다. 1장에서는 헌법과 법률, 시·도교육청 조례 등 통일교육 관련 규범을 소개하고 문제점과 개선 방향을 제안하였다. '윤리교육연구' 제56집에 게재한 "통일교육 관련 법 규범의 문제점과 개선 방향"을 수정하였다. 2장에서는 통일교육지원법 제2조와 제3조를 중심으로 쟁점과 개정 방안을 제시하였다. '도덕윤리과교육' 제58호에 게재한 "통일교육지원법의 쟁점과 개정 방안 연구 -제2조 정의, 제3조 통일교육의 기본원칙 조항을 중심으로"를 수정하였다. 3장에는 학교 밖에서 통일교육의 잠재적 교육과정으로 강력한 영향을 미치는 언론환경을 고려한 통일교육의 변화를 다루었다. '도덕윤리과교육' 제52호에 게재한 "남북한 이슈에 관한 언론보도 연구 문헌 분석"을 수정하였다. 이 글은 작성한 지 꽤 오래되었지만 언론 환경과 통일교육의 관계를 탐구한 몇 안 되는 글이기에 포함하였다. 1인 미디어를 비롯한 새로운 언론환경을 고려하면서 읽는다면 또 다른 통찰을 얻을 수 있을 것이라 생각한다.

제4부 주제는 '통일교육의 개선 방향'이다. 통일교육의 페다고지를 형성하기 위한 새로운 접근 방향을 소개하였다. 1장에서는 통일 이전부터 독일 정치교육의 기본원칙으로 적용되었던 보이텔스바흐 합의가 통일교육에 주는 시사점을 밝혔다. '윤리연구' 제126호에 게재한 "보이텔스바흐 합의가 학교 통일교육에 주는 함의"를 수정하였다. 2장에서는 인지발달 이론의 관점에서 통일교육의 페다고지를 위한 방향을 제시하였다. '도덕윤리과교육' 제84호에 게재한 "인지발달 이론에 근거한 통일교육의 교수·학습 방향"을 수정하였다.

제5부 주제는 '통일교육 프로그램의 적용'이다. 1장에서는 고등학교에서 학기 말에 학교 자율 교육과정으로 운영할 수 있는 프로그램의 예를 제시하였다. '통일교육연구' 제20권 제1호에 게재한 "학교 자율 교육과정으로 활용 가능한 통일교육 프로그램 개발"을 수정하였다. 학생들이 주도적으로 주제를 선정하고 탐구하는 과정을 통해 앎을 키워갈 방안을 제시하였다. 2장은 한국전쟁이라는 세부 주제를 어떻게

통일교육에서 다룰 수 있을지에 대해 평화교육과 화해교육 관점에서 교육 방안을 제시하였다. '통일인문학' 제89집에 게재한 "한국전쟁에 관한 교육 연구 : 화해교육과 평화교육 접근을 중심으로"를 수정하였다.

책을 펴내면서 떠오르는 고마운 분들이 많다. 평화교육의 눈으로 세상과 교육을 바라볼 수 있도록 안내해 준 박정원 교수님, 통일교육이 다문화교육, 민주시민교육, 사회정의 교육 등과 조화를 이루는 보편적인 교육이어야 함을 일깨워 준 박성춘 교수님이 계셔서 연구의 지평을 넓힐 수 있었다. 마음 깊이 감사한 마음을 전하고 싶다. 그리고 공부해야 할 이유를 제시해 준 수많은 중학교와 고등학교, 공주교육대학교의 제자들에게 고맙다. 그들과 나눈 대화는 통일교육의 페다고지를 고민하도록 만든 가장 큰 힘이었다. 또한 원고를 꼼꼼하게 검토하고 읽기 쉽게 편집해 준 박영스토리 소다인 님께도 감사함을 전한다. 끝으로, 공부한다는 핑계로 앓는 소리가 일상인 남편과 아빠를 묵묵히 지켜봐 주고 응원해 준 아내 수명과 아들 정민, 정우에게도 고마운 마음을 전한다.

차례

제1부

교육과정에서 통일교육

PEDAGOGY OF UNIFICATION EDUCATION

제1장

통일교육에서 평화와 안보의 경쟁과 공존

제1장
통일교육에서 평화와 안보의 경쟁과 공존

I 서론

남북관계는 상호불신에 바탕을 둔 적대적 관계와 상호인정에 바탕을 둔 협력적 관계 사이에서 강조점을 달리하며 변화해왔다. 외세에 의한 분단, 서로 다른 이념에 기반을 둔 정부 수립, 이어진 끔찍한 전쟁, 지속된 남북 간 긴장과 갈등은 상호불신을 키웠다. 이는 적대적 관계 형성의 원천이다. 7·4 남북 공동성명, 남북기본합의서 체결, 남북정상회담, 다양한 분야에서의 교류협력 경험은 상호인정과 대화의 가능성을 믿고 협력적 관계를 형성하는 원천이다.

남북분단 이후의 통일은 민족사적 과제로 여겨졌고 헌법과 법률에서 강조되었다. 그리고 이것은 학교현장에 통일교육으로 반영되었다. 통일교육은 그 이름의 수만큼이나 지향점이 다르다. 반공교육, 멸공교육, 승공통일교육, 안보교육, 통일·안보교육, 나라사랑교육, 민족공동체 통일교육, 북한이해교육, 평화통일교육, 통일평화교육, 평화·통일교육 등 다양한 명칭은 지향점의 차이를 보여준다. 지향점의 차이는 통일교육의 목표와 내용에서 변화를 암시하는데 이는 일관성 있는 통일교육을 방해하는 장애물이다.

남북관계는 다양한 변수에 의해 변화해왔지만 교육적인 노력에 부응하는 결과를 낳고 있지 못하다. 오히려 적대적인 두 국가관계, 전쟁 중에 있는 교전국 관계를 공개적으로 천명하는 상황을 맞이하기도 한다(조선중앙통신, 2023; 윤정훈, 2023에서 재인용). 관계의 변화는 상대방에 대한 인식의 변화를 의미한다. 통일 논의에서 상대인 북한에 대한 관점은 평화와 안보라는 핵심 지향점과 밀접한 관련을 갖는다.

평화와 안보는 모두 현실에서 그 정당성을 인정받고 있지만, 대북정책이나 통일교육 방향으로 제시될 때 모순과 딜레마 상황에 빠지기도 한다. 모순으로 가득한 남북분단의 현실에서 통일교육은 학습자들이 자신과 다른 입장을 더 깊이 이해하고, 자기 입장을 뒷받침하는 근거를 들어 주장을 전개할 수 있으며, 갈등과 딜레마를 해결하기 위한 실질적인 해결책을 찾도록 도와야 한다.

이 글에서는 남북관계 개선을 위한 교육적 노력인 통일교육의 흐름을 평화 지향적 통일교육과 안보 지향적 통일교육으로 구분하고, 분단 이후 상반된 입장에 따른 관계가 뒤섞여 경쟁하며 한편으로 공존하고 있음을 소개하고자 한다.

Ⅱ 통일교육에서 평화와 안보의 긴장

1. 평화의 의미

평화의 소중함을 부인하는 이들을 찾기 어렵듯이 안보의 소중함을 등한시하는 사람들을 찾기 어렵다. 평화와 안보는 국제연맹 규약과 국제연합 헌장에 가장 많이 등장하는 용어다(김열수, 2017: 7). 그러나 평화와 안보의 의미를 좀 더 깊이 살펴보면 두 지향점 사이에 깊은 간극을 발견할 수 있다.

평화에 대한 이해는 나라마다 다르고, 문화적 맥락에 따라 다르다(Harris & Morrison, 2003: 11). 아시아권에서는 조화(harmony)로서, 서구 민주주의의 관점에서는 질서(order)로서, 평화운동가의 입장에서는 정의(justice)로서 평화를 말한다(하영선 외, 2002: 428). 마음의 평화를 떠올리기도 하고 평화로운 인간관계, 세계분쟁과 평화 등을 떠올리기도 한다.

평화의 의미를 알기 위해 평화롭지 않은 상태를 규정하고 그 반대 이미지를 평화로 상정할 수 있다. 덜 폭력적이고 더 정의로운 세계의 모습을 표현하는 이상적인 의미로서 평화를 묘사할 수 있다(Reardon, 1988/2021: 45). 평화의 결여는 폭력이다(G. Salomon ed., 2002: 5). 그러므로 폭력이 없는 상태가 평화라 할 수 있다.

펠(Fell)은 폭력을 공공연하고 직접적인 폭력과 은밀하며 구조적인 폭력으로 나누었다(D. Hicks ed., 1993: 110). 해리스(Harris)는 신체적 폭력, 정신적 폭력, 구조적 폭력, 환경적 폭력, 가정 폭력으로 구분하였다(Salomon ed., 2002: 16). 갈퉁

(Galtung)은 폭력의 유형을 직접적 폭력, 구조적 폭력(structural violence), 문화적 폭력(cultural violence)으로 구분하였다(하영선 외, 2002: 428).

직접적 폭력은 신체, 도구, 무기 등 물리적 힘을 이용해 해를 가하는 것을 의미한다. 구조적 폭력은 사회 구조가 제대로 작동하지 않아 사회 구성원들을 억압하고 해를 끼치는 것을 말한다. 문화적 폭력은 사상, 철학, 예술, 과학, 종교, 전통, 담론, 언어 등을 통해 가해지는 폭력이다(정주진, 2015: 18-22). 평화는 생명과 안전이 보장된 삶을 살 수 있을 뿐만 아니라, 사회제도의 문제나 지배적인 문화에 의해 억압당하지 않고 살아가는 상태다.

2. 안보의 의미

안보(security)는 라틴어 securitas에서 유래했는데, 이는 'se(벗어나다)+curitas(불안·근심·걱정·위협·공포)'의 의미로 '공포에서 벗어나다'라는 뜻을 갖고 있다(김병남, 2011: 13). 안보는 외부의 위협이나 침략으로부터 국가와 국민의 안전을 지키는 일로 사회 또는 개인이 존재를 유지하는 근본적이고 필수적인 조건이다(이광현, 2013: 1; 김병문, 2017: 10).

한국에서 안보는 '안전보장'의 줄임말로 읽히며, 안전(safety)과 같은 의미로 이해될 때가 많다. 그러나 안보연구에서는 안전과 안보를 개념적으로 구분한다. 안전은 위험(danger)과 항상 같이 다닌다. 위험으로부터 발생되는 손상으로부터의 자유가 안전이기 때문이다. 위험이란 '좋은 결과를 기대할 수 없는 순전히 초래될 손상'을 말하는 것으로써 해로움이나 손실이 있거나 또는 그런 상태를 의미한다(김열수, 2017: 5).

안전은 좋은 결과를 기대할 수 없는 상황에서 초래될 손상, 예를 들어, 교통사고와 같은 위험에 대비하고 예방하는 데 관심을 갖는다. 안보는 위협(threat)에 대비하여 손상을 막는 데 관심을 둔다. 비의도적인 위험으로부터 주체를 보호하는 것을 안전이라고 하고, 의도적인 위협으로부터 주체를 보호하는 것을 안보라고 한다(김열수, 2017: 6-7).

우리 사회에서 안보는 국가안보, 군사안보와 동일시되는 경우가 많다. 국가안보는 외부의 위협으로부터 국가의 생존 보장을 위해 영토와 주권을 보호하는 것을 의미한다(제성훈, 2012; 김병문, 2017: 10에서 재인용). 군사안보란 자국의 주권이 미치는 영토나 국민이 소중하게 생각하는 가치에 대한 군사적 침략이나 침략 위협으로부터 안전하게 보호하는 것을 의미한다(조홍제·박균열, 2016: 17-18). 한국 사회에서 안보 논의는 한반도의 평화를 해칠 의도가 있는 북한의 군사적 도발이 가져올 위협에 대비하는 데 주된 관심을 두었다.

오늘날 전쟁, 내란 등의 위협만큼이나 환경재앙, 빈곤, 질병 등의 새로운 위협이 인류의 생존에 막대한 영향을 미치고 있다(독고순·김규현, 2013: 196). 이처럼 안보 개념이 확장되면서 인간안보가 등장하였다. 인간안보는 기아, 질병, 억압과 같은 위협으로부터 안전과 가정과 직장, 공동체의 일상이 갑작스럽게 붕괴되지 않는 것을 전반적으로 포함한다(김병문, 2017: 12).

국가안보와 인간안보는 상호 밀접한 관계를 가지면서 한편으로는 보완적이면서 다른 한편에서는 서로 충돌하는 양면성을 보인다. 인간안보가 증진되면 국가안보 위협이 증가될 수 있다. 예를 들어, 한반도에서 군사분계선을 따라 설치된 지뢰가 제거되면 인간안보 차원에서는 긍정적이지만, 남한의 국가안보를 치명적으로 위협할 수 있다(김병문, 2017: 11).

3. 평화와 안보의 연계성

분단된 한반도 현실에서 평화와 안보는 어떤 방식으로 결합되고 있는가? 이 둘은 모두 '좋은 상태'를 지향하고 있다는 점에서 유사한 의미로 이해되기도 한다. 안전보장은 평화로운 삶을 위한 최소한의 조건이기 때문에 선후 관계로 이해될 수도 있다. 전쟁과 같은 극심한 폭력 상태에 노출되어 있는 이들에게 안전이 보장된 상태가 곧 평화로 인식될 수도 있다. 처한 상황에 따라 안보와 평화에 대한 이해가 다를 수 있다.

궁극적 의미를 살펴보면 평화와 안보의 차이를 발견할 수 있다. 먼저 잠재적 또는 명시적인 적의 설정 여부에서 차이가 있다. 내부로서 '우리'와 외부로서 '그들'을 어떻게 인식하고 바라보는가에서 다르다. 안보는 피아를 식별하여 안보 위협 세력인 '적'을 분명히 규정하고자 한다. 평화는 우리와 그들의 경계를 낮춰 더 큰 공동체를 만들 수 있다고 믿고 그것을 시도한다. 모두의 평화를 지향하는 경향을 보인다.

둘째, 평화와 안보는 수혜 대상에서 그 범위를 달리한다. 안보 논의에서 주된 수혜 대상은 내부 집단으로서 '우리'가 된다. 평화는 수혜 대상의 범위를 내부 집단에 한정하지 않고 외부의 '그들'로 확대하는 데 적극적이다.

셋째, 평화와 안보는 전쟁과 같은 폭력에 대해 관점 차이를 보인다. 평화를 강조하는 관점은 안보 유지를 위한 전쟁 준비에 관심이 부족하고 비판적이다. 적극적으로 전쟁에 반대하는 입장에 선다. 안보를 강조하는 관점은 외부의 위협이 있다면 '우리'의 안전을 위해 공인된 폭력을 사용하는 것이 불가피하다는 입장에 선다. 이를 예방하기 위해 튼튼한 안보를 강조한다.

평화와 안보는 분단 현실과 결합하면서 왜곡되고 보다 대립적인 개념으로 발전하는 경우가 많다. 보수정부에서는 반공·안보교육에 치우치면서 안보의 중요성을 강조하고 북한정권의 비민주적, 반인권적 측면을 강조한다. 진보정부에서는 평화의 관점에서 통일 문제를 바라보는 시각과 남북 간 교류협력을 위한 노력이 강조된다(조정아, 2019: 46). 평화와 안보가 현실정치와 결합하면서 정권교체에 따라 안보 우위, 또는 평화 우위의 정책이 반복되고 있다.

평화연구와 안보연구의 접점은 적극적 평화 개념과 국가안보에서 인간안보로의 개념 확장을 통해 찾을 수 있다. 물리적, 군사적 충돌을 방지한다는 의미의 소극적 평화를 넘어 간접적 폭력, 구조적 폭력, 문화적 폭력을 방지하는 적극적 평화를 지향하는(조정아, 2007: 296) 평화연구의 성과와 국가 내·외부의 물리적 폭력뿐만 아니라 다양한 비폭력적 위협들로부터 인간의 생존과 기본권 보호를 강조하는 인간안보를 안보연구에서 적극적으로 도입할 때 평화연구와 안보연구의 조화 가능성을 찾을 수 있다.

4. 평화와 안보, 통일교육과의 변주

통일교육은 남북관계의 변화와 통일교육 정책에 따라 안보를 강조하는 관점과 평화를 강조하는 관점 사이를 오가면서 전개되었다. 한만길(2019)은 2000년 이후 정부의 통일교육 정책을 검토하여 통일교육의 모형을 평화통일교육과 통일안보교육으로 구분하였다. 평화통일교육은 평화공존과 사회통합을 지향하고 남북협력과 평화의식 함양을 목표로 한다. 북한의 장단점을 인식하고 남북 간 교류와 협력을 중시하며 평화공존을 통한 공동번영을 강조한다. 반면, 통일안보교육은 국가안보와 체제통합을 지향하고 북한에 대한 경계와 안보의식을 높이고자 한다. 북한의 문제점을 적대적으로 인식하고 북한에 대한 압박과 제재를 중시한다(140).

학교 통일교육은 정부의 통일교육 지침을 통해 지향점을 드러내지만, 실제 실행은 국가 수준 교육과정의 영향을 더 많이 받는다. 통일교육의 지향점을 이분법적으로 구분하기 어렵다. 강조점이 변하고 서로 다른 지향점이 경쟁하면서 혼재하고 있다. 평화번영정책을 강조한 것으로 평가받는 노무현 정부의 통일교육 지침에서 북한을 "통일의 동반자이자 현실적 위협"(통일부, 2005: 21)으로 제시하였는데, 이는 안보를 중시하는 관점이 포함되어 있음을 보여준다.

이 글에서는 우리 사회에서 전개되어 온 통일교육 논의를 평화 지향적 통일교육과 안보 지향적 통일교육으로 범주화한다. 교육과정과 정부의 통일교육 정책에 반영된 관점의 차이를 남북관계와 북한, 통일, 안보, 학습자와 교수·학습 등을 바라보는 관점을 중심으로 살펴볼 것이다. '지향적'이라는 수식어를 붙인 이유는 특정 시기 통일교육의 지향점을 하나의 단어로 규정하기 어렵고, 상대적인 차이가 있다고 보았기 때문이다.

평화 지향적 통일교육의 범주에는 민족공동체교육, 북한이해교육, 평화통일교육, 통일평화교육, 평화·통일교육 등이 해당된다. 민족공동체교육은 단일국가 건설을 강조하면서 북한에 대해서는 한민족이라는 입장을 견지한다(함택영 외, 2003: 53). 문재인 정부의 통일교육 방향에서 "북한은 우리와 공통의 역사·전통과 문화·언어를 공유하고 있다."(통일부 통일교육원, 2018: 14)를, 윤석열 정부의 통일교육 방향에서 "통일은 개인의 삶의 기회 확대와 국가 및 민족공동체의 발전을 위해 필요하다."(국립통일교육원, 2023: 12)를 제시한 것은 두 정부의 남북관계 인식에서 공통으로 민족공동체 의식을 반영하고 있는 것으로 평가할 수 있다.

북한이해교육의 목표는 단일민족 국가를 이룩하는 것이 될 수도 있고, 두 체제의 공존을 위해 필요한 지식을 획득하는 것이 될 수도 있다(함택영 외, 2003: 54). 서로 다른 체제인 북한 사회를 이해의 관점에서 접근하고 있다는 점에서 평화 지향적 통일교육으로 분류할 수 있다. 통일평화교육은 '평화적 통일' 교육과 다른 의미를 갖는데, 지향하는 가치로서 통일평화는 추구해야 할 궁극의 목표를 평화로 보며 통일을 평화의 여정에서 하나의 발판 또는 중간단계 목표로 바라본다(김선자·주우철, 2019: 190).

평화·통일교육은 "평화에 기반을 두어 통일을 이루고 통일 이후 평화로운 삶을 일구어 가기 위해 필요한 지식, 가치관, 태도, 실천능력을 기르는 교육"(김선자·주우철, 2019: 191)으로, 사실상 평화통일교육과 같은 의미로 해석되기도 한다. 명확한 개념 합의가 도출되지 않았지만, 평화·통일교육은 평화교육과 통일교육의 교집합에 많은 관심을 기울였다. 평화교육의 관점에서 수용 가능한 통일교육을 시도했다고 볼 수 있다.

안보 지향적 통일교육의 범주에는 반공교육, 멸공교육, 승공통일교육, 안보교육, 통일·안보교육, 나라사랑교육 등이 해당한다. 6·25 전쟁과 남북분단이라는 역사적 배경을 바탕으로 체제유지 수단으로서 '반공'(反共)은 국가정책 의제 원칙으로 적용되며 국가 유지를 위한 필수적인 선결조건이었다. 이러한 반공 우선 정책은 학교 교육에 있어 문맹퇴치만큼이나 우선시되는 배경이 되었고, 시대의 흐름과 정책적 필요성에 따라 변화해왔다(이광현, 2013: 7).

1950년대의 정부수립 및 과도기에는 반공교육과 승공통일교육이, 1987년까지의 군부통치기에는 공산주의 이데올로기 비판 교육과 안보교육이, 1988년부터의 1992년까지의 민주주의 이행기에는 통일·안보교육으로 분류된다(박찬석, 2003: 82; 조정아, 2019: 44-45에서 재인용). 반공교육과 승공통일교육은 북한과의 체제경쟁에서 우위를 점하는 데 더 관심이 있었다. 공산주의를 비판하고 승공 이념을 확립하는 내용이 주 내용으로 등장한다(문교부, 1963b: 27-28).

이명박 정부는 김대중·노무현 정부의 대북정책인 남북한 화해협력정책으로 인해 그 의도와 관계없이 북한이 핵을 개발했고, 그 위협의 직접적인 대상은 한국이라 판단하였다. 대북정책을 두고 전개된 '남남갈등'에서 보수세력의 입장을 크게 반영한 것으로 통일교육에서도 북한의 실체를 정확하게 알고 대응할 수 있는 안보교육이 강화되었다(김홍수, 2014: 449). 박근혜 정부 시기에는 학교 및 사회 통일교육 현장에서 통일교육 대신 '통일안보교육', '나라사랑교육'이라는 명칭이 사용되기도 했는데, 기실 그 내용은 안보교육과 크게 다를 바 없는 경우가 많았다(조정아, 2019: 46).

Ⅲ 평화 지향적 통일교육과 안보 지향적 통일교육의 특성

1. 남북관계와 북한에 대한 관점

평화 지향적 통일교육은 남북관계와 북한에 대한 관점에서 북한 정권을 대화와 협력의 상대로 인정하고 관계 개선 가능성을 신뢰하고 추진하고자 한다. 남북기본합의서에서 '체제 인정, 상호 내정 불간섭 등'(통일부 통일교육원, 2015: 179)을 명시한 것은 이러한 관점의 기본 배경이 된다. '평화·통일교육: 방향과 관점'에 제시된 "남북관계는 기존의 남북합의를 존중하는 방식으로 발전되어야 한다."(통일부 통일교육원, 2018: 15)도 같은 맥락이다.

2022 개정 교육과정 중학교 도덕에서 "북한에 대한 이해를 바탕으로 분단의 문제점을 분석하고, 도덕적 가치에 기초하여 통일의 의미를 재구성함으로써 바람직한 남북관계 및 통일의 방향을 제안할 수 있다"(교육부, 2022: 17)는 성취기준, 2015 개정 교육과정 중학교 도덕에서 "북한 주민들은 어떻게 살고 있고, 그들은 우리에게 어떤 존재인가?"(교육부, 2015: 22)와 같은 내용 요소 등도 평화 지향적 관점에 해당한다.

안보 지향적 통일교육은 북한, 특히 북한 정권을 대화와 협력의 상대로 인정하는 데 부정적이다. 소수의 독재자와 그 추종자들이 북한주민을 통치하고 있고 가용 자원을 정권 유지용 핵미사일 개발에 투입하고 있으므로 북한과의 공존이 불가능하다(박상봉, 2020: 34)고 보고 북한 체제의 문제점을 드러내는 데 집중한다. 예를 들어, 제1차 교육과정 고등학교 일반사회 과목의 교육 목표에는 이러한 관점이 분명히 나타난다.

> 민주, 공산 양진영이 필사적으로 투쟁하고 있는 이 시기에 있어서는 반공 사상을 철저히 하며 국제 정세를 올바르게 파악하여 우리 국민의 취할 바 태도를 분명히 하는 것은 고등학교 일반사회에서 담당할 필요 불가결한 목표라고 하여야 할 것임은 더 말할 나위도 없는 일이다(문교부, 1955c: 30).

최근에는 국방부, 보훈처 등의 자료에서 안보 지향적 관점을 살펴볼 수 있다. 국방부 발행 정신전력교육 기본교재에 나타난 북한에 대한 관점은 다음과 같다.

> 공산주의 체제는 개인의 자유를 박탈하고 인권을 억압한다. 이는 북한을 통해서 확인할 수 있다. 북한은 시민적, 정치적 권리는 물론 경제적 사회적 문화적 권리도 자의적으로 침해하는 세계 최악의 인권 후진국이다(국방부, 2019; 박석진, 2020: 31-32에서 재인용).

평화 지향적 통일교육은 평화의식을 바탕으로 북한을 우리와 더불어 살아갈 동반자로 인식하고, 남북한의 장단점을 비교 분석하고 북한의 특성과 장점을 그대로 존중할 수 있는 태도를 함양하며, 남북관계에서 다양한 교류협력의 경험과 교훈을 소중히 여길 것을 강조한다(한만길, 2019: 135). 남북관계의 역사에서 갈등과 대립보다 평화로운 공존과 평화로운 통일 미래에 관심을 기울인다. 남북관계 발전을 위해 화해협력과 평화공존을 위한 노력이 필요(통일부 통일교육원, 2018: 15)함을 강조하고, 남한 시각 중심 교육이 아닌 공존적 교육(오덕열, 2018: 31에서 재인용)을 강조한다. 2015 개정 교육과정의 고등학교 '생활과 윤리'의 성취기준에는 이러한 시각이 잘 드러난다.

> 통일 문제를 둘러싼 다양한 쟁점들을 이해하고, 각각의 쟁점에 대한 자신의 관점을 설명할 수 있으며 남북한의 화해를 위한 개인적·국가적 노력을 구체적으로 제시할 수 있다(교육부, 2015: 45).

안보 지향적 통일교육은 북한에 대한 객관적 사실을 파악하여 이해할 수 있다고 본다(국립통일교육원, 2023: 12-18). 남한 체제가 우월하다는 점을 강조하며, 인권 침해와 같이 북한 사회의 부정적인 측면을 드러낸다. 제3차 교육과정 중학교 '도덕'에서의 "공산주의의 모순을 알고 민주주의의 우월성을 깨달아"(문교부, 1973b: 10), 제4차 교육과정 초등학교 '도덕'에서의 "북한 공산당의 그릇됨과 침략성을 경계하고, 민주주의의 우월성을 이해하여"(문교부, 1981a: 9)와 같은 목표는 안보 지향적 관점이라 할 수 있다. 국방부 정신전력교육 기본교재에 이러한 관점이 두드러진다.

> 북한 주민은 생명권, 이동 및 거주의 자유, 공정한 재판을 받을 권리, 사상·양심 및 종교의 자유에 대한 권리, 표현·집회·결사의 자유에 대한 권리 등을 보장받지 못하고 있다(국방부, 2019: 142-143).

안보 지향적 통일교육은 남북관계의 역사에서 대화와 타협의 역사보다 갈등과 대립의 역사에 주목한다. 현 상황에서 안보를 유지하는 것에 더 많은 관심을 기울인다. 외부 존재로서 북한의 위협이 얼마나 큰 것인가를 학습자들이 깨우치는 것을 목표로 한다.

제1차 교육과정 중학교 사회생활과 과목에 제시된 '공산주의 국가들은 세계 평화를 어떻게 위협하고 있는가?', '우리는 공산주의 침략을 막기 위하여 어떻게 하여야 할 것인가?'(문교부, 1955b: 49-50)와 같은 내용요소가 해당된다. 국방부, 보훈관련 기관이 발행한 최근 자료에서도 이러한 관점을 발견할 수 있다.

> 끊임없는 북한의 도발로 인해 전쟁 상황이 아닌 평화 시에도 죽는 사람들이 계속해서 생겨났다. 1·21 청와대 기습 사건, 아웅산 테러, KAL기 폭파 등 수없이 많았고, 2000년대 이후 비교적 최근까지만 해도 무고한 금강산 관광객 사살, 천안함 피격, 연평도 포격이 그랬다(보훈교육연구원, 2013: 68).

나라사랑교육에 대한 설명에서도 북한 권력층에 대한 경계와 남한체제의 우월성을 강조하는 관점이 드러난다.

> 북한주민은 우리와 한 민족이기 때문에 민족의 이름으로 포용할 수는 있겠으나, 북한 권력층의 반인권적인 통치와 탄압정책까지 포용할 수는 없는 일이다(보훈교육연구원, 2013: 36).

한편, 2015 개정 교육과정 초등학교 '도덕'에 '나라사랑을 위한 실천 의지 함양'(교육부, 2015: 13)을 반영하였는데, 교과서에는 남북교류를 통한 통일의 중요성, 무궁화를 활용한 한반도 만들기 등을 다루었다(교육부, 2018: 91-94). 나라사랑이라는 단어가 활용되는 시기와 발행 주체에 따라 교육 방향이 다르게 나타나기도 한다.

2. 통일에 대한 관점

평화 지향적 통일교육은 통일을 남과 북의 상호존중과 합의의 결과로 인식한다. 보수 정부와 진보 정부 모두 통일 과정에서 남북한의 주도적 노력을 강조(통일부 통일교육원, 2018: 3; 국립통일교육원, 2023: 14)한 것은 이러한 관점을 보여준다. 남북한의 평화와 통일의 과정으로서 교류협력의 소중한 경험과 성과를 이해하고(한만길, 2019: 140) 충분한 시간을 가지고 공존의 과정을 통해 상호 이해와 신뢰를 형성한 뒤 통합의 과정으로 나아가자(황수환, 2020: 21)고 강조하며, 통일 과정에서 점진적이고 단계적이며 국민적 합의를 이룰 것을 강조한다(통일부 통일교육원, 2018: 17; 국립통일교육원, 2023: 16).

교육과정을 살펴보면, 제6차 교육과정부터 '안보'라는 단어가 사라지고 '평화통일' 또는 '통일'이 증가하였다. 제6차 교육과정 국민학교 5학년 '도덕'에서 '평화통일의 방법'이, 6학년 '사회'에서 '평화통일로 가는 길'(교육부, 1992a: 72)이, 제7차 교육과정 초등학교 5학년 '도덕'에서 '평화통일의 의미와 평화적으로 통일을 이루어야 하는 까닭'(교육부, 1997: 34) 등의 내용요소가 대표적이다.

안보 지향적 통일교육은 통일 대상으로 북한 정권을 인정하지 않는 편에 서며, 북한 체제 붕괴와 같은 사건을 통해 남한 중심의 통일을 상정한다. 북한은 민주적 정당성을 결여한 세습독재정권이므로 함께 통일의 주체가 될 수 없으며, 남한 중심의 통일을 준비해야 한다고 강조한다(박상봉, 2020: 34).

평화 지향적 통일교육은 평화적인 수단에 의해 통일 과정이 전개되고 이후 모습 또한 평화적이어야 한다는 점을 강조한다. 통일은 무력이 아니라 평화와 공존을 통해 형성되고(황수환, 2020: 23) 방법적 측면에서도 평화적이어야 하며 그 결과 한반도의 평화를 증진시킬 수 있어야 한다(김선자·주우철, 2019: 191-194). 과정으로서의 통일, 평화적 수단에 의한 통일을 강조하는 관점에서는 남북의 평화적 공존, 접촉과 대화, 대화와 합의의 과정이 필요하다고 본다(정주진, 2020: 38). 제6차 교육과정 5학년 '도덕'에서 '평화통일의 방법', '통일을 위한 노력', '세계평화와 인류공영' 등이 함께 언급되고 있는데 이는 과거의 반공, 반북 관점을 전제한 통일 논의에서 평화통일, 민족통일의 관점으로 변화한 예라 할 수 있다.

안보 지향적 통일교육은 과정으로서 통일보다 사건, 결과로서 통일을 대비해야 한다는 관점을 채택한다. 통일의 능동적 주체로서 북한을 인정하지 않는다. 남북 간 호혜적인 관계보다 남한 중심의 통일 논의가 더 익숙하다. 박근혜 정부 시기의 나라사랑교육 자료는 통일을 해야 하는 이유를 다음과 같이 묘사하고 있다.

> 북한주민들은 전형적으로 플라톤이 말한 '동굴의 우화'에 나오는 존재처럼, 쇠사슬에 묶여 태양을 등지고 앉아 그 태양을 보지 못한 채 그림자만 보며 어둠 속에서 살아가는 사람들이기 때문이다. 그렇다면 그들에게 태양을 보도록 함으로써 동굴이 아닌 광명천지 환한 세상에서 문명사적 가치를 누릴 수 있도록 해주어야 하지 않겠는가(보훈교육연구원, 2013: 36-37).

이러한 서술에는 북한을 대상으로 남한이 통일을 추진해야 한다는 의미가 담겨 있다. 안보지향적 통일교육 논의에서 북한은 통일의 당사자로 인정받지 못하고 있다.

3. 안보에 대한 관점

평화 지향적 통일교육은 안보에 대한 관심이 부족하다. 외부와의 경계를 분명히 하는 것보다 그 경계를 낮춰 새로운 공동체를 형성하는 데 적극적이다. 북한을 함께 협력해야 할 상대로 바라본다. 2007 개정 교육과정 초등학교 '도덕'에서 '북한 동포에 대한 올바른 이해를 바탕으로 북한 동포와 교류·협력해나가려는 태도'를 강조한 것이 대표적이다.

안보 지향적 통일교육은 외부와의 경계를 세워 우리의 안전을 담보하는 것에 우선성을 둔다. 외부의 공동체에 대한 경계를 우선하며 경계를 낮추는 것을 우려한다. 이 관점에서 북한은 남한 사회의 안보를 위협하는 대상이다. 제2차 교육과정 고등학교 '사회'에서 '승공 이념의 확립'(문교부, 1963b: 28)을 강조한 것, 반공·도덕생활에서 '멸공 통일'(문교부, 1963a: 130)을 강조한 것, 제3차 교육과정 고등학교 '국민윤리'의 목표로 '평화적 승공 민주 통일의 신념을 굳게 한다'(문교부, 1974: 9)를 제시한 것 등은 북한에 대한 안보관이 잘 드러난 사례다.

2023년 국방부 정신전력교육 기본교재 관련 보도 자료는 안보 지향적 성격을 잘 보여준다.

> 국방부는 대적필승(對敵必勝)의 정신적 대비태세 완비를 위한 장병 정신전력 강화 차원에서 대적관과 군인정신이 더욱 강화된 『정신전력교육 기본교재』를 새롭게 개편·발간하였다(국방부, 2023a: 1).

안보 지향적 통일교육은 국가안보를 위협하는 세력에 대한 경계를 강조하는 가운데 '적' 개념을 제시한다. 일반적인 적 개념을 기술하기도 하고, 주적으로 북한을 명기하기도 한다.

> 대적관을 명확하게 확립하기 위해 '북한정권과 북한군이 우리의 명백한 적'임을 명시하였다(국방부, 2023b: 1).

이러한 관점은 외부 위협으로서 주적인 북한과 내부의 위협세력에 대한 개념 규정을 시도한다. 정신전력교육 기본교재에서는 내부 위협세력으로 종북세력을 제시하기도 하였다.

> 대한민국의 정통성과 자유민주주의체제를 부정하면서 북한의 노선을 무비판적으로 추종하는 세력이 바로 대한민국의 종북세력이다. <중략> 종북세력은 북한 정권이 추구하는 대남적화전략노선을 그대로 답습하고 있어 대한민국의 존립에 커다란 위협이 되고 있다(국방부, 2013: 167).

평화 지향적 통일교육은 전쟁을 통한 통일에 반대하는 입장에 선다. 평화는 폭력이 제거된 상태로 정의되는데 전쟁은 폭력 중에서도 가장 큰 고통을 주기 때문이다. 또한 분단의 문제점을 강조하면서 이러한 문제를 극복하고 새로운 미래로 변화할 것을 강조한다. '한반도 통일에서 평화의 가치를 우선시하는 것', '남북관계에서 기존의 남북합의를 중시하는 것'(통일부 통일교육원, 2018: 10-18) 등이 윤석열 정부의 통일교육 방향에서 강조되지 않은 반면, 문재인 정부의 통일교육 방향에 제시되었다는 점에서 문재인 정부의 통일교육이 평화 지향적 성격을 지니고 있었음을 알 수 있다.

안보 지향적 관점은 강력한 안보 환경을 조성함으로써 평화를 지킬 수 있다고 믿으며 전쟁을 피하기 위해서는 전쟁에 대비해야 한다는 입장에 선다.

> "평화를 원한다면 전쟁을 준비하라(Si vis pacem, para bellum)"는 로마 군사전문가 베게티우스(Vegetius)의 고전적인 경구를 끊임없이 상기한다면, 북한은 함부로 도발하지 못할 것이다(보훈교육연구원, 2013: 77).

안보 지향적 통일교육에서 평화는 '힘에 의한 평화', '소극적 평화'라 할 수 있으며 안보 위협을 막기 위해 튼튼한 안보가 중요하다는 데 초점을 둔다.

4. 학습자와 교수·학습에 대한 관점

조정아(2019)는 교수·학습 대한 관점으로 교사가 학생에게 올바른 지식과 관점을 가르치고 깨우치는 것이 교육이라고 보는 '계몽'의 관점과 학습자가 스스로의 경험과 지적 활동을 통해 자신의 인식 구조를 형성하고 변화시켜 나가는 구성적 과정을 돕는 것을 교육으로 보는 관점이 있다고 보았다(60).

통일교육은 계몽의 관점이 강했고 평화교육은 능동적 학습을 강조하는 경향이 크다. 통일교육 분야에서는 학습자를 능동적인 학습 주체로 인정하고 학습자의 인식에 바탕을 두고 유기적인 교수·학습 전략을 세우는 데 관심이 부족했다. 다만, 상대적인 차이를 구별할 수는 있다.

평화 지향적 통일교육은 학습자를 능동적인 배움의 주체로 인정하는 입장에 조금 더 가깝다. 연구자들은 통일교육이 평화통일을 이루는 데 필요한 역량을 함양하는 교육(한만길, 2019: 135)이 되어야 하고 모든 사회 구성원이 통일과 관련된 정치적, 사회적 논의와 결정에 참여할 수 있어야 하고 이를 위해 역량을 키울 필요성이 있다(정주진, 2020: 36)고 본다.

정부의 통일교육 방향에서 '학습자 특성에 맞는 교육, 학습자 중심의 교육, 흥미와 관심을 증진하는 다양한 방법의 활용', '열린 대화와 토의 중시, 학습자의 특성을 고려한 맞춤형 통일교육, 다양한 교수·학습 방법의 활용'(통일부 통일교육원, 2018: 34-37; 국립통일교육원, 2023: 52-59) 등을 강조한 것은 교육에서 학습자의 능동성을 강조한 부분이라 할 수 있다.

안보 지향적 통일교육은 학습자를 수동적인 학습 대상으로 인식하는 경향이 두드러진다. 안보 우선의 가치와 철학, 내용은 옳고 객관적으로 주어질 수 있고, 학습자는 그것을 제대로 학습하면 된다. 학습자의 역량 함양에 대한 관심은 부족하다. 보훈교육에서 설정한 시민의 모습은 이를 단적으로 보여준다.

> 예의 바르게 권리를 행사하는 시민의식을 가질 필요가 있다. <중략> 법을 지키고자 하는 시민의식이 요구된다. <중략> 공동체에 '충성심'을 갖는 시민의식이 필요하다(보훈교육연구원, 2013: 66-67).

평화 지향적 통일교육은 학습자의 역량을 인정하고 학습자 인식 변화에 교육내용과 방법에서 유기적으로 대응하고자 한다. 연구자들은 통일교육이 학습자의 역량 함양에 기여해야 함을 역설하였다. 이들은 평화 감수성, 비판적 사고력, 상호의존 능력, 관계 맺기 능력, 갈등 분석과 조정 능력, 시민적 소통 역량 등을 제시하였다(오기성, 2019: 115-118; 이대훈, 2019: 211; 함규진 외, 2019: 11-13; 김상범 외, 2020: 10).

Ⅳ 평화와 안보의 경쟁, 그리고 통일교육의 한계

차이와 모순을 다루는 능력은 경제 및 교육 분야의 각종 핵심역량 목록에 거의 빠짐없이 들어 있다. 다양하고 복잡한 현대 세계는 우리에게 한 가지 답, 양자택일의 해결책을 택하라고 요구하지 않는다. 개인은 모순되어 보이더라도 어쩌면 표면적인 모순에 그칠 뿐인 여러 입장이나 개념 간의 다양한 상호연결과 상호관계를 고려하면서 좀 더 통합적으로 생각하고 행동하는 법을 배워야 한다(OECD, 2003: 9).

우리 사회에 현실적으로 다양한 통일관과 대북관이 공존하고, 소위 보수와 진보로 나뉘어서 집권 이후 상반된 지향점을 오가는 현실이 반복되고 있다. 평화 지향적 통일교육과 안보 지향적 통일교육이 강조점을 달리하며 혼재하고 있는 것이다. 지향점의 수시 변화는 통일교육에 근본적인 한계가 되고 있다.

먼저, 정부에서 제시하는 통일교육 방향이 일관성을 결여하여 학교 현장에 혼란을 가중하고 있다. 학교교육에 영향을 미치는 통일교육의 기본 방향은 통일부와 교육부를 통해 제시된다. 1990년대까지의 통일교육은 국가 교육과정을 통해 사회과, 도덕과 등에서 다양한 변수의 영향을 받으며 반공교육, 멸공교육, 승공통일교육, 안보교육, 안보·통일교육, 통일교육 등으로 변화해 왔다. 1999년, 통일교육지원법이 제정되면서 통일교육의 목적, 정의, 기본원칙 등이 법제화되고, 제3조 2항에 근거하여 통일부 장관은 '통일교육 지침서', '평화·통일교육: 방향과 관점', '통일교육 기본 방향' 등 이름은 다르지만 정부의 통일교육 방향을 제시해 오고 있다. 한편, 교육부는 정권 교체와 대체로 주기를 달리하면서 교육과정을 개정 고시해 오고 있다. 같은 시기에 유효하게 영향력을 발휘하는 두 부처의 서로 다른 교육 방향이 현장에 전달되어 적용된다.

예를 들어, 박근혜 정부의 통일교육 방향이 반영된 2015 개정 교육과정 고시 이후, 2017년 집권한 문재인 정부의 통일부에서는 '평화·통일교육: 방향과 관점'을 발간하였다. 박근혜 정부의 통일교육 방향이 반영된 교육과정과 문재인 정부의 통일교육 방향이 상당 기간 혼재하여 교사들에게 혼란을 주었다. 한편, 문재인 정부에서 실질적인 연구가 이뤄졌던 2022 개정 교육과정은 2024년 초등학교 1, 2학년부터 적용되었는데, 윤석열 정부의 통일교육 기본 방향이 별도로 학교로 전달되어 안내되고 있다. 이러한 현실은 교육자들로 하여금 교육 동기를 상실하게 만들고 있다.

둘째, 서로 다른 지향점이 혼재하는 가운데 어느 한 관점을 '옳은 것'으로 가르치면서 통일교육은 보편성을 상실했다. 평화와 안보는 누구나 소중하게 여기는 가치이지만 남북관계와 통일교육에서는 모순적일 때가 많다. 북한 정권을 주적으로 설정하고 경계심을 강조하는 등 안보관이 지나치면 평화적인 통일을 논할 여지가 줄어든다. 북한과의 화해협력, 평화 공존을 강조하는 등 평화를 강조하면 현실에서 대치하고 있는 남북관계의 현실로부터 멀어진다. 궁극적으로 평화로운 남북관계를 지향하지만 교육 현장에서 어느 하나만을 옳은 관점으로 가르치기 어렵다. 다른 생각을 가지고 있는 많은 학습자들을 소외시키기 때문이다.

교육목표와 내용은 교사, 학생, 학부모가 동의할 수 있는 보편적인 성격을 띠어야 한다. 남북관계 악화에 따라 전쟁 위기가 커지면 평화로운 남북관계를 만들어야 한다는 교과서 내용은 교실에서 힘을 잃는다. 남북관계가 호전되어 교류와 협력이 활성화되는 상황에서는 경계 대상으로서 북한을 강조하는 것이 어색하다. 남북관계는 예상하지 못하는 가운데 변화하고 있고 남한에서 통일교육에 관한 다른 지향점을 가진 정치세력이 예상하지 못한 가운데 집권하기도 한다. 사회적으로 논쟁이 되고 있는 지향점 중 어느 하나만을 옳다는 식으로 '위로부터 아래로' 방향을 제시하는 것은 교육적인 효과를 거두지 못한다. 지난 시기 통일교육의 경험을 통해 우리는 충분히 학습하였다. 같은 실수를 다시 반복해서는 안 된다.

셋째, 통일교육은 민주시민교육, 세계시민교육, 다문화교육, 갈등해결교육, 평화교육 등 다양한 교육주제와 조화를 이루지 못하고 있다. 언급한 교육 주제는 기본적으로 다양성에 대한 존중을 중요한 가치로 인식한다. 민주주의는 다양성 존중을 기본적 가치로 강조하고 가르친다. 그러나 평화 또는 안보를 수식어로 강조하는 순간 일방적인 지향점만을 강요하는 모양새가 된다. 학습자 또는 시민들이 북한, 남북관계, 통일 등에 대해 다양한 관점을 가지고 있더라도 그러한 관점이 존중받지 못한다. 어느 한 관점이 '그때는 맞았지만, 지금은 틀린 것'이 되는 것이다.

통일교육 내용으로서 북한의 모습이 다양성의 관점에서 다뤄지고 있는지도 의문이다. 우리 사회는 북한사회를 다룰 때 부정적인 측면을 부각하는 데 매우 적극적인 반면, 다양한 분야의 생활모습을 다루는 데 소극적이기 때문이다.

한편, 학습 주체들의 다양성이 존중되고 있는지도 성찰해야 한다. 한 치 앞을 내다보기 어려운 남북관계의 현실이지만 통일의 과정과 미래는 정형화되어 제시된다. 이러한 상황에서 교사와 학생, 나아가 학부모의 마음속에 잠재되어 있는 다양한 통일관, 북한관 등이 공개적으로 토론되기 어렵다.

통일교육의 총체적인 한계는 앞서 설명한 다양한 한계로 인해 학습자로부터 외면 받은 지 매우 오래되었음에도 이를 극복하기 위한 노력을 매우 게을리 하였다는 점이다. 1987년 남북관계의 현실을 반영하여 제정된 헌법과 그에 바탕을 둔 법률에 근거한 '통일' 개념은 오늘날 남북관계의 현실과 맞지 않고 시민들에게 익숙하지도 않다. 정부 부처, 교육과정 연구자, 통일교육 연구자가 학교 현실과 학습자 인식 변화를 적극적으로 고려하지 않은 결과다.

참고문헌

교육부(2018), 초등학교 『도덕4』. 세종: 교육부.
국립통일교육원(2023), 『2023 통일교육 기본 방향』, 서울: 국립통일교육원.
국방부(2023a), "「정신전력교육 기본교재」 개편/발간", 국방부 보도자료, 2023.12.28.
국방부(2023b), "「정신전력교육 기본교재」 보도에 대한 국방부 입장", 국방부 보도설명자료, 2023.12.26.
국방부(2019), 『정신전력 기본교재』, 서울: 국방부.
국방부(2013), 『정신전력 기본교재』, 서울: 국방부.
김병남(2011), 『안보란 무엇인가』, 파주: 한울아카데미.
김병문(2017), "한국 안보교육의 활성화 방안: 안보개념과 안보교육 행위자의 역할을 중심으로", 『한국보훈논총』, 16(3).
김상범·김현미·이상아·김태환(2020), 『학교 평화·통일교육의 개념, 핵심 역량, 목표 정립』, 진천: 한국교육과정평가원.
김선자·주우철(2019), "평화·통일교육과 감수성", 『한국동북아논총』, 24(2).
김열수(2017), 『국가안보, 위협과 취약성의 딜레마』, 파주: 법문사.
김홍수(2014), "이명박 정부 시기 중등학교 도덕과 통일교육의 변화와 평가", 『한국민족문화』, (51).
독고순·김규현(2013), "국민 안보교육 성과측정방안에 관한 연구: 군의 나라사랑교육 프로그램을 중심으로", 『국방정책연구』, 29(3).
박상봉(2020), "통일교육 원칙", 서울특별시청(2020), 『서울시민이 만들어 가는 평화·통일 사회적 대화』 교사토론회 자료집, 서울: 서울특별시교육청.
박석진(2020), "군대 내 안보교육 현황과 문제점", 『시민사회와 함께 하는 평화통일교육 연석회의』 자료집, 국회의원 설훈·김한정·더불어민주당북한이탈주민특위, 2020.07.31.
보훈교육연구원(2013), 『나라사랑교육 교사용 참고자료』, 수원: 보훈교육연구원.
오기성(2019), "통일환경 및 통일의식 변화에 따른 교육의 과제: 평화·통일교육의 핵심역량 중심 접근", 통일부·교육부(2019), 『제7회 통일교육주간 평화·통일교육 컨퍼런스 프로그램북』.
오덕열(2018), "평화학 기반의 통일교육 실천을 위한 비판적 실행연구", 연세대학교대학원 박사학위논문.
윤정훈(2023), "김정은 '전쟁 언제든지 날 수 있어…통일전선부 정리'", 이데일리 기사,

2023.12.31.
이대훈(2019), “평화역량과 평화교육의 적용”, 통일부·교육부(2019), 『제7회 통일교육주간 프로그램북』.
이광현(2013), “중학교 안보교육 강화 방안 연구”, 공주대학교안보과학대학원 석사학위논문.
정주진(2020), “상호체제의 존중, 갈등의 평화적 해결”, 서울특별시청(2020), 『서울시민이 만들어가는 평화·통일 사회적 대화』 교사토론회 자료집.
정주진(2015), 『평화를 보는 눈』, 일산: 개마고원.
조정아(2019), “평화·통일교육의 방향성과 새로운 접근: 통일교육과 평화교육의 결합을 중심으로”, 통일부·교육부(2019), 『제7회 통일교육주간 평화·통일교육 컨퍼런스 프로그램북』.
조정아(2007), “통일교육의 쟁점과 과제”, 『통일정책연구』, 16(2).
조홍제·박균열(2016), “한국군 정신교육관련 용어 재정립 방향성 검토를 위한 기초 연구”, 『정신전력연구』, 47.
통일부 통일교육원(2018), 『평화·통일교육: 방향과 관점』, 서울: 통일교육원.
통일부 통일교육원(2015), 『232개 개념어로 풀어쓴 남북관계 지식사전』, 서울: 통일교육원.
황수환(2020), “한반도의 미래상: 두 체제가 공존해야 한다-체제공존과 협력”, 서울특별시청(2020), 『서울시민이 만들어가는 평화·통일 사회적 대화』 교사토론회 자료집.
하영선 편(2002), 『21세기 평화학』, 서울: 풀빛.
한만길(2019), “평화통일교육의 방향과 내용 고찰”, 『통일정책연구』, 28(1).
함규진·김동창·김병연·박대훈·김대훈(2019), 『평화·통일교육 역량 함양을 위한 교과 교육과정 재구조화 탐색 연구』, 교육부 정책연구, 세종: 교육부.
함택영·구갑우·김용복·이향규(2003), “남북한 평화체제의 건설과 통일교육: 연합제와 낮은 단계의 연방제의 수렴을 중심으로”. 『국가전략』, 9(4).
Reardon, B. A.(1988), *Comprehensive peace education: Educating for global responsibility*, 강순원 역(2021), 『포괄적 평화교육』, 서울: 살림터.
Harris, I. M. & Morrison, M. L.(2003), *Peace Education*, (Jefferson, N.C.: McFarland & Co).
Hicks, D. ed.(1993), *Education for Peace : Issues, Principles, and Practice in the Classroom*, 고병헌 역(1988), 『평화교육의 이론과 실천』, 서울: 서원.
OECD(2003), *The definition and selection of key competencies: Executive summary*, (Paris: OECD).
Salomon, G. ed.(2002), *Peace Education: the Concept, Principles, and Practices Around the World*, (Mahwah, N.J.: Lawrence Erlbaum Associates).

제2장

학교 통일교육의 잠재적 교육과정

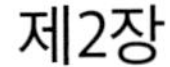

제2장

학교 통일교육의 잠재적 교육과정

I 서론

학교 통일교육에 대한 연구와 잠재적 교육과정에 대한 연구는 다양하게 이루어져 왔다. 하지만 학교 통일교육의 잠재적 교육과정에 대한 연구는 거의 없다. 잠재적 교육과정이 통일교육에 미치는 영향에 대한 연구로 박균열(2005)의 연구 1편이 있다(285-295). 그러나 이 연구는 안보교육에 초점을 두고 있어 학교 통일교육의 주제로 포함하는 것에 이견이 있을 수 있다. 한국교육학술정보원 학술연구정보서비스 홈페이지에서 '통일교육'과 '잠재적 교육과정'을 검색한 결과 관련 논문을 발견하지 못했다.

잠재적 교육과정은 "학교의 물리적 조건, 제도 및 행정적 조직, 사회 및 심리적 상황을 통하여 학교에서는 의도하고 계획 세운 바 없으나 학교생활을 하는 동안에 은연중에 가지게 되는 경험"이다(서울대학교교육연구소, 1995).

잠재적 교육과정의 관점에서 학교 통일교육을 연구하는 것은 다음과 같은 의의가 있다. 먼저 학교 통일교육의 현실을 이해할 수 있는 기회를 부여한다. 잠재적 교육과정은 의도하지 않은 학교교육의 결과가 나타나게 된 원인을 찾는 과정으로서 의미가 있다. 그리고 학교 통일교육의 형식적 교육과정을 보완할 수 있는 아이디어를 얻을 수 있다. 교육의 과정적 현실성은 잠재적 교육과정을 이해할 때 보다 분명하게 파악될 수 있다(한준상, 1986; 배지현, 2013: 2에서 재인용).

이 글에서는 학교 통일교육의 잠재적 교육과정을 구성하고 있는 요소들을 밝히고 학교 통일교육의 형식적 교육과정 개선을 위한 과제를 제시하고자 한다. 잠재적 교육과정에 대한 연구를 검토하여 잠재적 교육과정의 구성 요소를 구체적으로 밝히고 학교 통일교육의 잠재적 교육과정 구성 요소를 정리한 후 학교 통일교육의 형식적 교육과정을 보다 내실 있게 실행하기 위한 개선 과제를 제시할 것이다.

Ⅱ 잠재적 교육과정의 의미와 구성 요소

1. 잠재적 교육과정의 의미

교육과정(curriculum)은 다양한 의미로 사용된다. 일반적으로 '학교가 가르치는 모든 것'에서부터, 좁게는 '특정한 시간에 특정한 학생들을 대상으로 계획된 구체적인 교육 행위'를 의미한다(Eisner, 1979: 49). 교육과정을 학교가 가르치는 모든 것으로 이해하게 되면, 정부나 교육청, 학교 차원에서 계획하여 실행된 교육의 과정뿐만 아니라 교육과정을 통해 의도하지 않았지만 학생들에게 실제 배움으로 이어진 것들에 이르기까지 폭이 넓다.

발렌스(Vallance)는 교사의 따뜻함, 사회 계급, 영양 상태, 텔레비전 등 잠재적 교육과정의 미묘한 영향으로 교육의 효율성이 크게 높아졌다고 말한다(Vallance, 1982: 5). 박순경(1996) 또한 잠재적 교육과정이 학교교육에서 현저하게 나타나는 측면을 인식하게 하며, 학교교육의 광범위한 측면을 드러낸다고 보았다(42).

잠재적 교육과정을 고려하지 않고 진행되는 형식적 교육과정 개발 논의는 문제의 근본 원인에 대해 무관심하므로 근원적 해결책을 제시해줄 수 없고 공허하다. 잠재적 교육과정에 대한 논의는 학교교육이 합리적이고 논리적으로만 전개되지 않는다는 사실을 받아들이게 하며, 교육 결과에 영향을 미칠 수 있는 수많은 변수들에 대해 좀 더 체계적으로 고민하고 이해할 수 있는 계기를 만들어준다. 학교 통일교육의 잠재적 교육과정에 대한 논의는 통일교육과 관련한 교육 현상을 보다 종합적으로 이해하고 합리적인 대안을 도출할 수 있도록 도와준다.

2. 잠재적 교육과정의 구성 요소

1) 학교 밖 사회 환경

학교는 사회와 밀접하게 영향을 주고받는다. 학교는 학교 밖 사회 환경과 상호작용을 하는 가운데 끊임없이 학생들의 삶에 영향을 미치고 있으며 이는 잠재적 교육과정이 된다. 학생들은 다양한 매체를 접하면서 영향을 주고받는다. 또한 가정과 학교, 학교 주변의 물리적 환경과 사회 제도적 차원의 구조적 환경의 영향 속에서 세상에 대한 자신만의 의식을 형성해 나간다.

아이즈너(Eisner)는 교육과정에 있어 사회적 힘이 갖는 의미에 대해 주목하였다. 그는 미국의 교육과정에 영향을 미치는 사회적 요소로 학생 등록수의 감소현상, 노조화, 과학만능주의, 교육적 상업주의, 교과서, 법원의 판결 등을 들었다(Eisner, 1979/1991: 46). 학생들의 삶의 경험은 사회 환경과 밀접한 관련을 맺고 있으며 학생, 학부모, 교사와 같은 학교의 인적 요소와 학교라는 물리적 공간, 학교를 운영하는 제도 등은 사회와 분리되어 있지 않고 밀접하게 영향을 주고 받는다.

김종서(1987)는 학교의 잠재적 교육과정과 사회 환경과의 관계를 학교에 전달되는 특정 가치나 정보의 내용, 그 가치나 정보를 사회에서 생성 유지하는 사회 문화적 조건, 그 가치나 정보를 학교로 전달하는 매개자 등으로 구분하여 제시하였다(146-147).

이 글에서는 학교 밖 사회 환경 영역에 있으면서 학교 안 교육에 영향을 미치는 요소로 학교로 전달되는 정보, 정보를 생산하는 사회문화적 조건, 정보를 학교로 전달하는 매개자 등 세 가지 측면에서 잠재적 교육과정의 사회 환경적 요소를 구분하고자 한다.

2) 학교의 생태

잭슨(Jackson)은 학교의 생태와 관련하여 학교에서 많은 아동들이 어울려서 배우게 되는 군집성, 여러 형태의 평가를 통해서 배우는 상찬(賞讚), 조직의 구성관계를 통해서 배우게 되는 권력 등 세 개념으로 설명하였다(김종서, 1987: 106-109에서 재인용).

아이즈너는 학교의 생태와 관련된 잠재적 교육과정의 요소로 순종적 태도를 기르는 학교문화, 경쟁, 시간에 대한 충격 등을 제시하였다(Eisner, 1979/1991: 111). 김종서는 학교의 생태 자체에서 나타나는 원천으로 목적성, 강요성, 군집성, 위계성 등을 제시하였다(1987: 295). 이 글에서는 군집성, 경쟁문화, 권력관계 등을 중심으로 생태적 측면에서 구성요소를 제시한다.

첫째, 군집성은 학교가 많은 학생들이 어울려서 배우는 곳이라는 특징에서 기인한다. 가정에서와 달리 학생들은 집단생활에 적응하는 가운데 원하지 않는 일을 해야 할 때가 있고 갈등과 협력을 경험하면서 문제 해결능력을 기를 수 있게 된다. 그 과정에서 자존감을 키우기도 하고 열등감을 느끼기도 한다.

둘째, 경쟁문화는 학교의 중요한 생태적 특성이다. 학생들은 교과 수업을 통해 동료 학생과 표면적, 잠재적 경쟁 관계를 경험하게 되는 것은 물론이고 정기적으로 실시되는 시험을 통해 경쟁의 결과를 주기적으로 알려준다. 이러한 평가 활동을 통해 학생들은 경쟁, 시기, 질서 등의 방법을 배우고, 긍정적 또는 부정적 자아개념을 형성하기도 한다(김종서, 1987: 107-108).

셋째, 권력관계이다. 교육은 그 자체로 권력이다. 누군가를 가르치고 이끈다는 것 자체가 우위적 힘의 작용인 까닭이다(장소진, 2016: 220). 학교를 구성하는 교원집단과 학생집단 사이에는 위계성이 크기 때문에 교사가 학생에게 미치는 영향이 크다(김종서, 1987: 295). 학교에서 권력관계의 속성은 교사들의 수업과 학생지도에도 영향을 미친다.

3) 학교의 인적 요소

학교에서의 사회적 관계는 교사와 학생, 교사와 교사, 학교행정가와 교사, 학교행정가와 학생, 학생과 학생의 관계에 이르기까지 다양하다. 대표적인 사회적 관계는 교사와 학생의 관계로서 지배, 복종, 저항 등의 형태를 띤다(김대현, 2011: 37). 김종서(1987)는 [그림 1]과 같이 잠재적 교육과정에 직접적으로 관련되어 있는 인적 구성 요소로 학교행정가, 교사, 학생, 학부모를 제시하였다(146).

그림 1 잠재적 교육과정의 인적 요소

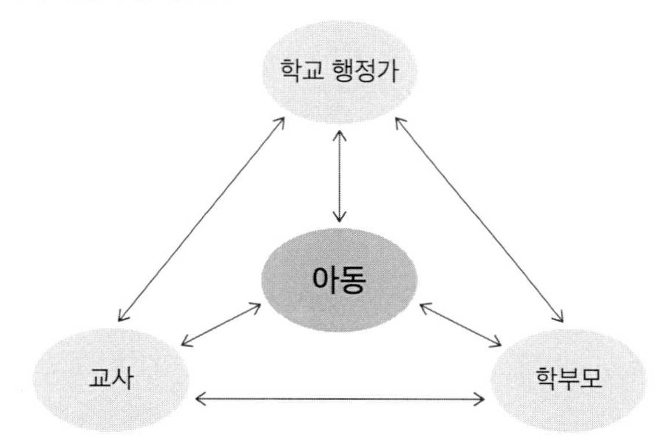

이러한 인적 요소는 잠재적 교육과정으로 작용하며 연쇄적인 상호작용을 일으킨다. 인적 구성 요소 간의 상호작용은 잠재적 교육과정의 부정적 측면에서 압력으로 작용하는 경우가 많다. 이 압력은 일방적일 수도 있고 상호적일 수도 있다(김종서, 1987: 144-145). 교사와 학생, 교사와 학부모의 관계가 어떠한 양상을 띠는가에 따라 수업을 비롯한 학교활동의 모습은 영향을 받는다. 교사가 학생이나 학부모의 압력에 영향을 받기도 한다.

김종서의 논의는 학생과 학생 간의 상호 작용의 측면을 소홀히 취급하고 있다. 따라서, 잠재적 교육과정의 인적 요소를 [그림 2]와 같이 보완할 수 있다. 학교행정가는 교사 범주에 포함하였다.

그림 2 수정된 잠재적 교육과정의 인적 요소

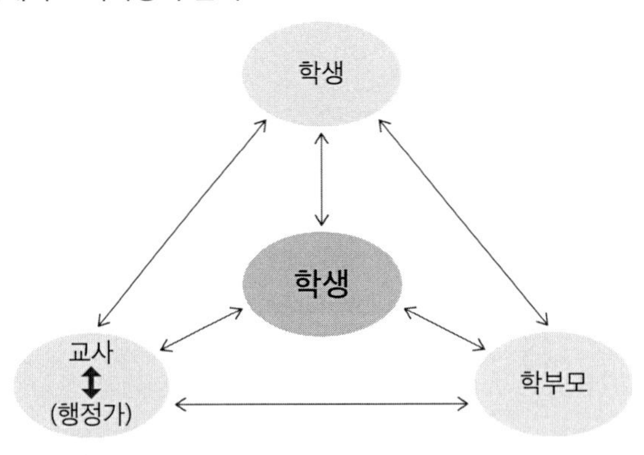

학부모를 비롯한 가족 구성원들이 자녀와의 관계에서 보이는 태도는 학생에게 지속적인 영향을 끼친다. 학생 또한 부모에 다양한 반응을 보일 수 있어 이 관계는 쌍방향적이다. 학생 간의 상호작용은 학교의 잠재적 교육과정 요소 중에서도 매우 강력하다. 학생과 학생 간의 관계는 다른 관계와 달리 비교적 평등한 관계이기 때문에 학생 간의 관계에서 벌어지는 일들은 암묵적이면서도 자연스럽게 일어나며 그 영향력이 매우 강력하게 나타날 수 있다.

Ⅲ 학교 통일교육의 잠재적 교육과정 구성 요소

1. 학교 밖 사회 환경과 학교 통일교육

분단의 장기화로 이산가족 문제, 탈북자 증가, 남과 북의 체제 유지와 안보 비용 증가, 대북정책을 둘러싼 남남갈등, 사상과 표현의 자유에 대한 억압, 과도한 군사비 지출, 사회복지 정책 실현의 한계 등 수많은 구조적 폭력과 문화적 폭력이 일상적으로 조직화되어 있다. 분단이 빚어낸 이러한 사회문화적 분위기는 학교 통일교육에 밀접하게 영향을 미치고 있다.

그림 3 학교 밖 사회 환경과 학교 통일교육

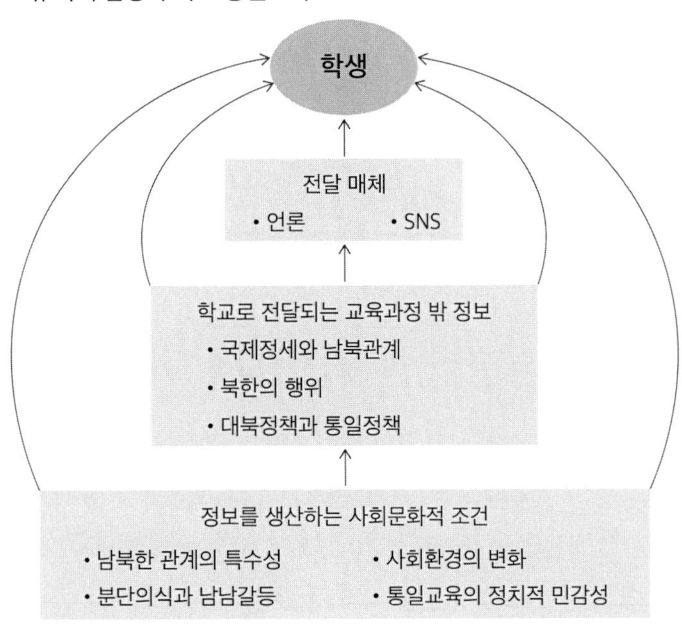

학교 밖 사회 환경과 학교 통일교육의 잠재적 교육과정은 [그림 3]과 같이 도식화할 수 있다. 학생들은 자신을 둘러싼 사회문화적 조건 속에서 교육과정뿐 아니라 학교 밖의 다양한 정보를 언론과 SNS 등을 통해 수용하거나 거부하는 등의 상호작용을 한다.

1) 교육과정 밖의 정보와 학교 통일교육

학교로 전달되는 정보는 그 수를 헤아릴 수 없을 만큼 다양하게 존재하겠지만 학생들의 통일의식에 영향을 미칠 수 있는 정보로 국제정세와 남북관계, 북한의 행위, 대북정책과 통일정책 등을 들 수 있다.

첫째, 국제정세와 남북관계에 대한 정보는 매우 중요한 잠재적 교육과정이 된다. 통일교육은 통일의 충분조건이 되지 못하며 필요조건에 해당한다. 통일에 대한 규정력을 갖는 것은 통일교육이 아니라 국제정세와 남북관계라는 정치적 역학관계다(조정아, 2007: 286). 예를 들어, 노무현 정부 시기 북한을 협력 대상으로 인지하는 비율이 가장 높았으나, 이명박 정부 출범 초기 이러한 비중이 점차 줄고 북한을 경계 대상으로 인지하는 비율이 더욱 높아졌다(강주현, 2013: 103).

둘째, 북한의 행위와 관련된 정보는 잠재적 교육과정을 구성한다. 인터넷과 TV 뉴스 등을 통해 접하게 되는 북한의 행위는 통일의식에 영향을 준다. 북한, 통일, 남북관계에 대한 시민들과 학생들의 인식은 전달되는 북한의 행위 특성에 연동하여 변화한다(서울대학교통일평화연구원, 2024; 국립통일교육원, 2023).

셋째, 대북정책 및 통일정책과 관련한 정보는 학교 통일교육의 잠재적 교육과정이 된다. 정부의 성격, 통일 환경의 변화, 그리고 국민들의 요구 수준에 따라 정부는 대북정책에 대한 변화를 시도하며, 이는 통일교육의 방향에 직접적인 영향을 미친다(박문갑, 2011: 339).

2) 사회문화적 조건과 학교 통일교육

교육은 학교 안과 밖의 사회문화적 조건으로부터 자유롭지 않다. 학교생활을 둘러싼 환경은 물리적 환경만이 아니라 심리적 환경도 해당한다. 통일의식에 영향을 미치는 사회문화적 조건으로 남북관계의 특수성, 남한 사회의 변화, 분단의식과 남남갈등, 정치적 민감성 등의 측면을 살펴볼 수 있다.

첫째, 남북한 관계의 특수성이다. 남한과 북한은 각각 상대방을 국가나 법적 주체로 인정하지 않고 다만 불법단체로 파악하고 있다(이효원, 2012: 25). 정부의 통일교육 방향에서 "북한은 우리의 안보를 위협하는 경계의 대상이면서 함께 평화통일을 만들어 가야 할 협력의 상대"(국립통일교육원, 2023: 17)임을 밝힌 것은 남북관계의 특수성을 반영한다.

둘째, 변화하는 남한 사회는 학교 통일교육의 잠재적 교육과정이 된다. 다문화 사회로의 변화는 민족공동체의식을 강조하는 전통적인 통일담론이 적절한 것인가에 대해 의문을 제기한다. 포스트모던 사회로 변화하면서 총체성과 보편성을 중시하던 거대담론의 시대로부터 개별성과 다원성을 중시하는 시대로 전환하고 있다. 이 과정에서 청소년들의 민족관, 국가관이 변화하고 있다(변종헌, 2012: 177-178). 정보화 사회로의 변화 또한 청소년의 통일의식에 영향을 미친다. 학생들은 학교에서 제시하는 정보 외에도 SNS, 인터넷, TV 등 다양한 매체를 통해 정보를 수용하고 있다.

셋째, 분단의식과 남남갈등이 일상화된 사회문화적 조건이다. 오랜 기간 동안 우리들의 의식 속에 자리 잡게 된 분단의식은 자각하지 못할 만큼 내면화되어 있다. 반도 국가에 살지만 한쪽 면으로 이동조차 불가능한 현실을 당연시한다. 대결적인 남북관계의 역사는 북한에 대한 관점에서 차이를 나타내고 서로 비난하는 이유가 되며 잠재적 교육과정으로 영향을 미친다.

넷째, 통일교육이 갖는 정치적 민감성이다. 교육과정에 따른 교과서를 충실히 가르쳤음에도 불구하고 통일관, 북한관 등에서 다른 관점을 지닌 학부모, 학생으로부터 민원을 받기도 하고 이전 정부에서 통일교육 우수 표창을 받은 교사가 정권 교체 후 정부로부터 친북교육을 했다는 이유로 고발당하기도 한다. 정치적 민감성으로 인해 교사들은 통일교육의 어려움을 토로하고 소극적으로 임하기도 한다.

3) 정보 전달 매체와 학교 통일교육

학교 밖 정보를 학생들에게 전달하는 매개 역할은 환경적 측면과 인적 측면으로 나눠볼 수 있다. 환경적 측면에서 언론매체와 SNS는 학생들에게 정보를 전달하는 주요 도구가 된다. 우선 언론 매체는 학생들의 통일의식에 영향을 미치는 중요한 정보 전달 매체이다. 학교 통일교육 실태조사(복수 응답)에서 학생들은 북한 및 통일 관련 정보를 얻는 채널로 학교 수업 49.8%, 온라인 방송 42.1%, 인터넷(포털, 블로그 등) 41.3%, TV/라디오 40.5%, SNS 28.3% 등의 순으로 응답하였다(국립통일교육원, 2024: 75). 학생들은 유튜브를 비롯한 온라인 방송, 인터넷 포털, TV, 라디오, SNS 등 매체 환경의 영향을 받는다. 인터넷을 통해 유통되는 통일 및 북한 문제 관련한 다수의 정보는 언론매체를 통해 생산된다.

SNS는 학생들에게 다양한 정보를 전달하는 매체로서 중요한 역할을 한다. 스마트폰 사용이 일상화되면서 TV 프로그램, 방송 뉴스, 신문 기사 등이 SNS를 통해 급속히 전달되며 이러한 정보에 대해 인터넷 사용자들이 자발적으로 참여하는 과정에서 많은 영향을 받는다. 신문, 방송, 라디오와 같이 기존의 전통적인 언론매체는 일방향적이고 수동적으로 정보를 제공하는 데 그쳤지만 SNS의 경우 청소년들의 생활에 밀착되어 있고 청소년들이 소비자이자 생산자의 역할을 하면서 적극적으로 참여한다는 점에서 청소년들의 의식에 미치는 영향은 더욱 크다.

2. 학교의 생태와 학교 통일교육

학교가 갖는 생태적 특성은 학생들에게 많은 영향을 미친다. 생태적 측면에서 학교 통일교육의 잠재적 교육과정 구성 요소는 [그림 4]와 같다.

그림 4 학교의 생태와 학교 통일교육

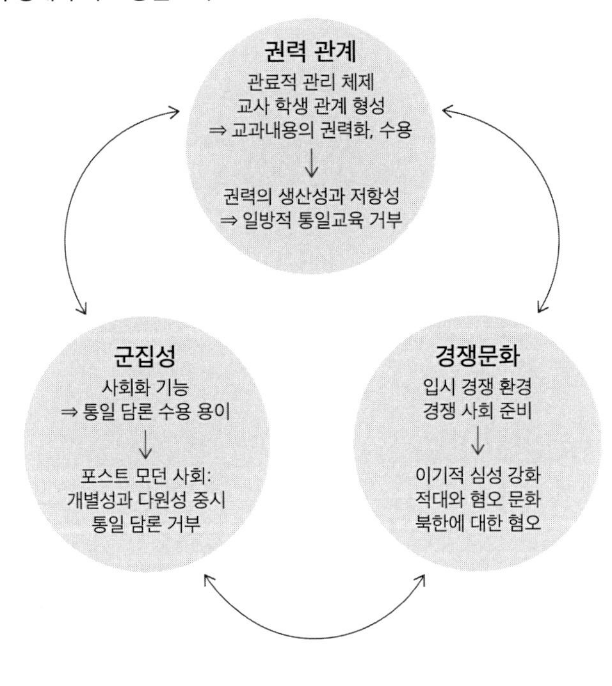

1) 군집성과 학교 통일교육

학교는 가정과 달리 많은 학생들이 모여서 생활하는 공간이다. 이 군집성으로 인해 학생들은 영향을 받는다. 군집성의 문화 속에서 학생들은 가정으로부터 독립심을 키우고 성취감을 기르는 가운데 사회화된다. 한편 학교가 지닌 군집성을 거부하거나 저항하는 모습도 발견된다.

핵가족화로 인해 외동이 흔한 오늘날 우리나라의 가족 구성의 현실에서 학생들이 가정과 학교생활 사이에서 느끼는 괴리감은 과거에 비해 매우 크다. 오늘날 가정에서 학생은 자신의 욕구를 존중받으며 자유로운 생활을 보장받지만 학교에서는 해야 할 것과 하지 말아야 할 것 등에 대한 통제를 상대적으로 많이 받는다. 가정은 학생 개인의 특성에 맞게 최적화되어 있지만 학교에서는 학생 개개인이 가정에서처럼 배려 받지 못한다.

포스트모던 시대의 사회적 환경은 청소년들로 하여금 남북한 관계나 통일 문제 등 추상적인 거대담론에 대한 관심을 약화시키는 반면 개인주의와 실리추구의 경향을 강화시킨다. 청소년들이 지니고 있는 민족이나 국가에 대한 관념 또한 변화하고 있다(변종헌, 2012: 178).

포스트모던 사회로의 변화는 학교 통일교육의 목표에 대해 의문을 제기한다. 학교 통일교육은 통일이라는 최종 상태를 목표로 전제하고 논의를 전개하는데, 다양성과 개별성을 중시하는 학생들에게 이러한 논의 구조는 불편하게 다가갈 수밖에 없다. 단순히 학교와 교과서에서 가르치는 내용이라는 이유만으로 받아들여야 할 이유가 없는 것이다. 따라서 학교 통일교육이 단순히 당위적이고 선언적인 내용에 머물 경우 학생들은 거부감을 표현하거나 무관심한 반응을 보이게 된다.

2) 경쟁문화와 학교 통일교육

자본주의 사회에서 경쟁문화는 자연스러운 것으로 여겨진다. 경쟁문화는 학교의 중요한 생태적 특성이다. 우리 학생들은 과열 입시경쟁 교육체제와 비교육적 교육풍토가 확대 재생산하는 왜곡된 교육문화로부터 자유로울 수 없다(이영호, 2002: 139). 경쟁 과열의 사회문화는 화해와 협력보다는 적대와 혐오의 문화를 형성하는 데 기여하고 있다.

인터넷은 물론 학생들의 일상에서 혐오의 정서가 만연해 있다. 한때 혐오와 적대문화를 상징하는 대표적인 커뮤니티로 일간 베스트 저장소(이하 일베)가 학생들에게 많은 영향을 미쳤는데 북한의 지도부에 대한 비하 표현과 혐오감과 더불어 북한군에 대한 불안과 공포를 직접적으로 드러냈다(김학준, 2014: 104).

경쟁문화가 갖는 긍정적 측면에도 불구하고 한국사회의 경쟁문화는 학생들의 사고에 밀접하게 영향을 미친다. 이러한 분위기에서 형식적 교육과정을 통해 제기되는 인성교육, 시민성교육 등의 정책은 실제 학생들의 삶에 반영되기 어렵다. 경쟁문화가 첨예한 현실에서 적대적 관계이면서 동시에 협력 상대이기도 한 북한과의 통일 문제에 열린 마음 자세를 갖고 상생의 대안을 모색하는 활동을 기대하기 어렵다.

3) 권력관계와 학교 통일교육

학생과의 관계에서 교사는 더 많은 권력을 행사하는 주체로 여겨진다. 그러나 교육 당국, 학교 행정가와의 관계에서 교사는 다른 처지가 된다. 관료주의적 권력관계를 통해 교사들은 교육의 목표와 내용, 방법을 보다 많은 권력을 갖고 있는 상부로부터 전달받아 상대적으로 권력이 적은 학생들에게 당위적인 지식의 하나로서 가르친다. 이 과정에서 교사의 교육관, 북한관, 통일관은 교육과정에서 고려될 여지가 없다.

교과서는 관료주의적 관리체계 속에서 학생들의 사고를 발달시켜주는 단순한 매개체가 아니라 있는 그대로 전달되어야 하는 또 다른 형태의 권력이 된다. 학생들은 객관식 위주의 시험과 입시에서 자유로울 수 없고 그 과정에서 본인의 의사와 관계없이 교과서를 절대 진리로 인식하는 시늉을 해야 한다. 교과서에 기록된 지식은 암묵적으로 진리라고 믿어 그 내용이 어떤 역사적 맥락에서 형성되었는지 우리 삶에 어떤 영향을 주는지에 대한 성찰 없이 무조건적이며 단순주입식으로 가르치고 배운다(최연희, 2012: 219-220).

오늘날 학교에서 교사와 학생 사이의 권력관계에서 변화가 감지된 지 오래다. 학생들은 학교와 교사가 제시하는 학교 통일교육의 목표와 내용을 순순히 받아들이지 않는다. 시대 상황을 고려한 교육과정의 변화에도 불구하고 학생들의 통일의식에서 뚜렷한 변화를 관찰하기 어렵고 오히려 통일과 북한문제에 대한 무관심, 거부감, 혐오 등 부정적 인식이 증가하고 있다.

3. 학교의 인적 요소와 학교 통일교육

교사, 학생, 학부모의 다양한 삶의 경험 또한 잠재적 교육과정의 한 부분을 이룬다. 분단 이후 벌어진 전쟁이나 교전으로 인해 가족을 잃은 사람과 단순히 관광객으로 북한 지역을 방문하여 북한을 이해한 사람이 갖는 북한관, 통일관은 다르다.

교사, 학부모, 동료 학생들이 지닌 개인적 삶의 경험은 학교교육에 자연스럽게 반영될 수 있으며, 이러한 모습 또한 학교 통일교육의 잠재적 교육과정을 구성한다. 학교의 인적 요소와 관련된 학교 통일교육의 잠재적 교육과정은 [그림 5]와 같다.

그림 5 학교의 인적 요소와 학교 통일교육

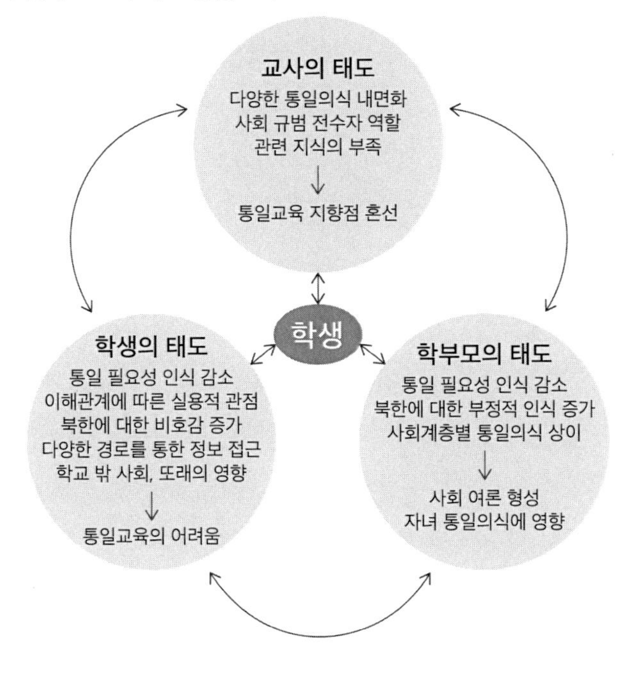

1) 교사의 태도와 학교 통일교육

학생이 학교와 교사, 학부모로부터 지시와 억압을 받는 경우가 있듯이, 교사 또한 독립적이지 않다. 교사에 대한 교육 행정 당국 또는 학교 행정가의 통제는 교사의 전문성을 침해하며, 교사들의 자율성과 창의성을 약화시켜 교육의 질을 저하시킨다(최성광, 2013: 163-169). 교사들은 자신의 교육계획과 무관하게 통일 관련 주제를 교과나 교과 외 활동에 반영하도록 요구받는다.

교사가 학생을 대할 때 가치중립적인 입장을 취하더라도 학생들은 교사가 사회 현상에 대해 어떤 입장을 가지고 있는가를 은연중에 파악할 수 있다. 통일 문제나 북한문제와 관련하여 교사가 자신의 주장을 펼치지 않더라도 학생들은 교사가 통일에 대해 갖는 생각, 북한에 대해 갖는 생각을 짐작할 수 있다. 이때 교사와의 신뢰 관계에 따라 반응이 달라질 수 있다. 북한과 통일 문제에 대한 교사의 관점이 매우 다양하게 존재하고 있는 현실에서 잠재적 교육과정의 영향은 어느 한 방향을 예상하기 어렵다.

통일교육과 관련한 교사의 무지와 성찰의 부족은 더 큰 문제를 야기할 수 있다. 예를 들어, 북한에 대해 설명하기 위한 충분한 정보를 접할 수 없는 현실에서 교사가 수집한 북한에 대한 사진, 영상 등을 제공했을 때 자료가 진실되지 않은 것일 수도 있고 진실된 자료라 하더라도 이를 본 학생들의 반응이 의도와 달리 북한에 대한 거부감, 혐오감을 더 키울 수도 있다. 교사는 수업을 위한 자료 선정에서도 신중해야 할 뿐만 아니라 수업 과정에서 교육 목표에 부합하는가를 지속해서 염두에 두어야 한다.

2) 학생의 태도와 학교 통일교육

북한, 통일, 남북관계 등과 관련한 학생들의 태도는 잠재적 교육과정이 된다. 통일의 필요성에 대한 학생들의 인식은 학교급이 높아질수록 현저하게 줄고 있다. 2023 학교 통일교육 실태조사에서 통일이 '필요하다'는 응답이 49.8%, '필요하지 않다'는 응답은 38.9%였다. 통일 필요성에 대해 '필요하다' 응답은 초등학교 58.5%, 중학교 46.9%, 고등학교 43.9% 순으로 학교급이 높을수록 낮았다(국립통일교육원, 2024: 150).

학생들은 통일 문제를 인도주의적 관점과 더불어 실용적 관점에서 접근하고 있다. 통일이 필요한 이유에 대해 '남북 간 전쟁위협을 없애기 위해'라는 응답이 31.5%, '우리나라가 선진국이 될 수 있기 때문에'라는 응답은 13.5%였다. 한편 '같은 민족이었기 때문에' 19.9%, '이산가족의 아픔을 해결해 주기 위해' 15%, '세계평화에 도움이 될 수 있기 때문에' 7.1% 등 인도주의적 관점도 함께 발견된다(국립통일교육원, 2024: 152).

통일 상대로서 북한을 인식하기보다 경계와 적대 대상으로 바라보는 시각이 증가하고 있다. 북한에 대해서 '경계해야 하는 대상' 43.5%, '협력해야 하는 대상' 32.1%, '도와줘야 하는 대상' 7.4%로 북한에 대한 학생들의 인식은 상대적으로 부정적인 인식이 더 높다(국립통일교육원, 2024: 56).

통일교육의 공간에 학생들은 백지상태로 참여하지 않는다. 삶에서 다양한 경험을 통해 북한에 대한 이미지, 통일 및 대북 정책에 대한 저마다의 관점을 형성하고 있다. 이러한 관점들에 대한 존중과 수용의 분위기에서 통일교육이 진행될 필요가 있다.

3) 학부모의 태도와 학교 통일교육

학생들은 가정에서 부모, 형제와 상호작용하는 가운데 서로 친밀감과 신뢰감을 갖게 되고 사회문제에 대한 가치관 형성에 영향을 받기도 한다. 부모와 자녀 관계는 안정된 애착을 유지함으로써 사회적 유능성, 정서적 적응, 자아 존중감, 신체적 건강 등의 행복한 삶을 촉진하여 청소년의 긍정적인 심리적 발달에 중요한 요인이 된다(이미리 외, 2014: 90). 통일의식 형성에 있어서도 학부모는 영향을 미친다.

서울대통일평화연구원은 통일의식 조사 결과를 발표하면서 세대 간 통일의식 차이를 분석하였다. 한국전쟁 이후 출생한 1955~1964년생을 1차 베이비부머 세대, 1965~1974년생을 2차 베이비부머 세대, 1975~1984년생을 X세대, 1985~1996년생을 밀레니얼 세대(M), 1997년~2010년대 초반에 태어난 이들을 Z세대로 분류하였다(서울대통일평화연구원, 2022: 202). 추론하면, 2024년 현재 40대에 해당하는 X세대가 대체로 초중고 학부모의 대부분을 형성하고 있고 점차 M세대가 학부모군을 대체할 것으로 보인다.

최근 몇 년 동안 모든 세대에서 통일이 필요하다는 응답이 감소하였으나, 특히 MZ세대는 다른 세대보다 현저하게 낮았다. 2020년 이후 X세대와 1, 2차 베이비부머 세대는 통일이 필요하다는 응답이 50% 내외 수준을 기록하고 있으나, MZ세대의 경우 30% 수준을 기록하고 있다. 또한 2020년 이후 MZ세대와 X세대의 통일 무관심이 약 12%로 증가하였고, 1, 2차 베이비부머 세대에서 통일에 대해 관심이 없는 응답자는 전체의 약 5% 수준으로 비교적 낮았다(서울대통일평화연구원, 2022: 204-5).

현재와 예비 학부모 세대는 통일 필요성에 대한 인식이 점차 낮아지고 있고 통일에 대한 관심 또한 낮은 가운데 분단이 유지되는 현실에 만족하는 경향이 증가할 것으로 예상된다. 학부모들이 이러한 경향을 전반적으로 보일 때 학부모는 학교 통일교육에 자신들의 인식을 반영하여 자연스럽게 영향을 미칠 수 있다.

Ⅳ 학교 통일교육 개선을 위한 시사점과 과제

1. 학교 밖 사회 환경 개선을 통한 분위기 조성

학교 안과 밖에서 평화의 문화 정착은 단기간에 형성되지 않는다. 경쟁과 갈등의 남북관계, 그로 인해 파생된 남한 사회내의 비평화적 문화를 평화롭게 바꾸어내지 않고서는 어떠한 교육적 시도도 그 효과를 발휘할 수 없다. 특히 이념 갈등을 중심으로 한 남남갈등의 문제를 해결하지 않고서는 학교 통일교육의 진전을 기대하기 어렵다. 따라서, 학교 통일교육의 효과를 높이기 위해서는 사회 환경의 개선이 중요하다.

첫째, 통일 문제 공론화를 통한 사회적 합의와 제도 보완이 필요하다. 학교 통일교육의 잠재적 교육과정은 남한 사회에서 북한 및 통일 문제를 바라보는 시각이 조화를 이루지 못하고 있음을 이해하는 데 도움을 준다. 학교 통일교육이 보다 효율적으로 실시되기 위해서는 학교 통일교육의 지향점에 대한 공론화 과정을 통해 민주적이고 평화적인 방법으로 관련 규범과 제도를 보완하고 사회통합의 기초를 마련해야 한다. 현상을 바라보는 다양한 관점이 존재하는 것을 수용하는 가운데 다양한 관점을 가진 구성원들이 각자의 입장을 자연스럽게 드러내며 문제 해결을 위한 공론장에 참여할 수 있어야 한다. 정치적 관점이 아닌 교육적 관점에서 지향해야 할 원칙에 대한 사회적 합의를 이루어야 한다.

둘째, 사회 통일교육에서 시민사회의 자발적 참여를 확대해 나가야 한다. 앞서 학부모가 학생들의 통일의식에 많은 영향을 미칠 수 있음을 살펴보았다. 학부모의 태도는 학교 통일교육에 부정적인 영향을 미칠 수 있다. 따라서 학부모를 비롯한 기성세대를 대상으로 하는 사회 통일교육이 중요하다. 학부모와 학생은 서로 영향을 주고받는 관계이며 학생들이 자라서 기성세대가 된 후 다시 미래의 학생들에게 영향을 미치기 때문이다.

셋째, 통일의제 생산자로서 언론의 성찰이 필요하고 학생들을 대상으로 미디어 리터러시 교육을 강화할 필요가 있다. 언론과 인터넷 공간에서 사람들이 북한, 통일에 대해 표현하는 것은 학생들의 의식에 영향을 미치는 잠재적 교육과정이 된다. 언론은 학생들에게 전달되는 주요 정보를 생산하고 전달하는 창 역할을 함과 동시에 의제를 생산하는 역할을 한다. 언론 종사자들은 언론이 사회적으로 미칠 수 있는 영향에 대한 진지한 성찰 속에서 사회의 공기(公器)로서 언론 생산과 보도에 임해야 한다. 아울러 인터넷, 스마트폰, SNS와 같은 정보통신 기술의 발달과 함께 청소년들이 다양한 미디어에 노출될 가능성이 매우 큰 상황에서 학생들이 학교 밖에서 얻게 되는 다양한 정보를 비판적으로 이해할 수 있는 능력을 길러주는 교육을 강화해야 한다. 교사는 다양한 매체를 수업 자료로 활용할 때 학생들이 기사에 포함되어 있는 행간을 이해하고, 비판적으로 바라볼 수 있도록 교육적 노력을 해야 한다(김병연, 2016: 117).

2. 학교의 생태 변화를 반영한 학교문화 혁신

분단 이후 남북관계는 경쟁과 대립, 첨예한 갈등의 연속이었다. 학교 통일교육의 잠재적 교육과정 또한 이러한 사회 현실과 관련이 깊다. 학생 간, 학교 간, 지역 간 성적 경쟁이 일상화 된 학교에서는 성적 위주의 학교 운영이 강조된다. 학교 교육활동이 성적 향상과 입시라는 목적을 위한 도구로 기능하면서 학교 교육의 본질적 목적은 쉽게 훼손되고 그러한 상황이 일상화된 학교에서 교사들은 무기력하다. 학교의 생태를 변화시키기 위해 다음과 같은 노력이 필요하다.

첫째, 다름을 인정하고 공존을 지향하는 학교문화를 형성해야 한다. 극단적인 경쟁과 혐오가 일상화된 교실에서 통일이 지향하는 평화와 화해, 협력의 가치를 가르친다는 것은 어불성설이다. 학교교육을 통해 다양성을 존중하는 학교문화를 만들어가야 한다. 형식적 교육과정을 통해 '다름'의 가치를 가르쳐야 한다. 경쟁의 문화를 배려와 협력을 중시하는 공존의 문화로 바꾸어야 한다. 이를 통해 학생들이 자신의 생각을 자유롭게 표현하고 소통할 수 있는 토론 문화를 형성해야 한다. 토론 문화의 정착은 학생들로 하여금 이러한 현실의 문제를 자신의 삶의 문제로 사고할 수 있게 도와줄 수 있다.

둘째, 통일을 삶의 문제로 고민할 수 있도록 참여의 수업문화를 형성해야 한다. 학교 생태의 관점에서 학교 통일교육의 잠재적 교육과정은 지나친 경쟁, 군집성의 부작용, 권력관계에 대한 저항 등으로 학습 무기력 현상을 야기한다. 수업에 참여하는 학생은 '통일을 원하지 않는다' 또는 '통일을 원한다' 등의 가치관을 가지고 있는

데, 국가의 통일교육 정책 차원에서 접근하는 하향식 교육과정은 쌍방향 소통을 어렵게 하며 학생들의 자기 주도적 학습 참여 의지를 감소시킨다. 교사는 학생들에게 잠재해 있을 수 있는 다양한 관점을 존중해야 한다. 우리 사회에 다양한 관점이 존재하고 있음을 전제하고, 학생들이 느낄 수 있는 불편함을 줄이기 위해 배려해야 한다.

3. 잠재적 교육과정을 반영한 교육과정 개발

학생들은 빈 그릇이 아니다. 그런데 교육과정 개발 전문가들과 교사들은 학생들을 빈 그릇으로 여기고 무엇을 채워줄 것인가를 중심으로 교육과정을 고민하는 경향이 있다. 학생들은 학교 밖에서 이미 다양한 경로를 통해 통일문제와 북한에 대한 정보를 접하면서 다양한 가치관을 형성하고 있다. 따라서 학생들이 교과서 밖에서 어떤 소재들을 일상적으로 접하고 있는지, 어떤 가치와 정보를 수용하고 한편으로 거부하고 있는지 등에 대한 조사 결과를 교육과정 개정의 출발점에서 검토해야 한다. 학교교육의 저변을 형성하고 있는 잠재적 교육과정을 고려하여 형식적 교육과정을 개발해야 한다.

첫째, 교육과정 개발에서 보편주의 원칙을 적용하여 잠재 영향을 강화해야 한다. 고든(Gordon)은 잠재적 교육과정이 일관적이고 지속적이며 깊이 퍼져 있기 때문에 형식적 교육과정에 비해 잠재 영향이 크다고 보았다. 매우 간헐적으로 이루어지는 교과 수업 중심의 인지 환경보다 널리 보급되어 있고 영향력이 일관적이고 더 크다는 것이다. 또한 잠재적 교육과정의 무의식적 전달자로서 교사의 행동은 시간이 지남에 따라 일정한 일관성을 보일 가능성이 훨씬 높다. 그리고 잠재적 교육과정은 무의식적으로 전달되기 때문에 학생들의 해석 또한 무의식이어서 형식적 교육과정에 대해서만큼 학생들이 그 영향력에 저항할 가능성이 적다(Gordon, 1982: 190-191). 이는 교육과정 구성과 운영에서 일관성을 견지하는 것이 중요함을 시사한다. 학생들에게 일관성을 갖고 지속적이고 널리 배포해야 더 효과적이라는 것이다.

통일교육지침서와 도덕과 교육과정을 비롯하여 학교 통일교육 교육과정의 잠재 영향을 강화하기 위해서는 보편주의 원칙이 적용되어야 한다. 학교 통일교육 교육과정 구성의 원칙으로서 보편주의는 다음과 같은 원칙을 갖고 적용되어야 한다. 먼저 학교 통일교육의 주제인 분단, 민족, 통일 등을 보편적 규범의 관점에서 해석하고 다루어야 한다. 그리고 포용성의 관점에서 안보 위협 대상으로서 북한을 다루면서도 통일의 동반자로 포용할 수 있도록 논의를 발전시켜야 한다. 마지막으로 일관성에 비추어 학교 통일교육 교육과정을 구성하고 평가해야 한다.

둘째, 교육과정 개발을 위한 숙의 과정에서 학생과 교사의 능동적 참여를 보장해야 한다. 한국의 교육과정 개발과정은 총론 개발 방향이 제시되고 이어 각론이 개발되는데 이 과정에서 총론과 각론 간 소통이 부족하고 지침에 대한 해석의 차이가 발생하고 개발자들 간 충분한 이해와 공감이 이루어지지 못해 교과 전문가들의 요구 혹은 견해가 충분히 반영되지 못한다(박희경, 2016: 194, 198).

교사, 학생 등 인적 요소와 관련한 학교 통일교육의 잠재적 교육과정을 고려하여 학생과 교사의 관점이 반영될 수 있도록 구성주의적 관점을 지향해야 한다. 국가 차원에서 사회적 공론화를 통해 규범을 개정하고 사회통합을 위한 노력을 기울이는 등 논의의 조건을 조성해야 하지만 구체적인 운영에 있어서는 학교와 교사의 자율성을 보장해야 한다. 그리고 교육과정 개발 과정은 학생과 교사가 능동적으로 참여하는 숙의의 과정이 되어야 한다. 이를 위해 학교 통일교육 교육과정 개발 과정에 학생과 교사들의 통일의식을 고려하여 반영해야 한다.

참고문헌

강주현(2013), “노무현·이명박 정부시기 남북관계 및 교류와 대북지원 여론 분석”, 『21세기 정치학회보』, 23(3).

국립통일교육원(2024), 『2023 학교 통일교육 실태조사 결과보고서』, 서울: 국립통일교육원.

국립통일교육원(2023), 『2023 통일교육 기본 방향』, 서울: 국립통일교육원.

김대현(2011), 『교육과정의 이해』, 서울: 학지사.

김병연(2016), “남북한 이슈에 관한 언론보도 연구 문헌 분석”, 『도덕윤리과교육연구』, (52).

김종서(1987), 『잠재적 교육과정의 이론과 실제』, 서울: 교육과학사.

김학준(2014), “인터넷 커뮤니티 ‘일베저장소’에서 나타나는 혐오와 열광의 감정동학”, 서울대학교석사학위논문.

박균열(2005), *A Comparative Analysis on Self-Reliant Defense Policy of North and South Korea and its Implications to Security Policy Making and Security Education*, 『도덕윤리과교육』, 20.

박문갑(2011), “한국 통일환경의 변화와 통일교육 연구”, 『한국초등교육』, 22(2).

박병락(2009), “Foucault의 권력 개념과 학교교육”, 『교육사상연구』, 23(3).

박순경(1996), “잠재적 교육과정 논의(Ⅱ), 재개념화의 논리 탐색”, 『한국교육』, 23.

박희경(2016), “교과 교육과정 개발을 위한 숙의 과정의 개선 과제: 2015 개정 교육과정 사례를 중심으로”, 『교육과정연구』, 34(3).

배지현(2013), “잠재적 교육과정의 재개념화를 위한 잠재적 교육과정 이론에 대한 평가”, 『교육과정연구』, 31(1).

변종헌(2012), “청소년의 통일의식과 학교 통일교육의 진화”, 『윤리교육연구』, 29.

서울대학교교육연구소(1995), 교육학용어사전, http://terms,naver,com/, 검색어: 잠재적 교육과정.

서울대학교통일평화연구원(2022), 『2022 통일의식조사』. 시흥: 서울대학교통일평화연구원.

이미리·조성연·길은배·김민(2014), 『청소년학개론』, 서울: 학지사.

이영호(2002), “입시경쟁 교육체제에서의 청소년 학습문화”, 『교육사회학연구』, 12(1).

이효원(2012), 『판례로 보는 남북한관계』, 서울: 서울대학교출판문화원.

장소진(2016), “교실과 권력, 교육과 성장”, 『서강인문논총』, 47.

조정아(2007), “통일교육의 쟁점과 과제”, 『통일정책연구』, 16(2).

최성광(2013), "교사들이 인식하는 학교교육 현장의 변화와 그 원인: 한국 교육정책과의 관련", 전남대학교박사학위논문.

최연희(2012), "'파놉티콘'에서 학교의 모습 비판", 『초등교육학연구』, 19(2).

Eisner, E. W.(1979), *The educational imagination*, 이해명 역(1991), 『교육적 상상력』, 서울: 단국대학교 출판부.

Gordon, D.(1982), The concept of the Hidden Curriculum, *Journal of Philosophy of Education*, 16(2).

Jackson, P.(1968), *Life in classrooms*, 차경수 역(1978), 『아동의 교실 생활』, 서울: 배영사.

Vallance, E.(1982), The practical uses of curriculum theory, *Theory into Practice*, 21(1).

제3장

학교 통일교육의 형식적 교육과정

제3장

학교 통일교육의 형식적 교육과정

I 서론

통일교육은 정부의 통일정책, 대북정책 등에 의해 많은 영향을 받아왔다. 이로 인해 통일교육의 한계가 다양하게 지적되었다. "학교가 정치적 이념에 귀속되어 이념에 따른 정책 추진의 시험대가 되거나"(최성광, 2013: 166) "정부 시책 홍보에 치중하는 경향"(정용길, 2003: 310)을 보였다. 통일교육에서 "지향점에 대한 사회적 논의와 합의는 부족했고"(박성춘, 2012: 279), "사회 환경의 변화와 학생들의 요구 내지 기대를 충분히 반영하지 못했다"(변종헌, 2012: 179).

1999년 제정된 통일교육지원법 제3조는 통일부장관이 통일교육을 하기 위한 기본사항을 정하도록 하고 있다. 이를 근거로 통일부는 '통일교육지침서', '평화·통일교육: 방향과 관점', '통일교육 기본 방향' 등 정부 차원의 가이드라인을 제시해왔다. 이는 교육과정 개정과 교과서 집필과정에 통일교육 관련 내용 서술의 근거로 활용된다.

안타까운 것은 대북정책에 관한 입장이 각각 다른 정부가 교차하여 집권하는 가운데 지침이 일관성을 잃었다는 점이다. 통일 논의에서 소위 진보 정부는 남북관계에서 평화를 강조하고, 보수 정부는 북한의 위협으로부터 안보를 강조한다. 문재인 정부는 2018년에 기존의 '통일교육지침서'를 평화의 관점을 강화하여 '평화·통일교육: 방향과 관점'으로 새롭게 발간하였다. 그러나 2018년은 박근혜 정부가 제시한 지침에 바탕을 두고 개발된 2015 개정 교육과정이 학교 현장에 본격적으로 적용되던 해였다. 교육과정과 현장에 배포된 교과서가 당시 정부의 가이드라인과 그

결을 달리한 것이다.

불행은 반복되었다. 문재인 정부의 가이드라인에 영향을 받아 개발되었다고 할 수 있는 2022 개정 교육과정의 통일교육 내용은 '자유민주주의'를 강조한 윤석열 정부의 '2023 통일교육 기본방향'과 지향점에서 궤를 달리한다. 정부 지침의 근본적 변화에 따라 통일교육 방향이 좌우되는 한 이러한 혼란은 계속될 수밖에 없다. 이는 통일교육이 학교 현장에서 외면 받게 된 주된 이유이다. 이 장에서는 2022 개정 및 2015 개정 교육과정의 통일교육 내용에서 쟁점을 밝히고 쟁점 해소를 위한 방향을 제시하고자 한다.

Ⅱ 교육과정에 반영된 통일교육의 주요 내용

1. 초등학교 '도덕'과 '사회'

도덕과와 사회과는 교육과정에서 통일교육을 직접 다룬다. 2022 개정 교육과정은 내용 체계를 지식·이해, 과정·기능, 가치·태도로 범주화하여 제시하였는데, 초등 도덕과 교육과정에서 통일교육 관련 내용 체계는 〈표 1〉과 같다.

표 1 초등학교 '도덕' 통일교육 내용 체계(교육부, 2022a: 9)

범주	3-4학년군	5-6학년군
지식·이해	• 통일은 왜 필요할까?	• 통일과정과 통일 이후 사회는 어떤 모습이어야 할까?
과정·기능	• 통일의 필요성 설명하기	• 통일과정과 통일 이후 바람직한 사회 모습 탐색하기
가치·태도	• 통일 감수성 함양	• 통일을 추구하는 태도와 의지 함양

지식·이해 범주를 중심으로 살펴보면, 3-4학년군에서는 '통일의 필요성'을, 5-6학년군에서는 '통일과정과 이후 사회의 모습'을 다룬다. 관련하여 과정·기능에서 통일의 필요성을 설명하거나 통일 과정과 이후의 바람직한 사회모습을 탐색하도록 하고 있으며, 가치·태도에서 통일 감수성을 함양하고 통일을 추구하는 태도와 의지를 함양하도록 하고 있다. 이러한 내용 체계는 3-4학년군에서 "통일은 왜 필요할까?"(교육부, 2015a: 6)를, 5-6학년군에서 "통일로 가는 바람직한 길은 무엇일

까?"(교육부, 2015a: 6)를 내용 요소로 제시한 2015 개정 도덕과 교육과정과 유사하다. 2015 개정 교육과정에서 특이한 점은 '나라 사랑'이 통일교육의 주제에 포함되어 제시된 것이다. 초등학교 교육과정에서 "통일의 의미와 필요성은 무엇이며, 통일을 위해 어떻게 하면 나라 사랑을 위한 실천 의지를 기를 수 있을까?"(교육부, 2015a: 13)를 제시하였다.

성취기준은 내용 체계에서 제시한 지식·이해, 과정·기능, 가치·태도를 융합하여 도달해야 할 기준을 문장으로 구성한 것이다. 내용 체계를 반영하여 진술한 성취기준은 〈표 2〉와 같다.

표 2 초등학교 '도덕'의 통일교육 성취기준(교육부, 2022a: 13)

4학년	[4도03-03] 통일의 필요성을 이해하고, 통일 감수성을 길러 바람직한 통일의 방향을 모색한다.
6학년	[6도03-03] 통일과정과 통일 이후 사회의 여러 가지 상황을 예상하고 바람직한 통일과정과 통일 국가의 사회상을 제시한다.

한편, 2022 개정 초등 사회과 교육과정에서 통일교육 관련 내용은 '지속가능한 세계', '정치', '한국사' 영역에 5-6학년군을 중심으로 반영되었다. 지식·이해 범주의 내용을 중심으로 재구성하면 〈표 3〉과 같다.

표 3 초등학교 '사회' 통일교육 내용 체계(교육부, 2022b: 11,12,18에서 재구성)

지식·이해 세부영역	5-6학년 내용 요소
공존의 세계	• 분단과 평화의 장소
국제 정치	• 평화통일을 위한 노력
근·현대 사회로의 전환	• 평화통일을 위한 노력

내용 체계를 반영하여 진술한 성취기준은 〈표 4〉와 같다. 사회과는 2015 개정 교육과정과 비교할 때 2022 개정 교육과정에서 상당한 변화가 있었다. 2015 개정 교육과정에서 '정치·문화사' 영역에서 '통일을 위한 노력'을 내용 요소로 제시(교육부, 2015b: 15)한 것에서 한걸음 더 나아가 2022 개정 교육과정에서는 '분단과 평화

의 장소'를 추가하였다.

표 4 초등학교 '사회'의 통일교육 성취기준(교육부, 2022b: 33; 교육부, 2015b: 56)

2015 개정 사회과 교육과정	2022 개정 사회과 교육과정
[6사08-02] 남북통일을 위한 노력을 살펴보고, 지구촌 평화에 기여하는 통일 한국의 미래상을 그려 본다.	[6사07-01] 분단으로 나타난 문제점과 분단과 관련된 장소를 평화의 장소로 만들려는 노력 등을 알아보고, 평화통일을 위해 우리가 할 수 있는 일을 탐색한다.

2022 개정 초등 사회과 교육과정에서는 분단이 사회와 사람들의 생활에 미친 영향을 알아보고, 분단과 관련된 장소를 평화의 장소로 만들려는 사람들의 노력을 살펴본 후 평화통일의 필요성을 인식하고 학생들이 할 수 있는 일을 탐색하도록 하고 있다. 2015 개정 교육과정에서 통일을 위한 노력과 통일 한국의 미래상을 중심으로 다소 추상적으로 제시하였다면, 새 교육과정에서는 '분단 관련 장소를 평화의 장소로 만들려는 노력' 등 평화의 관점에서 구체적인 주제를 제시하였다.

2. 중학교 '도덕'과 '사회'

2022 개정 도덕과 교육과정에서 중학교 '도덕'의 통일교육 내용은 〈표 5〉와 같다. 지식·이해의 측면에서 통일의 의미와 가치를 알고, 과정·기능의 측면에서 분단의 문제점을 분석하여 통일의 의미를 탐색하도록 하고, 가치·태도의 측면에서 평화 감수성을 길러 미래지향적인 통일을 추구하는 자세를 갖추도록 하고 있다.

표 5 2022 개정 교육과정 중학교 '도덕' 통일교육 내용 체계(교육부, 2022a: 9)

범주	내용 요소
지식·이해	• 통일은 어떤 의미와 가치가 있을까?
과정·기능	• 분단의 문제점을 분석하고 보편 가치에 근거하여 통일의 의미 탐색하기
가치·태도	• 평화 감수성을 길러 미래지향적인 통일을 추구하는 자세

이는 2015 개정 중학교 도덕과 교육과정에서 '북한 이해'와 '통일윤리의식'을 중심으로 내용 요소를 제시한 것에서 '북한 이해' 부분을 삭제하고 '통일윤리의식'에 북한 이해를 부분적으로 반영한 것으로 볼 수 있다. 〈표 6〉, 〈표 7〉

표 6 2015 개정 교육과정 중학교 '도덕' 통일교육 내용 체계(교육부, 2015a: 8)

내용 요소	기능
○ 북한을 어떻게 이해하고 바라볼 것인가?(북한 이해) ○ 우리에게 통일의 의미는 무엇인가?(통일윤리의식)	○ 통일윤리의식 형성능력 • 균형 있는 북한관 정립하기 • 미래지향적 통일관 정립하기

〈표 7〉의 성취기준을 비교해보면 이를 쉽게 확인할 수 있다. 2015 개정 교육과정에서 북한과 북한 주민에 대한 객관적 이해를 바탕으로 균형 있는 북한에 대한 관점을 갖도록 할 것을 제시하였으나, 2022 개정 교육과정에서는 북한 이해 관련 내용을 통일의 의미 학습 과정에서 부분적으로 다루도록 안내하고 있다.

표 7 중학교 '도덕' 통일교육 성취기준(교육부, 2015a: 22; 교육부, 2022a: 17)

2015 개정 도덕과 교육과정	2022 개정 도덕과 교육과정
[9도03-06] 북한과 북한 주민에 대한 객관적 이해를 바탕으로 균형 있는 북한에 대한 관점을 가질 수 있다.	-
[9도03-07] 보편적 가치 추구와 평화 실현을 위해 통일을 이루어야 함을 알고, 바람직한 통일 국가 형성을 위해 요구되는 태도를 기르는 등 통일윤리의식을 정립할 수 있다.	[9도03-03] 북한에 대한 이해를 바탕으로 분단의 문제점을 분석하고, 도덕적 가치에 기초하여 통일의 의미를 재구성함으로써 바람직한 남북관계 및 통일의 방향을 제안할 수 있다.

2022 개정 사회과 교육과정에서 중학교 '사회'의 통일교육은 '지속가능한 세계' 영역에서 '분단과 접경지역', '한반도 평화와 통일 국토의 미래상'을 지식·이해로 제시하고, '한반도 평화와 통일에 대한 관심과 평화 감수성'을 가치·태도로 제시하고 있다. 2015 개정 교육과정에서 다소 추상적인 '국토애'를 내용 요소로 제시한 것과 비교해보면 2022 개정 교육과정에서 분단과 평화, 통일의 문제를 보다 적극적으로 반영하였다. 〈표 8, 9〉

표 8 2022 개정 중학교 '사회'의 통일교육 내용 체계(교육부, 2022b: 11)

지식 · 이해 세부영역	중학교 내용 요소
갈등과 불균등의 세계	• 분단과 접경지역
공존의 세계	• 한반도 평화와 통일 국토의 미래상

표 9 2015 개정 중학교 '사회'의 통일교육 내용 체계(교육부, 2015b: 8)

영역	핵심 개념	일반화된 지식	중학교 내용 요소
장소와 지역	장소	모든 장소들은 다른 장소와 차별되는 자연적, 인문적 성격을 지니며, 어떤 장소에 대한 장소감은 개인이나 집단에 따라 다양하다.	• 국토애

이러한 변화는 성취기준 비교를 통해 보다 구체적으로 확인할 수 있다. 먼저, 성취기준이 양적으로 증가하였고, '분단이 일상생활에 미친 영향', '분리와 연결의 공간으로서 접경지역의 다양한 모습', '세계시민의 관점', '한반도 평화의 중요성', '통일 환경 속에서 우리의 삶과 국토의 미래' 등 다양한 내용 요소를 구체적으로 제시하였다. 〈표 10〉

표 10 초등학교 '사회'의 통일교육 성취기준(교육부, 2022b: 52, 85; 교육부, 2015b: 74)

2015 개정 사회과 교육과정	2022 개정 사회과 교육과정
[9사(지리)11-03] 세계 속에서 우리 국토의 위치가 갖는 중요성과 통일의 필요성을 이해하고, 통일 이후 우리 생활의 변화를 예측한다.	[9사(지리)11-02] 분단이 우리의 일상생활에 미친 영향을 살펴보고, 분리와 연결의 공간으로서 접경지역의 다양한 모습을 세계 여러 지역의 사례를 통해 비교한다. [9사(지리)11-03] 세계시민의 관점에서 한반도 평화의 중요성을 논의하고, 한반도 평화와 통일 환경 속에서 우리의 삶과 국토의 미래를 구상한다.

Ⅲ 통일교육 관련 교육과정 내용의 쟁점

통일교육과 관련한 쟁점은 다양하다. 통일 문제의 성격을 국내문제로 볼 것인가? 국제문제로 볼 것인가?, 북한을 군사적 대치 상대로 강조할 것인가? 통일 상대로 강조할 것인가?, 국제공조를 우선할 것인가? 민족공조를 우선할 것인가?, 북한과의 동질성을 강조할 것인가? 이질성을 인정할 것인가?, 대북지원과 핵, 미사일 문제의 관계를 어떻게 볼 것인가? 등 다양하다. 이 글에서는 초등학교와 중학교의 '도덕', '사회' 교육과정의 내용을 중심으로 북한 이해 및 통일 관련 서술에서 쟁점을 제시하고자 한다.

1. 균형 있는 북한 이해는 가능한가?

자연지리의 관점에서 북한 지역을 다룬 내용을 제외하면, 북한 이해를 다루고 있는 과목은 도덕과였다. 2015 개정 교육과정의 중학교 '도덕'에서 '북한을 어떻게 이해하고 바라볼 것인가?'를 내용 요소로 제시하고 '균형 있는 북한관 정립하기'를 기능으로 제시하였다(교육부, 2015a: 8). 2018년 통일부가 제시한 '평화·통일교육: 방향과 관점'에서도 평화·통일교육의 목표 중 하나로 '균형 있는 북한관 확립'을 제시하였다(통일부 통일교육원, 2018: 7).

'균형'은 "어느 한쪽으로 기울거나 치우치지 아니하고 고른 상태"(국립국어원 표준국어대사전)를 의미한다. 정부는 "북한이 우리의 안보를 위협하는 경계의 대상이면서 함께 평화통일을 만들어 나가야 할 협력 상대"(통일부 통일교육원, 2018: 7; 국립통일교육원, 2023a: 17)임을 강조한다. 이는 안보 위협 세력으로서 북한 정권과 정권 유지 세력에 의해 정치적 탄압과 경제적 어려움을 겪고 있는 북한 주민을 구분해서 보아야 한다는 논리로 이어진다. 균형 있는 관점의 중요성에도 불구하고 이러한 주장에는 다음과 같은 쟁점이 있다.

첫째, 북한 정권과 주민을 구분할 수 있는가의 문제이다. 구분하는 기준이 무엇인지 불명확하다. 북한 정권은 실체가 있지만 정권의 구성원을 어느 범위까지 규정해야 할지 어렵다. 북한 체제를 사상적으로 옹호하는 사람들인지, 행정 기관에서 특정 지위 이상에 속하는 사람인지, 북한 체제에 대한 충성도가 높은 사람인지 명확하지 않다.

둘째, 북한 정권을 경계 대상으로만 볼 수 있는가의 문제가 있다. “안보위협의 대상과 교류협력의 대상이라는 두 가지 인식은 남북한 관계의 현실이지만, 사실상은 균형점을 찾기 어려운 목표이다”(이상희, 2017: 236). 남북관계 개선과 통일 논의에서 대화와 타협의 실질적인 주체는 북한 정권이다. 이웃 나라인 중국, 일본 등과 역사, 지리, 경제, 군사적 갈등은 상존하지만 이들을 경계 대상으로만 가르치지 않는다.

셋째, 정부의 관점으로 평가할 때 어떤 기준으로 보느냐에 따라 남한 사회 구성원들의 북한인식에서 균형을 잃은 것으로 평가될 수 있다. 서울대통일평화연구원이 실시한 설문조사에서 “통일을 함께 논의할 상대로 북한정권이 대화와 타협이 가능한 상대라고 생각하는가?”라는 질문에 ‘가능하다’는 응답이 31.0%, ‘불가능하다’는 응답이 69.0%였다. 대화와 타협이 가능한 상대라는 응답은 남북정상회담이 개최된 2018년 54.7%로 상승한 후 2019년 51.6%, 2023년 31.0%로 낮아졌다(서울대통일평화연구원, 2023: 67). 어느 시기를 균형 있는 북한관으로 규정하고 교육 목표로 삼을 것인가? 남북관계의 역동성에 따라 시민들의 의식이 변화할 수 있고 균형 있는 관점의 지점 또한 변할 수 있음을 인정해야 한다.

2. 객관적인 북한 이해는 가능한가?

정부의 교육 방향과 교육과정은 북한에 대한 객관적인 이해(국립통일교육원, 2023a: 9; 교육부, 2015a: 22)를 강조하고 있다. ‘객관’은 “자기와의 관계에서 벗어나 제삼자의 입장에서 사물을 보거나 생각함”(국립국어원 표준국어대사전)을 의미한다. 우리는 북한을 객관적으로 이해할 수 있는가?

첫째, 북한을 이해함에 있어 우리는 제삼자가 아니다. “북한에 대한 우리의 이해는 우리의 관점, 우리의 위치에서 바라본 산물이며, 북한을 객관적으로 이해한다는 것은 불가능하다”(이상희, 2017: 236). 교육과정을 만들고 교과서를 집필하는 연구자와 교사, 그 교과서를 통해 북한을 배우는 학생까지 우리 모두는 역동적인 남북관계 속에서 남쪽의 한 당사자로서 의식을 형성해 왔다. 이를 인정하고 북한 이해에 있어 한계가 있음을 받아들여야 한다.

둘째, 북한에 대한 객관적 자료를 얻기 힘들다. 북한 연구자들조차도 “북한에서 발행되는 인쇄물을 연구의 일차적 자료로 사용하고 있지만 자료 획득이 쉽지 않다"(이범웅, 2013: 210)고 하소연한다. 더욱이 우리는 일상에서 북한에 대한 수많은 오보를 경험하고 있다. 북한 고위 인사가 공개 처형되었다는 남한 언론의 보도 후 며칠 되지 않아 공개 석상에 그 인사가 등장하는 모습을 자주 지켜보았다. 북한 정보에 밝은 언론사나 북한 전문가들의 해석이 단시일 내에 거짓으로 판명되는 현실, 그러한 정보가 인터넷 포털과 SNS에 범람하고 있는 현실에서 무엇이 객관적인가를 판단하는 것은 매우 어렵다. 이러한 상황에서 교사들은 그나마 '객관적인 북한'의 모습을 소개하고 있을 것으로 생각하는 정부 기관 발행 자료에 의존하게 된다.

셋째, 북한 이해를 위한 교과서 서술은 북한의 부정적인 모습을 보여주는 데 적극적인 반면, 북한 사회의 긍정적인 모습을 소개하는 데는 매우 인색하다. 교과서는 북한 사회의 운영 원리에 대한 소개에 덧붙여 문제점을 지적하는 형식을 띤다. 중학교 '도덕' 교과서는 북한 인권 상황에 대한 내용을 다음과 같이 서술하고 있다.

> 수령과 당의 독재체제 아래에서 북한 주민들은 사상의 자유를 누릴 수 없다. 북한 체제를 비판하거나 불순한 사상을 가지고 있다고 판단되면 정치범 수용소에 갇히거나 탄압을 받는다 (강성률 외, 2017 : 110).

객관적이고 균형 있는 북한 이해가 필요함을 누구나 동의하지만, 북한에 대한 긍정적 서술이 남한 사회의 규범에서 허용되지 않는 현실에서 북한은 늘 의심과 비판의 대상이었다. 이러한 접근을 지속하는 가운데 학생들로 하여금 북한에 대해 관심을 갖고 함께 통일을 고민해야 하는 대상으로 바라보도록 수업한다는 것은 매우 어려울 수밖에 없다.

넷째, 변화하고 있는 북한의 모습을 시의적절하게 다룰 수 없다. 교과서는 고난의 행군 시절을 다룬 영화 이야기에서부터 최근 북한의 의식주 생활에 이르기까지 다양한 내용을 다룬다. 맥락적인 이해 없이 제시되는 사실들을 현재의 북한 모습으로 이해할 때 북한을 온전히 이해하기 어렵다. 정부의 통일교육 방향, 교육과정 등은 수시로 변화하는 북한의 모습을 반영하지 못한다. 변화하고 있는 북한의 현실을 단정적으로 규정하고 가르칠 때 오류는 반복된다.

3. 거시적 관점의 북한 이해는 적절한가?

북한 이해는 2015 개정 중학교 '도덕'에서 정치, 경제, 사회문화 등 거시적 관점을 중심으로 소개되었나. 2022 개정 교육과정에서는 이마저도 대폭 축소되었다. 2015 개정 교육과정에 따른 교과서는 북한 사회와 북한 주민의 생활 모습을 1개의 소단원에서 서술하였다. 북한 사회의 가치관, 전반적인 특징에 대한 설명과 정치, 경제, 사회문화 등 분야별 모습을 4쪽 내외의 분량으로 다루었다. 관련하여 다음과 같은 쟁점을 제기할 수 있다.

첫째, 내용 범위의 적정성 문제이다. 너무 많은 범위의 내용을 지나치게 단순하게 설명함으로 인해 발생하는 문제이다. 몇 시간의 수업으로는 북한의 정치, 경제, 사회·문화를 소개하고 이해할 수 없다. 전반적인 북한 사회의 특성에 대한 소개는 지침서의 내용을 옮겨 왔다고 해도 될 만큼 추상적이다. 이러한 교과서 서술은 학생들의 이해와 관심을 이끌지 못한다.

둘째, 교사들이 북한을 거시적으로 설명할 수 있는 전문성을 갖고 있는가의 문제이다. 남북 간 교류의 경험이 매우 적고 여러 해 동안 정부와 민간 차원의 남북교류가 단절된 상태가 지속되었음을 고려하면 남한에 살고 있는 사람 중에서 북한 사회의 전반적인 모습을 설명할 수 있는 역량을 가진 사람이 얼마나 될 수 있을지 의문이다. 가르쳐야 할 내용을 깊이 이해하지 못한 상태에서 교사들이 선택할 수 있는 것은 교과서 내용을 단순 설명하거나 회피하는 것이다.

셋째, 북한 사회에 대한 내용이 학생들의 관심을 반영하고 있지 못하다. 남북관계의 부침은 북한에 대한 학생들의 인식에도 영향을 미친다. 학교 통일교육 실태조사에서 북한이해와 관련하여 학생들이 희망하는 통일교육의 내용은 '북한 사람들의 사회모습 이해' 31.4%, '북한의 실상과 주민의 인권상황 이해' 25.5%, '같은 민족으로서 남북의 공통성' 23.2% 등(국립통일교육원, 2023b: 185)이었다. 학생들은 북한 주민들의 일상생활과 인권상황, 남북한 문화의 공통점 등을 궁금해 하지만 교과서 서술은 거시적 관점에서 머무르고 있으며 이마저도 2022 개정 교육과정에서는 거의 다루지 않게 되었다.

4. 통일의 당위성 강조는 적절한가?

교육과정과 교과서는 통일의 당위성과 필요성을 전제하고 있다. 2022 개정 초등 '도덕'에서는 '통일은 왜 필요할까?', '통일과정과 통일 이후 사회는 어떤 모습이어야 할까?'를 내용 요소로 제시하고 있고 '사회'에서도 '평화통일을 위한 노력'을 제시하고 있다. 중학교 '도덕'의 '통일은 어떤 의미와 가치가 있을까?', '사회'의 '한반도 평화와 통일 국토의 미래상' 등도 통일 필요성과 당위성을 전제하고 있다. 학교교육에서 통일의 당위성과 필요성을 전제하고 교육하는 것이 적절한가에 대해 검토가 필요하다. 관련하여 다음과 같은 쟁점을 제기할 수 있다.

첫째, 당위성을 전제한 교육은 통일교육의 장애 요인이 될 수 있다. 2023 학교통일교육 실태조사에 의하면, 학생들은 통일의 필요성에 대해 다양한 입장을 가지고 있다. 통일이 '필요하다' 49.8%, '필요하지 않다' 38.9%로 필요하다는 응답은 해마다 줄고 있다. 학교급별 응답도 다르다. 초등학생 58.5%, 중학생 46.9%, 고등학생 43.9%가 통일이 필요하다고 응답하였다(국립통일교육원, 2023b: 148). 통일교육을 지속적으로 강조하고 있지만 학교급이 높을수록 학생들은 통일 필요성에 대해 회의적이다. 관련하여 교사들은 다음과 같은 어려움을 토로한다.

> 저희 반 애가 "저 통일하기 싫어요."라고 했을 때 "OK, 한번 얘기해봐." 다른 애들도 "나도 OK야. 나도 싫어." 얘기하면서 서로 이렇게 대화가 돼야 되는데, 그게 불가능하게 만들어 놨잖아요. 너무 어렵게. 선생님 입장에서는 통일을 해야 된다고…. 그러니까 수업 결론이 "통일 안 해도 돼."라고 결론이 나면 교사가 되게 부담스럽죠. 내가 수업 잘못했나, 그런 생각을….(초등교사 인터뷰, 김병연·조정아, 2020: 50).

교사들은 학생들이 나름의 합리적 이유를 대면서 통일을 반대하는 경우 어떻게 대응하는 것이 교육적인지 판단하는 데 어려움을 느끼기도 하고, 통일에 대한 당위적 접근을 넘어 새로운 접근을 모색해야 한다는 필요성을 느끼기도 한다.

> 일단 통일교육이라는 거 이름 자체가 우리가 통일하자는 가치가 반영돼 있는 거잖아요. 그래서 그거를 전제를 하고 뭔가 이렇게 아이들한테… 어른들도 통일 희망하지 않는 사람이 있으니까, 그럼 사실 통일교육이란 거 명칭이 좀…. 우리가 생각하는 통일교육은 통일해야 된다는

> 것이니까, 그 명칭 자체를 다시 한번 아이들한테 인식시키면 되고 통일 안 해도 되지 않나 뭐 이렇게 생각해서(중등교사 인터뷰, 김병연·조정아, 2020: 51).

교사와 학생들의 통일에 대한 입장이 매우 다양할 수 있는데 통일의 당위성을 중심으로 가르치게 되면 어려움이 있다. 통일을 당위적 과제로 여기지 않는 교사의 경우 가르치는 내용이 자신의 가치관과 다른 상황이 발생하게 된다. 설령 교사의 생각이 교과서의 내용과 일치하더라도 다른 입장을 가진 학생은 그 수업에서 소외될 수밖에 없다. 이러한 조건은 교사들로 하여금 적극적인 수업 준비를 망설이게 만들고 가치관이 다른 상당수의 학생들이 수업에 참여하는 것을 가로막을 수 있다.

둘째, 당위성을 전제한 통일교육은 교육과정에 제시된 교과의 성격, 교수·학습 방법과 조화를 이루기 어렵다. 도덕과의 교수·학습 방향으로 제시된 "학습자 주도성을 살려 능동적인 학습 참여를 장려"(교육부, 2022a: 20), 사회과의 교수·학습 방향으로 제시된 "학습자가 시·공간 속의 인간과 사회현상에 대한 흥미와 관심을 가지며", "학습자의 학습 준비 정도나 성취기준 도달 정도를 파악하고, 다양한 학습자 유형 및 특성 등을 고려하여 맞춤형 교수·학습 방법을 설계"(교육부, 2022b: 68)할 것을 강조한 것과 조화를 이루기 어렵다.

셋째, 민주시민교육, 다문화교육, 세계시민교육 등 학교교육의 다른 주제와 조화를 이루기 어렵다. 예를 들어, 민주시민교육과 관련하여 교육과정은 공통으로 비판적 사고력을 가진 주체적인 시민 양성을 강조하고 민주시민으로서의 역량 향상을 염두에 두고 있다. 2022 개정 교육과정에서 민주시민의식 함양은 교육과정 개정의 핵심 배경이기도 했다. 통일교육은 민주시민교육의 기본 방향과 조화를 이루고 있지 못하다. 통일을 당위적 과제로 받아들이고 수용해야 하는가에 대해 비판적인 입장을 발표한 학생은 민주시민으로서의 역량을 갖췄다고 볼 수 있지만 현재의 통일교육 목표에는 부합하지 못하게 된다.

5. 남한 중심의 통일 논의는 적절한가?

2015 개정 초등 도덕과 교육과정에 반영된 '나라 사랑' 관련 주제는 학교 통일교육이 남한 중심적 사고로 이뤄지고 있음을 잘 보여준다. 초등학교 4학년 '도덕'에서 나라 사랑 관련 내용은 '5. 하나 되는 우리'에서 두 번째 소단원 '함께 가는 길을 찾

아요'에 포함되어 있다(교육부, 2018: 90). 단원의 핵심 목표는 남과 북이 함께 노력하여 통일로 가는 장애물을 극복할 수 있는 방법을 찾는 데 있다.

교과서에서는 나라 사랑과 관련하여 '무궁화 한반도 만들기'를 제시하고 있는데, 가진 자원이 서로 다른 분단된 학생들이 협력하여 한반도 무궁화 그리기를 완성해 가는 활동이다. 이 활동을 서로의 약점과 강점을 살려 교류 협력하는 것으로 이해할 수 있다. 그러나 이러한 활동이 나라 사랑과 어떤 관계가 있는지 이해하기 어렵다. 교과서의 '나라'가 헌법에 규정되어 있는 한반도 전체를 의미하는 것인지 아니면 '무궁화'가 상징하듯 남한을 상징하는 것인지도 명확하지 않다.

교과서에서 무궁화 이미지의 사용, 통일 한국이라는 용어의 사용 등에 대해서도 검토가 필요하다. 통일 논의에서 '무궁화'와 같은 상징물을 사용하고 통일 이후 국가를 '통일 한국'으로 명명하는 것은 통일교육의 잠재적 교육과정이 된다. 학생들이 통일을 남한 중심의 흡수통일로 상정할 가능성이 있다. 우리 정부는 흡수통일을 추진하지 않을 것을 공식적으로 밝힌 바 있으며 통일 방식에 대한 국민들의 찬반 의견도 다양하게 존재하고 있다.

통일에 대한 논의는 당사자로서 북한을 제외한 채 이뤄질 수 없다. 대화 상대로서 북한을 인정하지 않은 상태에서 전개되는 통일 논의는 무력에 의한 통일이나 북한의 붕괴에 의한 흡수통일을 가정할 때 가능하다. 그러나 그러한 방식의 통일은 바람직하지 않으며 실현 가능성 또한 낮다. '무궁화' 이미지 사용과 '통일 한국'을 통일 미래상으로 제시하는 것은 통일 논의를 남한만의 논의로 제한하고 당사자로서 북한을 고려하는 것을 어렵게 만든다. 역지사지의 자세를 갖고 현상을 바라보는 것은 우리가 문제해결을 위한 지혜를 얻도록 도와줄 수 있다.

Ⅳ 통일교육 관련 교육과정의 개선 방향

1. 북한 이해 교육의 내용 개선

2022 개정 교육과정에서 북한 이해 교육 관련 주제는 도덕과에서는 축소되었고, 사회과에서는 '분단과 평화의 장소', '분단과 접경지역' 등에서 일부 간접적으로 다룰 여지가 생겼다. 교육과정에서 관련 내용 요소가 절대적으로 부족한 상황에서 교

과서 서술 및 차후 교육과정 개정 논의에서 북한 이해와 관련된 내용을 보다 적극적으로 반영해야 한다. 2015 개정 도덕과 교육과정을 중심으로 북한 이해 교육의 내용에서 개선점은 다음과 같다.

북한 이해 교육에서 '균형 있고' '객관적인' 접근이 중요함에도 불구하고 그러한 기준이 강조됨으로 인해 의도한 목표와 다른 교육 결과를 가져올 수 있다. 우리는 교육을 통해 모든 학생들을 균형 있는 어느 한 지점에 모이게 할 수 없다. 모든 사람들이 인정할 수 있는 균형 있고 객관적인 사실 또한 존재하기 어렵다. 따라서, 우리 사회에서 북한을 바라보는 다양한 관점이 있고 그러한 관점이 형성된 다양한 맥락이 있음을 이해하고 존중하는 것이 중요하다.

학생들은 북한에 대한 간접적인 경험을 통해 일정한 지식을 갖고 있다. 학생이 가진 북한에 대한 다양한 정보와 가치판단을 교실에서 공유할 수 있어야 한다. 사회를 바라보는 서로 다른 생각들이 공유되는 가운데 성찰의 지점이 형성되며 그 가운데 배움이 일어날 수 있다. 교육과정을 통한 통일교육에서 우선적으로 다루어야 할 것은 남북관계의 상호 의존성, 다양한 영역에서 접촉의 기회의 중요성, 체제 중심에서 일상생활 중심으로 북한 이해 교육의 전환 등이다.

첫째, 북한 이해에 앞서 남북관계의 상호 의존성 이해 교육이 필요하다. 학생들로 하여금 타자로서 북한을 설명하기에 앞서 '왜 북한을 알아야 하는가?'를 성찰할 수 있도록 해야 한다. 학생들이 남북관계가 매우 밀접하게 연결되어 있어 서로 영향을 주고받을 수밖에 없음을 인식하는 것이 중요하다. 이러한 관계는 개인의 의지에 따라 바꿀 수 있는 성질의 것이 아니며 분단이 지속되는 한 갈등과 대립, 화해와 협력 등이 반복되는 남북관계가 앞으로도 계속될 수밖에 없음을 이해해야 한다.

둘째, 다양한 영역에서 북한 사회 접촉 기회를 확대해야 한다. 올포트(Allport, 1954)는 "개인 간, 집단 간 접촉은 고정관념과 편견 등을 감소시켜 관계를 개선하고 갈등을 감소시킨다"(양문수 외, 2013: 137에서 재인용)고 하였다. 학생들이 북한에 대해 떠올리는 이미지는 매우 단편적이다. 효과적인 북한 이해 교육은 직접 북한 사회와 북한 사람들을 정기적이고 빈번하게, 참된 만남의 자세를 갖고, 여러 상황에서 만나는 것이 될 수 있다. 직접적인 만남이 불가능한 상황에서 교육과정을 통해 다양한 교과에서 북한 사회의 다양한 모습을 학생 수준에 맞게 반영할 필요가 있다. 또한 교육과정에서 소홀히 다뤄진 북한에 관한 내용을 교과서에서 보다 적극적으로 반영할 필요가 있다.

셋째, 거시적 관점이 아니라 미시적 관점에서 일상생활 중심의 북한 이해 교육을 강화해야 한다. 북한의 정치, 경제 등을 단 몇 시간 동안의 학습으로 이해한다는 것은 어불성설이다. 이는 학생들의 발달 수준과도 맞지 않아 관심과 흥미를 끌기에도 부족하다. 남한과의 차이를 중심으로 소개되는 거시적인 북한 체제에 대한 정보는 북한에 대한 이질감과 부정적 인식을 증가시킬 가능성도 크다. 일상생활 중심의 북한 이해 교육은 "학생들의 관심과 흥미를 불러일으킬 수 있고, 북한이탈주민에 대한 인식이나 태도에 변화를 줄 수 있다"(신원동, 2016: 245). 학생들이 북한에도 우리와 같은 사람이 살고 있고 삶의 모습에서 매우 많은 공통점이 있다는 사실을 알 수 있도록 해야 한다.

2. 분단 현실과 통일 문제에 대한 성찰 강조

2022 개정 사회과 교육과정에서 '분단과 평화의 장소'(초등학교), '분단과 접경지역'(중학교) 등을 새롭게 반영한 것은 분단 현실을 이해하고 통일 문제를 논의할 수 있는 바람직한 계기를 마련한 것으로 생각된다.

교육과정에서는 통일 문제와 관련하여 전반적으로 통일의 필요성과 당위성을 강조한다. 통일교육을 통해 학생들이 통일 문제에 관심을 갖고 통일을 지향하는 자세를 갖도록 하기 위해서는 당위적인 통일 논의에서 벗어나 분단폭력에 대한 성찰을 강화하고 통일 문제를 둘러싼 논쟁을 교실에서 다룰 수 있어야 하며 '과정으로서의 통일' 개념을 보다 적극적으로 강조해야 한다.

첫째, 통일교육은 당위성 제시에 앞서 학생들이 분단폭력을 성찰하고 통일을 검토하도록 해야 한다. 분단폭력을 보다 다양한 차원에서 드러내고 학생들이 그러한 폭력에 노출되어 있음을 성찰할 수 있도록 해야 한다. 자신의 삶으로부터 출발하여 분단폭력을 탐구하고 그것을 극복하는 방법의 하나로서 통일을 검토할 수 있도록 안내해야 한다. 통일이 평화적으로 진행되지 못하고 무력을 사용하거나 구성원들의 의사에 반하여 강제로 흡수하는 방식으로 이루어진다면 통일폭력이 될 수도 있다(김병로·서보혁 편, 2016: 33). 분단으로 인해 발생하고 있는 갈등과 폭력의 양상을 다양한 차원에서 깊이 있게 검토할 수 있어야 한다.

남북관계, 남한 내, 북한 내, 국제 관계 등의 측면에서 분단폭력을 조사할 수 있고, 분단으로 인한 직접적, 구조적, 문화적 폭력의 예를 조사할 수 있으며, 지리적 분단, 체제적 분단, 민족적 분단이 초래하는 갈등과 폭력을 다루어야 한다(김병로·서보혁 편, 2016: 31-42). 이러한 과정을 통해 학생들은 분단 문제가 자신과 공동체 구성원 모두의 삶에 밀접하게 영향을 미치는 문제임을 알 수 있고 비로소 분단평화와 통일평화를 대안으로 검토할 수 있는 마음을 가질 수 있다.

분단평화는 통일평화와 비교해보면 매우 소극적이다. 통일평화가 미래의 통일을 통한 지속가능한 평화를 구축하려는 적극적인 노력인 데 비해, 분단평화는 분단구조하에서 안정과 균형을 유지하려는 소극적 평화의 추구를 지향한다. 통일평화가 피스빌딩(peace building)을 목표로 하는 반면, 분단평화는 싸우는 두 당사자가 더이상 물리적 폭력을 행사하지 못하도록 떼어놓는 피스키핑(peace keeping)과 피스메이킹(peace making)에 중점을 둔다(김병로·서보혁 편, 2016: 38).

둘째, 학생들의 다양한 입장을 존중하면서 사회에서 벌어지는 통일 문제 관련 논쟁을 교실에서 재현할 수 있어야 한다. "통일을 해야 하는 이유는 하나의 당위적인 명제로 존재할 수 없다"(전효관, 2003: 217). 당위적인 과제로서 제시하고 수용하는 것이 아니라 통일의 필요성 자체를 검토의 대상으로 제시해야 한다. 이를 통해 가치관과 입장이 다른 학생들의 다양한 목소리가 교실에서 토의와 토론을 통해 공유되고 그 가운데 각자가 가진 입장에 대한 성찰이 가능하다. '말을 물가로 데려갈 수는 있어도 물을 억지로 먹일 수는 없다'는 속담은 통일에 대한 다양한 입장이 공존하는 교실에서 이 문제를 교육적으로 다루는 데 있어 바람직한 방향을 제시한다.

셋째, '결과로서의 통일'이 아니라 '과정으로서의 통일' 개념을 강조하여야 한다. '결과로서의 통일'은 사람들에게 통일을 부담스럽고 불편한 것으로 여기게 만든다. 과정이 생략된 채 통일 이후 긍정적 미래를 제시하는 통일 논의는 공허하고 학생들에게 신뢰를 주기 어렵다.

1994년 제안된 우리 정부의 민족공동체통일방안은 화해협력 단계와 남북연합 단계를 거쳐 통일국가에 이르는 과정을 강조하고 있다. 평화적인 통일은 하루아침에 이루어질 수 없고, 크고 작은 어려움을 극복하는 과정을 지나 모두가 평화로울 수 있는 대안의 하나로서 통일을 검토할 때 학생들은 통일 문제를 자신의 문제로 받아들이고 불편함 없이 수업에 참여할 수 있다.

넷째, 북한이라는 논의 상대를 배제한 채 남한 내에서만의 논의에서 벗어나야 한다. '통일 한국'이라는 용어와 '무궁화' 이미지의 사용이 흡수통일을 기정사실화하는 잠재적 교육과정이 될 수 있음을 고려하여야 한다. 통일 논의에 남한과 북한의 구성원들이 함께 참여할 때 실질적인 의미가 있다는 점을 고려하여 용어와 이미지를 신중하게 사용해야 한다. 통일 문제에 대해 대등한 관계에서 논의를 진행할 수밖에 없는 당사자로서 북한을 인정하고 존중하는 분위기가 형성될 때 우리는 비로소 '통일의 과정'에 들어섰다고 할 수 있다.

참고문헌

강성률 외(2017), 중학교 『도덕 2』, 서울: ㈜리베르스쿨.

교육부(2015a), 교육부 고시 제2015-74호 『도덕과 교육과정』, 세종: 교육부.

교육부(2015b), 교육부 고시 제2015-74호 『사회과 교육과정』, 세종: 교육부.

교육부(2018), 초등학교 『도덕 4』, 세종: 교육부.

교육부(2022a), 교육부 고시 제2022-33호 『도덕과 교육과정』, 세종: 교육부.

교육부(2022b), 교육부 고시 제2022-33호 『사회과 교육과정』, 세종: 교육부.

국립국어원 표준국어대사전, https://stdict.korean.go.kr/main/main.do/, 검색어: 균형, 객관.

국립통일교육원(2023a), 『2023 통일교육 기본 방향』, 서울: 통일부.

국립통일교육원(2023b), 『2023 학교 통일교육 실태조사 결과 보고서』, 서울: 국립통일교육원.

김병로·서보혁 편(2016), 『분단폭력』, 파주: 아카넷.

김병연·조정아(2020), "학교 통일교육 교육과정 운영 실태에 관한 FGI 연구", 『도덕윤리과 교육』, 67.

박성춘(2012), "통일교육 학술 연구 문헌 분석", 『윤리연구』, 84.

변종헌(2012), "청소년의 통일의식과 학교 통일교육의 진화", 『윤리교육연구』, 29.

서울대통일평화연구원(2023), 『2023 통일의식조사 자료집』, 시흥: 서울대학교통일평화연구원.

신원동(2016), "도덕과 통일교육에서 북한 일상생활연구 성과의 활용", 『도덕윤리과교육』, 52.

양문수·이우영·윤철기(2013), "개성공단에서의 남북한 접촉이 북한 근로자에 미친 영향에 관한 연구", 『통일연구』, 17(2).

이범웅(2013), "도덕과에서 북한이해교육의 개선 방안에 관한 일고", 『도덕윤리과교육연구』, 39.

이상희(2017), "북한 일상생활 중심의 통일교육 교재 개발", 『학습자중심교과교육연구』, 17.

전효관(2003), "소프트해진 통일교육, 그 쟁점과 위상", 『현대북한연구』, 6(2).

정용길(2003), "독일의 정치교육과 한국의 통일교육 비교", 『통일 문제연구』, 15(2).

최성광(2013), "교사들이 인식하는 학교교육 현장의 변화와 그 원인: 한국 교육정책과의 관련", 전남대학교 박사학위논문.

통일부 통일교육원(2018), 『평화·통일교육: 방향과 관점』, 서울: 통일부 통일교육원.

제2부

교육 주체의 인식과 통일교육

PEDAGOGY OF UNIFICATION EDUCATION

제1장

학생들의 북한, 통일, 통일교육 인식

제1장
학생들의 북한, 통일, 통일교육 인식

I 서론

학교에서 형성되는 사회적 관계는 학생과 학생, 학생과 교사, 학생과 학교행정가, 교사와 교사, 교사와 학부모, 교사와 학교행정가, 학부모와 학교행정가에 이르기까지 다양하다. 잠재적 교육과정 논의에서 인적 구성 요소로 학생, 교사, 학교행정가, 학부모 등(김종서, 1987: 144-145)이 언급되는 것도 같은 맥락이다. 학생과 교사가 학교 안과 밖의 다양한 인적 요소와 상호작용하는 과정 자체가 잠재적 교육과정이 되어 교육활동에 깊은 영향을 미친다.

그중 학생과 학생 사이의 상호작용은 학교의 잠재적 교육과정 요소 중에서 가장 활발하다. 학생 간 관계는 교사나 학부모와의 관계와 달리 비교적 평등한 관계다. 학생들은 지시적이고 금지적인 경향을 보이는 교사, 학부모와의 관계에서 순응하거나 저항하는 등 다양한 반응을 보일 수 있지만, 또래 집단인 학생과의 관계에서 벌어지는 일은 암묵적이면서도 자연스럽게 일어나므로 영향력이 매우 크다.

이 글에서는 초중고 학생의 북한, 통일, 통일교육에 관한 인식에 주목한다. 북한, 통일, 통일교육에 관한 학생 인식을 살펴야 하는 이유는 크게 2가지다. 먼저, 학생 간 상호작용이 학교 통일교육의 중요한 잠재적 교육과정이기 때문이다. 학교생활을 통해 가장 많은 시간을 보내면서 교과 수업 주제에 대한 의견 제시는 물론 일상생활 주제에 이르기까지 다양하게 소통한다. 이 과정에서 서로에게 영향을 주고 배움이 일어난다.

다음으로, 학생들이 북한, 통일, 통일교육에 대해 어떻게 인식하는가를 이해하는 것이 통일교육 준비에 필수 조건이기 때문이다. 이는 학교 통일교육의 목표와 내용, 방법 등 내실있는 교육과정을 구성하는 바탕이고 교사들이 학교 교육활동을 계획하는 데 중요한 참고자료가 된다.

2013년에 통일교육지원법이 개정되고 대통령령을 통해 통일부 장관이 매년 학교 통일교육 실태조사를 할 수 있도록 하였다. 이를 근거로 국립통일교육원(통일부 통일교육원)은 2014년부터 매년 초중고 학생, 교사, 관리자를 대상으로 실태조사를 하고 있다. 2014년 첫 조사와 2023년 조사 결과를 중심으로 학생들의 인식 변화를 살펴보자. 전반적인 변화 추이 확인이 필요한 경우 다른 해의 실태조사 결과도 함께 소개하겠다.

실태조사는 초등학교 5학년부터 고등학교 3학년을 대상으로 실시된다. 2023년 조사에서는 연구학교를 제외하고 일반학교 참여 학생은 68,674명(연구학교 포함: 73,991명)이었다. 2014년 조사는 연구학교와 일반학교의 구분이 없었고 참여 학생은 116,000명이었다. 〈표 1〉

표 1 조사 대상 현황

구분		2023 학교 통일교육 실태조사		2014 학교 통일교육 실태조사	
		사례수(명)	비율(%)	사례수(명)	비율(%)
전체(일반학교)		73,991(68,674)	100	116,000	100
학교급별	초등학교	23,794	32.2	13,783	11.9
	중학교	26,408	35.7	53,596	46.2
	고등학교	23,789	32.2	48,621	41.9

Ⅱ 북한에 대한 학생 인식

1. 북한의 존재 인식

학생들에게 북한은 어떤 대상으로 다가갈까? 통일교육에서 북한에 대한 인식은 매우 중요하다. 북한은 함께 통일을 이루어야 할 상대이자 당사자이기 때문이다. 북한의 존재 인식은 통일 과정에서 대화와 협력을 우선할 것인가, 힘에 의한 안보와 남한 중심의 일방적인 의사결정을 우선할 것인가의 문제와 닿는다. 실태조사에서는 다음과 같이 질문했다.

- 2023년: 북한은 우리에게 어떠한 대상이라고 생각하나요?
- 2014년: 학생은 북한이 우리에게 어떠한 대상이라고 생각합니까?

2023년 조사에서 학생들은 [그림 1]과 같이 북한을 '경계해야 하는 대상' 43.5%, '협력해야 하는 대상' 32.1%, '적대적인 대상' 12.5%, 도와줘야 하는 대상 7.4% 등의 순으로 답하였다(국립통일교육원, 2023: 116).

그림 1 북한의 존재 인식(국립통일교육원, 2023: 116)

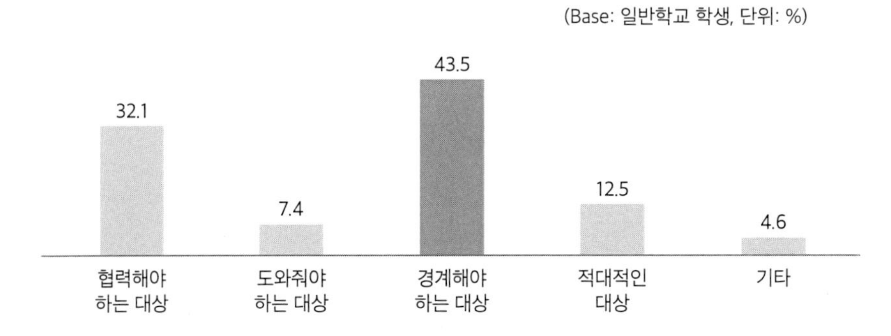

[그림 2]의 2014년 조사 결과와 비교하면 특이점이 발견된다. 선택 항목이 다소 변화되었지만, 학생들은 '협력해야 하는 대상' 48.8%, '적대시해야 하는 대상' 26.3%, '지원해야 하는 대상' 14.5% 순으로 답하였다. 협력해야 한다는 관점과 지원해야 한다는 관점을 북한에 대해 우호적인 입장으로 분류한다면 우호적인 입장이 2014년에 63.3%에서 2023년에는 39.5%로 확연하게 줄었다. 반면에 경계해야 한다는 관점과 적대시해야 한다는 관점은 북한에 대해 우호적이지 않은 입장으로 볼 수 있는데 2014년에 26.3%에서 2023년에는 56.0%로 증가했다.

그림 2 북한의 존재 인식(통일부 통일교육원, 2014: 29)

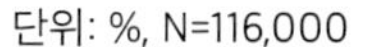

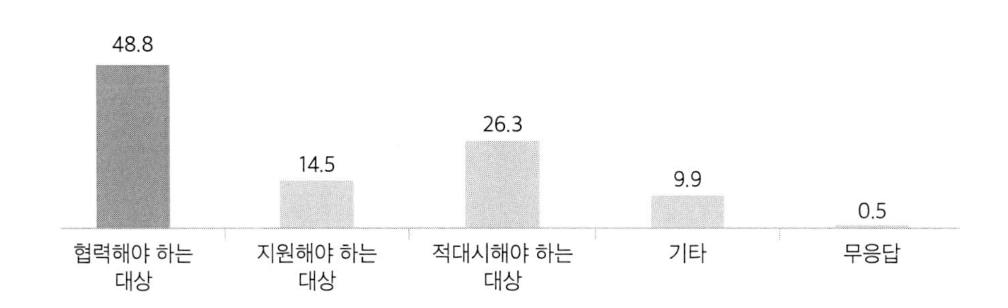

2014년은 남북관계가 그다지 좋았던 시기가 아니었다. 2008년 이명박 정부 집권 이후 금강산 관광은 중단되었고 천안함 피격 사건 후 대북 제재로 5.24 조치가 시행되어 남북 교역과 인적 교류가 대부분 중단되었다. 박근혜 정부 시기 통일대박론을 계기로 통일교육을 강조하는 분위기가 일부 일었으나 북한의 핵실험은 계속되었고 2013년 개성공단이 1차 폐쇄되는 등 남북관계는 악화일로였다. 그럼에도 당시에 비해 현재 학생들의 비우호적인 북한 인식이 큰 폭으로 증가한 것이다.

한 가지 더 주목할 것은 학교급별 응답에서의 변화다. 2014년 조사에서 협력해야 한다거나 지원해야 한다는 응답은 초등학교(73.6%), 중학교(64.1%), 고등학교(59.5%) 순으로 그 차이가 뚜렷했다. 2023년 조사에서는 협력해야 한다거나 도와줘야 한다는 응답은 중학교(40.9%), 고등학교(40.5%), 초등학교(36.9%) 순이었다. 시기별로 남북관계의 변화에 따라 인식 변화가 발견되지만, 전반적으로 초중고 모두 북한에 대한 우호적인 인식이 줄고 있으며 상대적으로 우호적인 인식이 강했던 초등학교에서도 중고등학교와 비슷한 경향을 보이고 있다. [그림 3]

그림 3 북한에 대한 우호적인 인식 변화 추이

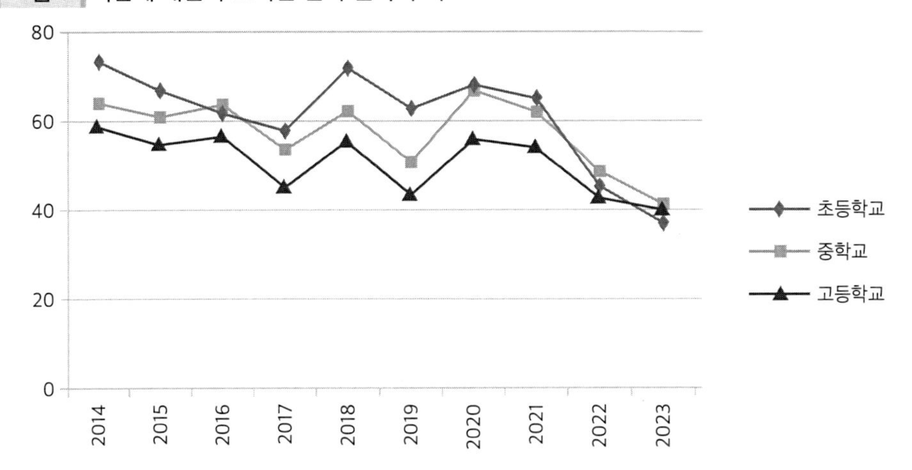

통일교육은 통일교육지원법에서 "통일을 이룩하는 데 필요한 가치관과 태도를 기르도록 하기 위한 교육"으로 정의된다. 북한을 적대시하거나 경계하기보다 상호 협력과 지원을 통해 우호적인 입장을 갖도록 하는 것이 통일교육과 자연스럽게 조화를 이룬다. 그러나 초등학교에서 오히려 북한에 대한 우호적인 입장이 줄고 비우호적인 입장이 더 많이 증가했다는 사실은 초등학교에서도 북한과의 대화와 타협을 통한 통일 논의가 그만큼 어려워졌음을 의미한다.

2. 북한에 대한 이해 정도

학생 스스로 얼마나 북한을 잘 이해하고 있는가를 확인하는 것은 통일교육의 기본 환경을 확인하고 준비하는 자료가 된다. 상대방에 대한 이해 없이 통일을 운운하는 것은 사상누각(沙上樓閣)이 될 수밖에 없다. 실태조사에서 다음과 같이 질문했다.

- 2023년: 북한에 대해 얼마나 알고 있다고 생각하나요?
- 2014년: 학생은 북한주민의 현재 생활수준에 대해서 어느 정도 알고 있습니까?

2023년 조사에서 학생들은 북한에 대해 알고 있는 정도에 대해 [그림 4]에서 보듯이 '알고 있음' 42.6%, '보통' 40.0%, '알지 못함' 17.4% 순으로 답하였다(국립통일교육원, 2023: 118). 2014년 조사에서는 '알고 있다' 45.8%, '보통' 40.0%, '모르고 있다' 14.9%였다(통일부 통일교육원, 2014: 31). 북한에 대한 이해 정도에서는 절반 가까운 학생들이 어느 정도 알고 있다고 인식하고 있으나 과반의 학생들은 보통 또는 잘 모르고 있다고 답하였다.

그림 4 북한 이해 정도(국립통일교육원, 2023: 118)

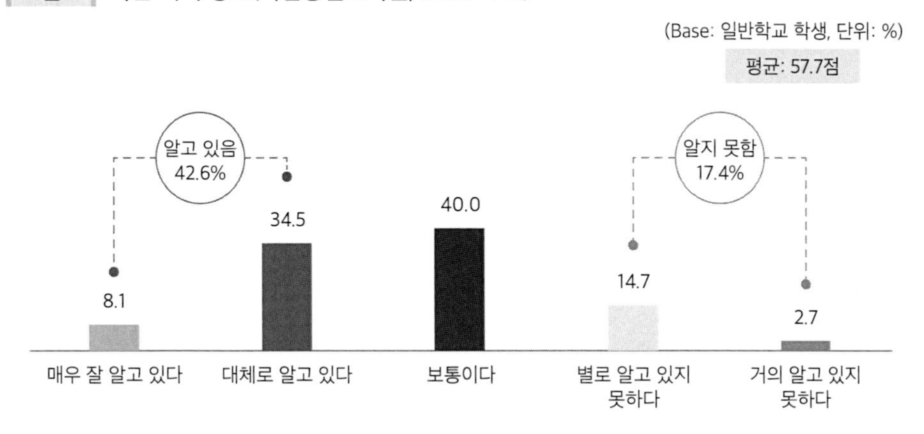

학교급별 비교에서 눈에 띄는 것은 학교급이 높을수록 '알고 있음'에 대한 응답률이 낮고(초등학교 45.0%, 중학교 42.7%, 고등학교 40.0%) '알지 못함'에 대한 응답률은 높다(초등학교 7.7%, 중학교 16.5%, 고등학교 18.0%)는 점이다. 2014년 조사에서도 '잘 알고 있다'는 응답은 초등학교가 중등학교에 비해 높고 '잘 모르고 있다'는 응답은 초등학교보다 중등학교가 더 높았다.

3. 북한에 의한 전쟁(충돌) 가능성 인식

학생들은 북한의 군사적 위협을 어떻게 인식하고 있을까? 문재인 정부 시기를 제외하고 박근혜 정부와 윤석열 정부 시기 조사에서 북한에 의한 군사적 충돌, 분쟁, 전쟁 가능성을 물었다. 제시한 질문은 다음과 같다.

- 2023년: 북한으로 인해 한반도에서 군사적인 충돌이나 분쟁이 일어날 가능성이 얼마나 있다고 생각하나요?
- 2015년, 2016년, 2017년: 학생은 "북한"이 우리나라 안전(안보)을 위협한다고 생각하나요?
- 2014년: 학생은 북한이 전쟁을 다시 일으킬 가능성이 있다고 생각합니까?

2023년 조사에서 북한으로 인한 군사적 충돌 혹은 분쟁 가능성에 대해 [그림 5]와 같이 '있다' 80.5%로 '없다' 14.2%에 비해 매우 높게 답하였다(국립통일교육원, 2023: 139). 이는 다수의 학생이 북한의 군사적 위협을 심각하게 인지하고 있음을 나타낸다.

그림 5 북한으로 인한 군사적 충돌 혹은 분쟁 가능성(국립통일교육원, 2023: 140)

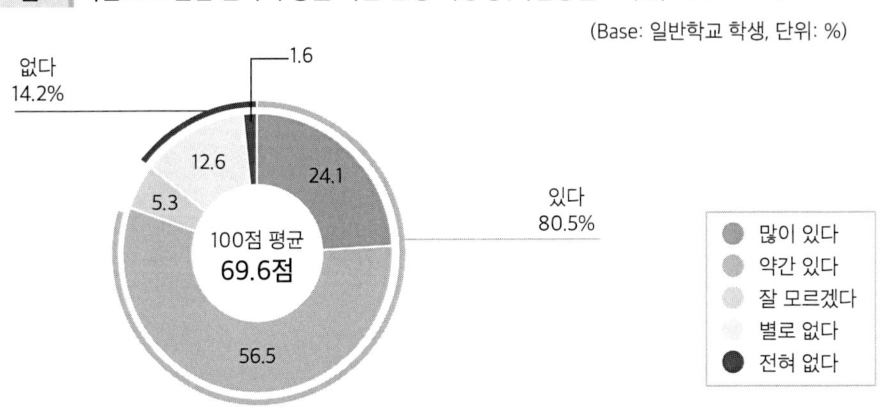

시계열적으로 살펴보면, 조사가 이뤄진 2014년을 제외하고 해마다 북한의 안보 위협 가능성에 대해 70% 이상이 그렇다고 답하였다. 대다수 학생은 북한으로 인한 안보의 위협을 느끼고 살아가고 있다.

Ⅲ 통일에 대한 학생 인식

1. 분단 및 남북관계의 평화 인식

통일 문제를 교실에서 다룰 때 함께 고려해야 하는 것은 80년 가까이 지속된 분단 상황을 학생들이 어떻게 인식하고 있는가, 남북관계의 평화 여부를 어떻게 판단하고 있는가이다.

학교 통일교육은 분단에 대한 다양한 학생 인식을 고려해야 한다. 분단을 의식하지 못하고 있는 학생이 있을 수 있고, 분단이 자기 삶에 직접 영향을 미친다고 느끼는 학생이 있을 수도 있다. 관련 질문은 2020년 조사부터 반영되었다. 제시된 질문은 다음과 같다.

o 2023년: 남북 분단 상황이 내 삶에 영향을 준다고 생각하나요?

2023년 조사에서는 [그림 6]과 같이 '그렇지 않다' 36.8%, '그렇다' 33.0%, '보통이다' 30.1% 순으로 답하였다(국립통일교육원, 2023: 124). 교실에서 만나는 학생의 1/3 정도만이 분단 상황이 자기 삶에 영향을 미친다고 인식하고 있다.

그림 6 남북 분단 상황이 삶에 영향을 주는지 여부(국립통일교육원, 2023: 124)

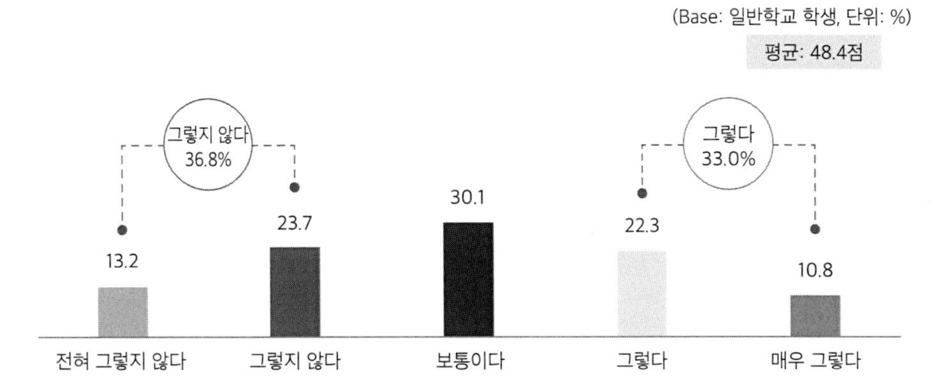

통일교육은 남북관계의 평화 정도에 대한 학생 인식을 함께 반영해야 한다. 남북관계를 평화롭다고 여기는 학생과 그렇지 않은 학생을 고려하여 수업을 설계할 필요가 있다. 문재인 정부 집권 2년 차였던 2018년부터 남북관계의 평화 정도를 확인하는 질문을 포함하여 조사하고 있다. 제시한 질문은 다음과 같다.

o 2018년: 학생은 현재 한반도(남한·북한)가 얼마나 평화롭다고 생각하나요?
o 2019년-2023년: 현재 남북관계가 얼마나 평화롭다고 생각하나요?

2023년 조사에서 남북관계의 평화 정도에 대해 [그림 7]과 같이 '평화롭지 않다'는 응답은 56.0%로 '평화롭다'는 응답 10.6%에 비해 매우 높게 나타났다(국립통일교육원, 2023: 134). 대다수 학생은 남북관계가 평화롭지 않다고 인식하고 있다.

그림 7 남북관계의 평화 정도(국립통일교육원, 2023: 134)

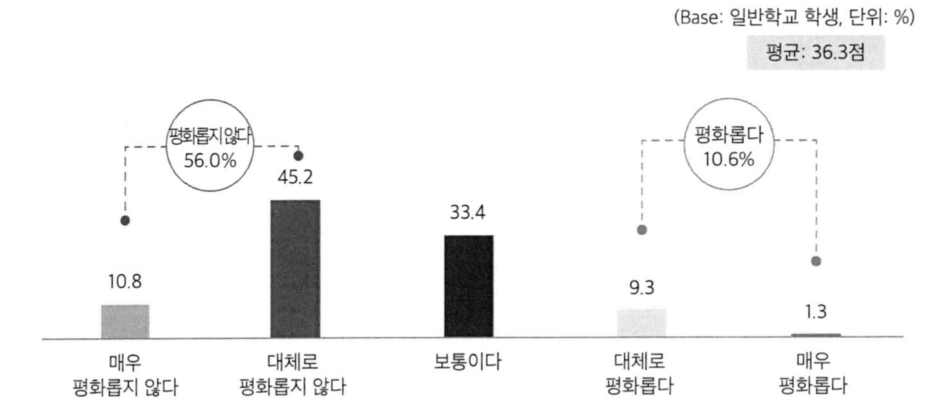

시계열적으로 살펴보면 [그림 8]과 같다. 남북정상회담이 있었던 2018년 조사에서 평화롭다는 응답이 36.6%로 가장 높았고 이후 대체로 감소하여 2023년에는 10.6%만이 평화롭다고 응답하였다.

그림 8 남북관계의 평화 정도 인식 변화 추이

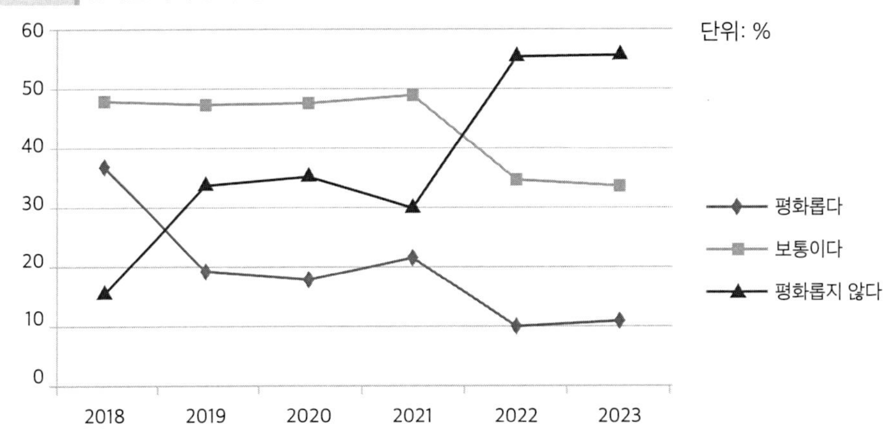

2. 통일에 대한 관심과 감정

학생들의 통일에 대한 관심과 감정은 어떠할까? 학생들의 통일에 대한 관심과 감정은 통일교육의 중요한 잠재적 교육과정이다. 관심이 높고 긍정적인 감정을 가지고 있는 학생과 그렇지 않은 학생이 수업에서 보일 반응은 다르기 때문이다. 관련 질문은 2020년 조사부터 반영되었다. 질문은 다음과 같다.

ㅇ 2020년-2023년: 통일에 대해 관심이 있나요?

2023년 조사에서 통일에 대해 '관심 있음'은 43.7%로 '관심 없음' 28.3%보다 높았다(국립통일교육원, 2023: 142). [그림 9] 과반의 학생들은 보통 또는 관심이 없다고 답하였다.

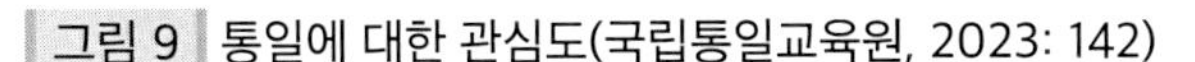

그림 9 통일에 대한 관심도(국립통일교육원, 2023: 142)

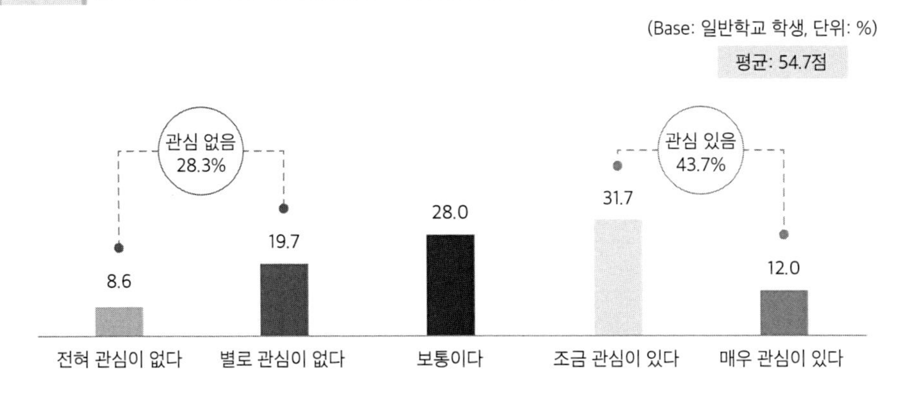

학교급이 높을수록 관심 있다는 응답은 줄고(초등학교 53.6%, 중학교 39.5%, 고등학교 38.0%) 관심 없다는 응답은 증가하고 있다(초등학교 24.5%, 중학교 29.6%, 고등학교 31.0%).

[그림 10]에서처럼 시계열적으로 살펴보면 관심 있다는 응답은 지속해서 감소하고 있고, 관심 없다는 응답은 증가하고 있다. 전반적으로 통일에 대한 관심이 낮아지고 있다.

그림 10 통일에 대한 관심도 변화 추이

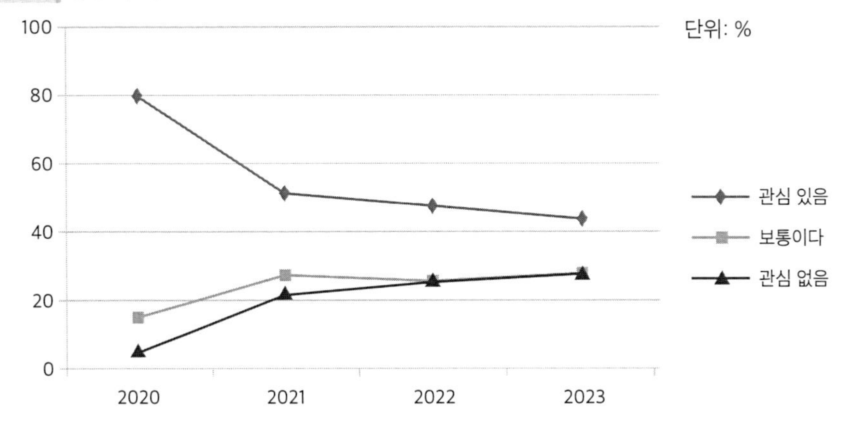

한편, 2020년 조사부터 통일에 대한 감정을 확인하기 위한 질문이 포함되었다.

- 2020년-2023년: '통일'을 떠올리면 어떤 감정이 드는지 아래의 보기에서 자신의 생각과 가장 가까운 것에 표시해 주세요.

2023년 조사에서 학생들은 [그림 11]에서와 같이 통일을 떠올릴 때 드는 감정으로 '좋지도 나쁘지도 않다' 41.1%, '희망적이다' 27.5%, '불안하다' 16.1%, '기쁘다' 8.8%, '화가 난다' 3.8% 등의 순으로 답하였다(국립통일교육원, 2023: 146). 다수의 학생이 통일을 떠올릴 때 별다른 감정을 느끼지 못하고 있다는 조사 결과는 통일에 대한 무관심과 깊은 연관이 있어 보인다. 또한 일부 학생은 통일 연관 감정으로 '불안하다'거나 '화가 난다'고 응답하고 있음에 주목할 필요가 있다.

그림 11 통일에 대한 감정(국립통일교육원, 2023: 146)

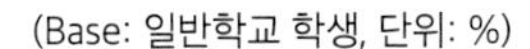

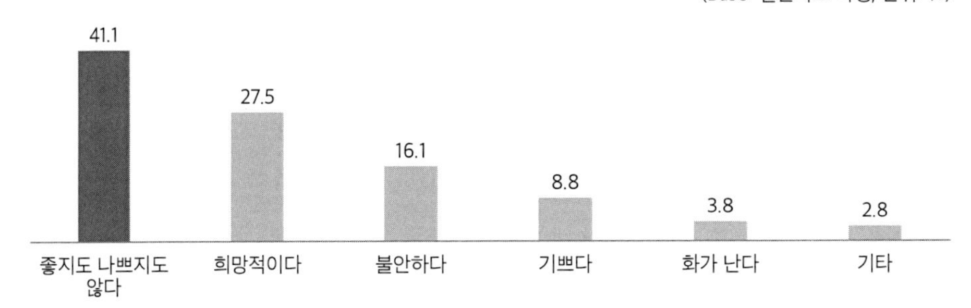

학교급별 비교에서 '좋지도 나쁘지도 않다'는 응답은 학교급이 높을수록 높다(초등학교 34.8%, 중학교 43.4%, 고등학교 45.0%). '불안하다', '화가 난다'의 경우에도 소폭이지만 학교급이 높을수록 높다. 반면에 '희망적이다', '기쁘다'와 같은 긍정적인 감정은 학교급이 높을수록 낮다. 이는 학교급이 높을수록 통일에 대해 느끼는 부정적 감정이 증가하고 있음을 보여준다.

시계열적으로 살펴보면 [그림 12]와 같다. 2020년에 비해 '희망적이다'라거나 '기쁘다'는 응답은 지속해서 감소하고 있고 '좋지도 나쁘지도 않다'는 응답은 대체로 증가하고 있다. 불안하거나 화가 난다는 응답 또한 상승하고 있다. 통일을 떠올릴 때 드는 감정으로 긍정적인 감정보다 부정적인 감정이 점차 더 많이 보고되고 있다.

그림 12 통일에 대한 감정 변화 추이

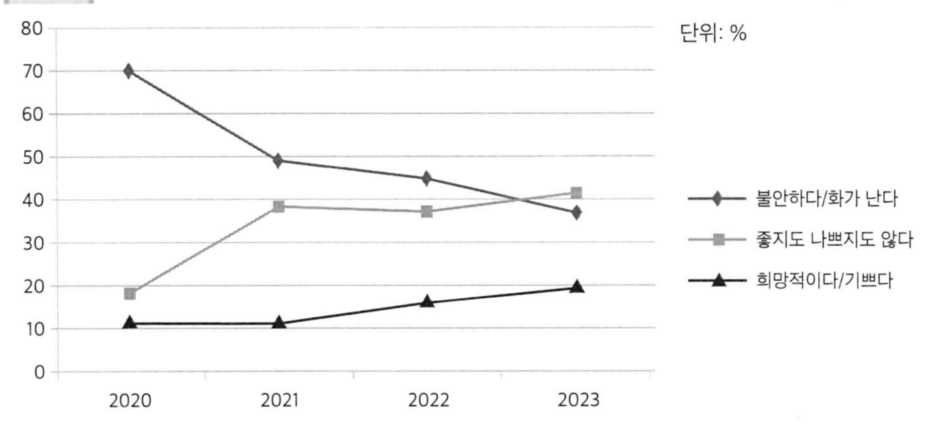

3. 통일 필요성 인식

현재의 학교 통일교육은 통일을 이루는 것을 분명한 목표로 제시한다. 따라서 학생들이 통일 필요성을 어떻게 인식하고 있는가를 살펴야 한다. 2014년 실태조사부터 관련 질문이 포함되었다.

- 2020년-2023년: 통일이 필요하다고 생각하나요? 필요하지 않다고 생각하나요? 자신의 생각에 가장 가까운 것에 표시해 주세요.
- 2014년-2019년: 학생은 통일이 필요하다고 생각합니까, 필요하지 않다고 생각합니까?

2023년 조사 결과는 [그림 13]과 같이 '필요하다' 49.8%, '필요하지 않다' 38.9%였다(국립통일교육원, 2023: 148).

그림 13 통일 필요성 인식(국립통일교육원, 2023: 148)

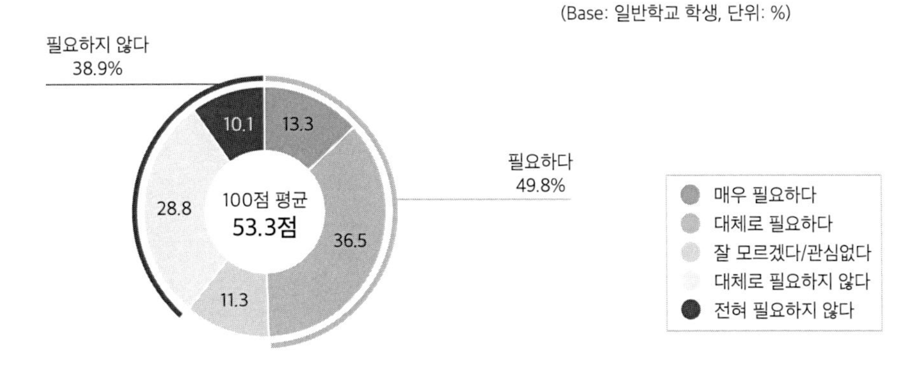

학교급이 높을수록 필요하지 않다는 응답이 높고(초등학교 31.5%, 중학교 41.3%, 고등학교 44.1%), 필요하다는 응답은 낮다(초등학교 58.5%, 중학교 46.9%, 고등학교 43.9%).

통일 필요성에 대한 2014년 이후 인식 변화 추이는 [그림 14]와 같다. 전반적으로 필요하다는 응답은 줄고 필요하지 않다는 응답은 증가하고 있다. 특히 2023년에는 조사 도입 이후 처음으로 필요하다는 응답이 49.8%로 50% 미만으로 나타났다. 필요하지 않다는 견해는 2014년 19.7%에서 2023년 38.9%로 두 배 가까이 증가하였다.

그림 14 통일 필요성 인식 변화 추이

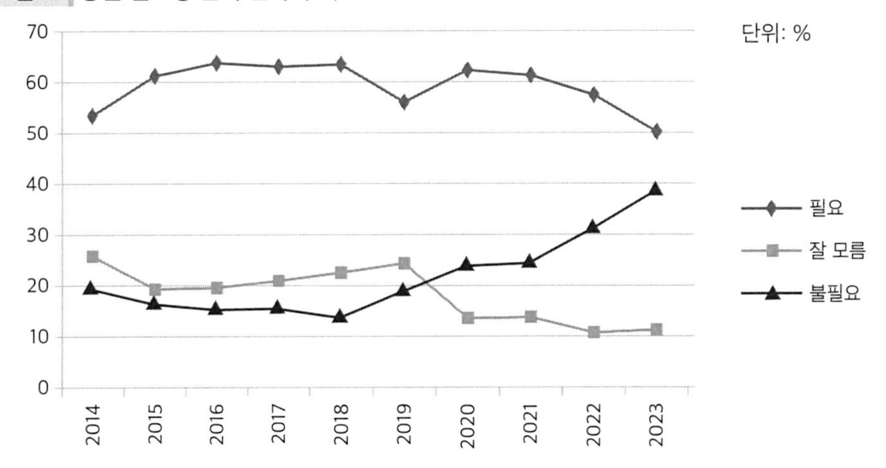

2023년 조사에서 통일이 필요한 이유로는 '남북 간 전쟁 위협을 없애기 위해' 31.5%, '같은 민족이기 때문에' 19.9%, '이산가족의 아픔을 해결해 주기 위해' 15.0%, '우리나라가 보다 선진국이 될 수 있기 때문에' 13.5%, '세계평화에 도움이 될 수 있기 때문에' 7.1% 등의 순으로 나타났다(국립통일교육원, 2023: 152). 통일이 필요하지 않은 이유로는 '통일 이후 생겨날 문제 때문에' 28.6%, '통일에 따르는 경제적 부담 때문에' 27.9%, '남북 간 정치제도의 차이 때문에' 16.0%, '나의 삶에 도움이 되지 않을 것 같기 때문에' 12.1%, '남북 간 사회문화적 차이 때문에' 10.6% 등의 순이었다(국립통일교육원, 2023: 157). 특히 통일이 필요하지 않은 이유로 '통일 이후 생겨날 사회적 문제 때문에'라는 응답이 지속해서 증가하고 있다(2021년 25.0%, 2022년 27.9%, 2023년 28.6%)(국립통일교육원, 2023: 159). 학생들은 같은 민족

인 북한과 전쟁 위협을 없애기 위해 통일이 필요하다고 인식하기도 하지만 통일 이후 경제적 부담에 대한 우려로 인해 통일이 필요하지 않다는 생각을 하기도 한다.

Ⅳ 통일교육에 대한 학생 인식

1. 학교 통일교육의 내용

학생들은 학교에서 통일교육으로 어떤 내용을 배웠다고 기억하고 있을까? 2020년 조사부터 학교에서 배운 통일교육 내용과 배우고 싶은 통일교육 내용을 묻기 시작했다. 조사지에는 통일교육의 내용을 다음과 같이 제시하였다.

본 조사에서 묻고자 하는 '통일교육'은 다음과 같은 내용의 교육활동을 의미합니다.

- 같은 민족으로서 남북의 공통성
- 남북 간의 화해와 협력 필요성
- 북한 사람들의 사회모습 이해
- 북한의 실상과 주민의 인권상황 이해
- 한반도 안보의 중요성
- 통일이 가져올 이익에 대한 이해
- 통일과 평화에 대한 다른 나라의 사례
- 남북 분단과 사회적 갈등해결에 대한 이해

2023년 조사에서 제시한 통일교육 내용을 학습한 경험이 있는가를 물었을 때 77.5%에 해당하는 학생들이 '예'라고 답하였고, 22.5%의 학생들이 '아니오'에 답하였다(국립통일교육원, 2023: 171). 학습 내용 확인을 위해 다음 질문이 제시되었다.

○ 2023년: 최근 1년간 학교에서 학습한 통일교육 내용은 무엇인지 해당하는 곳에 모두 표시해 주세요.

학생들은 '남북 간의 화해와 협력 필요성' 48.2%, '통일이 가져올 이익에 대한 이해' 39.0%, '북한 사람들의 사회 모습 이해' 38.5%, '같은 민족으로서 남북의 공통성' 33.7%, '남북 분단과 사회적 갈등 해결에 대한 이해' 32.6%, '통일과 평화에 대한 다른 나라의 사례' 31.4%, '북한의 실상과 주민의 인권상황 이해' 21.2%, '한반도 안보의 중요성' 15.8% 등의 순으로 답하였다(국립통일교육원, 2023: 175). [그림 15]

그림 15 학습한 통일교육 내용(국립통일교육원, 2023: 175)

(Base: 통일교육 경험이 있는 학생, 단위: 복수응답. %)

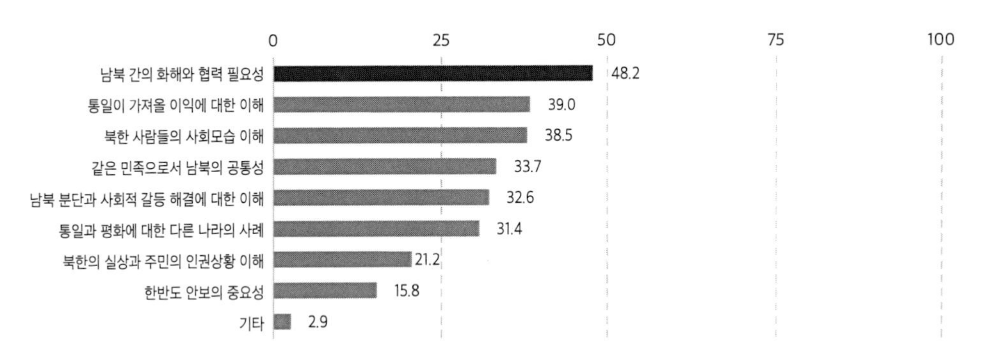

배우고 싶은 통일교육 내용은 2014년 조사에서부터 반영되었다. 제시된 질문은 다음과 같다.

- 2014년: 학생은 앞으로 북한 및 통일 관련 교육을 받게 된다면 어떤 내용에 대해 더 알고 싶습니까?
- 2023년: 통일교육 내용으로 앞으로 학교에서 배우고 싶은 것은 어떤 것인지 해당하는 곳에 모두 표시해 주세요.

2023년 조사에서 학생들은 '북한 사람들의 사회모습 이해' 31.4%, '통일이 가져올 이익에 대한 이해' 30.2%, '남북 간의 화해와 협력 필요성' 26.0%, '북한의 실상과 주민의 인권상황 이해' 25.5%, '한반도 안보의 중요성' 24.2%, '같은 민족으로서 남북의 공통성' 23.2%, '남북 분단과 사회적 갈등 해결에 대한 이해' 22.3%, '통일과 평화에 대한 다른 나라의 사례' 18.6% 등의 순으로 답하였다(국립통일교육원, 2023: 185). [그림 16]

그림 16 향후 배우고 싶은 통일교육 내용(국립통일교육원, 2023: 185)

(Base: 일반학교 학생, 단위: 복수응답, %)

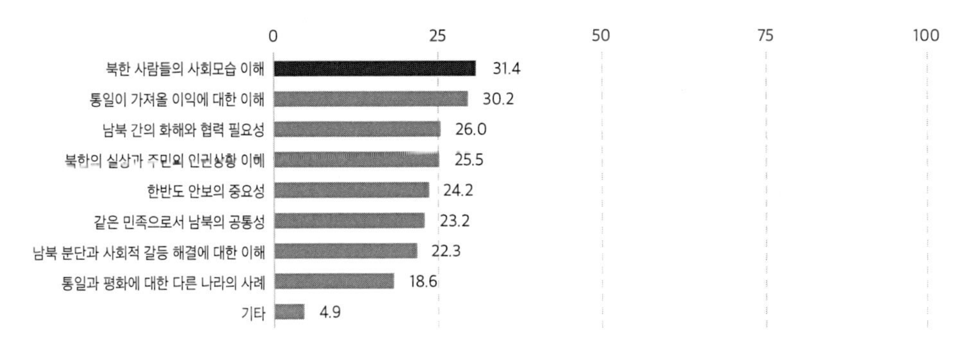

2. 학교 통일교육의 방법

학생들이 어떤 방법으로 통일교육을 배우고 있는가를 확인하는 것은 실태 이해와 더불어 교수·학습 방법에서 개선점을 찾는 데 도움을 준다. 관련한 질문은 2014년 이후 지속해서 제시되었다.

- 2023년: 최근 1년간 학교에서 어떤 방법으로 통일교육을 받았는지 해당하는 곳에 모두 표시해 주세요.
- 2014년: 북한 및 통일 관련 교육을 어떻게 받았습니까?

2023년 조사에서 학생들은 '동영상 시청' 63.9%, '강의(설명식 교육)' 52.3%, '퀴즈, 통일 관련 게임, 이벤트 방식' 17.1%, '외부강사 강의' 10.8%, '토의(토론식 수업)' 10.3%, '협동과제(프로젝트) 수행' 8.6%, '현장견학 등의 체험학습' 5.4% 등의 순으로 답하였다(국립통일교육원, 2023: 179). [그림 17]

그림 17 학습한 통일교육 방법(국립통일교육원, 2023: 179)

(Base: 통일교육 경험이 있는 학생, 단위: 복수응답, %)

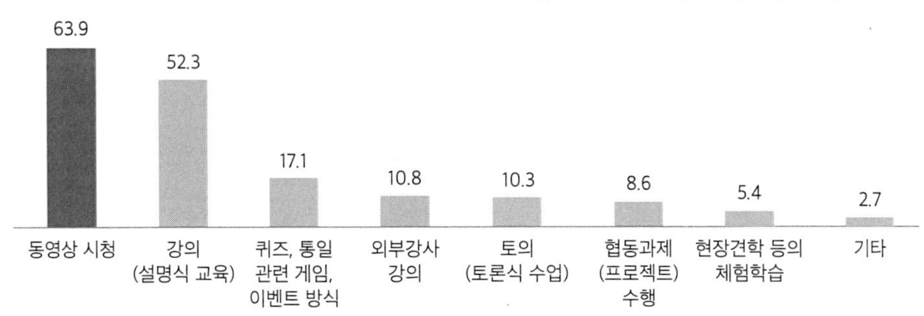

2014 조사에서는 ‘동영상 시청 교육’ 64.2%, ‘강의, 설명식 교육’ 48.8%, ‘북한 관련 강사 초빙 교육’ 26.4%, ‘퀴즈, 통일 게임 등 대회, 이벤트 방식’ 11.8%, ‘현장 견학의 체험학습’ 6.5%, ‘토론식 교육’ 3.3% 등의 순이었다(통일부 통일교육원, 2014: 55). 두 조사에서 공통적인 것은 통일교육에 있어 가장 많이 활용되는 방법이 동영상 시청 및 강의식 교육이라는 점이다. 지난 10여 년 동안 진행된 조사에서 일관되게 높은 응답률을 보였다. 이는 학습자 주도성이 강조되고 학생 참여 활동 중심의 교수·학습이 강화되고 있는 최근 상황과 달리 통일교육에서 학생들은 여전히 수동적인 참여자로 설정되고 있음을 잘 보여준다.

실태조사에서는 학생들이 향후 학습하기를 희망하는 교육 방법에 대해서도 물었다. 관련 질문은 다음과 같다.

- 2023년: 학교에서 통일교육을 할 때 어떤 방법을 사용하면 좋을지 아래 보기 중 모두 선택해 주세요.

2023 조사(복수 응답)에서 희망하는 교육 방법은 ‘동영상 시청’ 44.8%, ‘현장 견학 등의 체험학습’ 35.6%, ‘퀴즈, 통일 관련 게임, 이벤트 방식’ 32.1%, ‘강의(설명식 교육)’ 23.0%, ‘토의(토론식 수업)’ 18.4%, ‘협동과제(프로젝트) 수행’ 15.1%, ‘외부강사 강의’ 14.2% 등의 순이었다(국립통일교육원, 2023: 187). [그림 18]

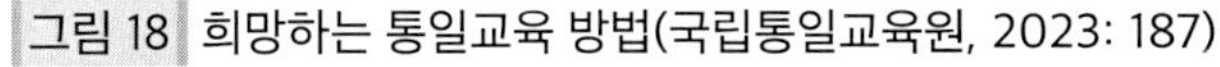
그림 18 희망하는 통일교육 방법(국립통일교육원, 2023: 187)

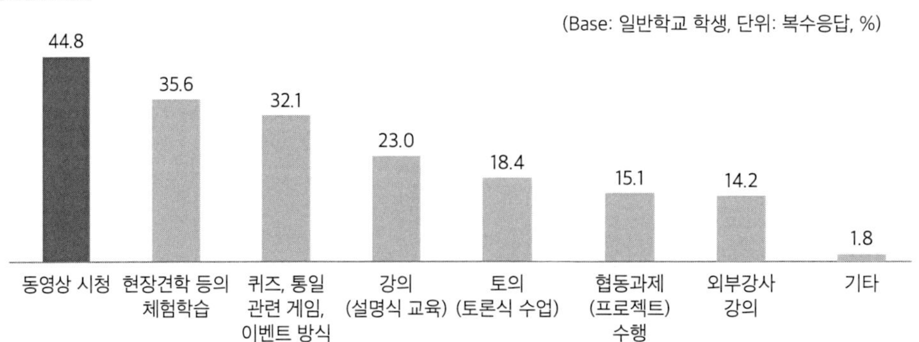

3. 통일, 북한 관련 정보 획득 경로

학생들은 진공 상태로 학교에 오지 않는다. 학교 교육을 통해 통일 문제에 관해 배우지만 학교 밖의 다양한 경로를 통해 정보를 접하면서 자신의 관점을 형성하기도 한다. 디지털 기술의 발달로 TV 프로그램, 방송 뉴스, 인터넷 영상, 기사 등이 인터넷 포털, 유튜브, SNS 등을 통해 급속히 전달된다. 이러한 정보는 학생들의 가치판단에 영향을 미친다. 실태조사에서는 2014년부터 학생들이 통일, 북한 관련 정보를 어떤 경로를 통해 획득하고 있는가에 대해 지속적으로 조사해왔다.

- 2023년: 통일, 북한 등에 대한 지식이나 정보를 어디에서 얻는지 아래의 보기에서 모두 선택해 주세요.

2023년 조사(복수 응답)에서 학생들은 통일, 북한 등 관련 정보를 얻는 경로로 '교과서, 학교 수업' 49.4%, 'TV, 라디오 등 방송' 40.5%, '인터넷(포털, 블로그 등)' 38.2%, '온라인 방송(유튜브, 웨이브 등)' 34.4%, 'SNS(카톡, 페이스북 등)' 28.1% 등의 순으로 답하였다(국립통일교육원, 2023: 189). [그림 19]

그림 19 관련된 정보 획득 경로(국립통일교육원, 2023: 189)

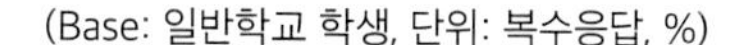

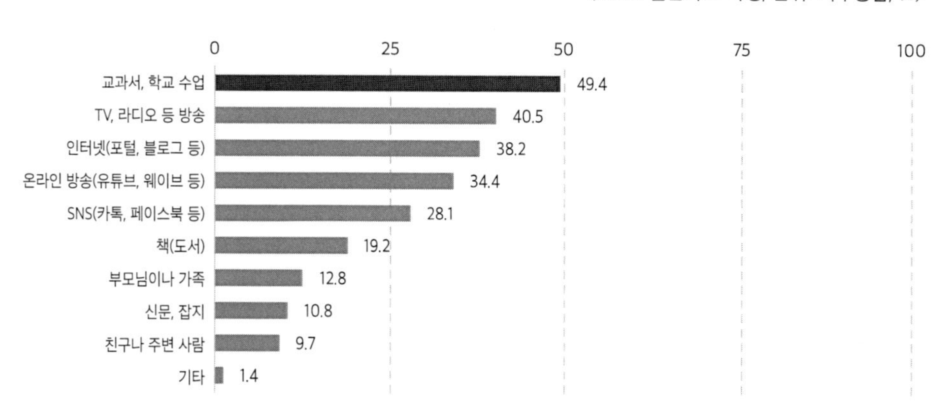

선택 항목에서 다소 차이가 있지만 2014년 조사(단수 응답)에서는 'TV/라디오/인터넷/신문 등의 통신매체' 58.8%, '학교 수업' 25.3%, '교과서/참고서적' 7.4%, '부

모/친구 등 주변 사람' 2.7% 등의 순으로 나타났다(통일부 통일교육원, 2014: 65). 선택지 구성과 응답 방식(복수/단수 응답)이 달랐기 때문에 두 조사를 단순히 비교할 수 없다. 다만, 두 조사를 통해 확인할 수 있는 것은 학생들은 북한 및 통일 관련 정보를 학교 안보다 학교 밖에서 더 많이 얻고 있다는 점이다.

V 결론

1. 요약

북한에 대한 학생 인식은 다음과 같다. 학생들은 통일 상대이자 당사자인 북한을 협력 대상, 지원 대상, 경계 대상, 적대 대상 등 다양한 시각으로 바라보고 있다. 시계열적으로 보면 북한과 협력하거나 북한을 지원해야 한다는 우호적인 인식은 줄고 있고, 경계해야 한다거나 적대시해야 한다는 비우호적인 인식은 크게 증가했다. 학교급별 특성을 살펴보면, 과거에는 학교급이 낮을수록 우호적인 인식이 크게 나타났지만, 최근에는 초등학교와 중고등학교의 차이를 발견하기 어렵다. 초등학생의 북한에 대한 경계심과 적대감이 증가했다는 점에서 주목해야 할 부분이다.

절반 가까운 학생들은 북한을 어느 정도 알고 있다고 답했지만, 과반의 학생들은 보통 또는 잘 모른다고 답하였다. 학교급이 높을수록 알고 있다는 응답률이 낮다. 중학교와 고등학교로 진학하면서 사회에 대한 이해의 폭이 넓어지면서 학생들은 북한에 대해 잘 모른다는 사실을 인지하는 것으로 보인다. 한편 학생들은 북한에 의한 군사적 충돌, 분쟁, 전쟁 가능성에 대해 매우 높게 인식하고 있으며 최근에는 그 우려가 더 커지고 있다.

통일에 대한 학생 인식은 다음과 같다. 학생 다수는 남북 분단 상황이 자신의 삶에 미치는 영향에 대해 크게 인식하지 못하고 있다. 분단 상황이 자신의 삶에 영향을 주지 않는다는 응답이 일관되게 높게 나타난다. 한편, 남북관계의 평화 정도에 대해 대다수 학생은 남북관계가 평화롭지 않다고 인식하고 있다. 시계열적으로 살펴보면, 2022년 이후 평화롭지 않다는 응답이 크게 증가하였다.

절반 가까운 학생은 통일에 관심이 있다고 답하였지만, 과반의 학생들은 보통이라거나 관심 없다고 답하였다. 학교급이 높을수록 관심 있다는 응답률은 낮고 관심 없다는 응답률은 높다. 시계열적으로 살펴보면 조사가 시작된 2020년 이래 관심 있다는 응답은 지속해서 감소하고 있고, 관심 없다거나 보통이라는 응답은 증가 추세에 있다.

통일을 떠올릴 때 학생들은 다양한 감정을 경험한다. 다수의 학생은 별다른 감정을 느끼지 못한다고 답하였고 일부 학생은 불안하다거나 화가 난다고 답하였다. 학교급별 특성으로 '희망적이다/기쁘다'는 학교급이 높을수록 낮고, '좋지도 나쁘지도 않다/불안하다/화가 난다' 등은 학교급이 높을수록 높다. 이는 초등학교, 중학교, 고등학교로 갈수록 통일에 대한 학생들의 감정이 긍정적이지 않음을 보여준다. 시계열적으로도 '희망적이다/기쁘다'는 응답은 지속해서 감소하고 있고 '좋지도 나쁘지도 않다/불안하다/화가 난다'는 응답은 증가하고 있다.

통일 필요성에 대한 학생 인식은 지속해서 낮아지고 있다. 학교급별 특징으로 학교급이 높을수록 필요하지 않다는 응답이 높고 필요하다는 응답은 낮다. 2014년 첫 조사 이후 전반적인 추세는 필요하다는 응답은 줄고 필요하지 않다는 응답은 증가하고 있다. 2023년에는 필요하다는 응답이 조사 이후 처음으로 50% 미만으로 나타났고 필요하지 않다는 응답은 2014년에 비해 두 배 가까이 증가했다.

학교 통일교육에 대한 학생 인식은 다음과 같다. 대다수 학생은 학교에서 통일교육을 받은 경험이 있다고 답하였다. 학교에서 학습한 통일교육 내용으로 '남북 간의 화해와 협력 필요성', '통일이 가져올 이익에 대한 이해', '북한 사람들의 사회 모습 이해' 등을 가장 많이 꼽았고, 향후 배우고 싶은 통일교육 내용으로 '북한 사람들의 사회모습 이해', '통일이 가져올 이익에 대한 이해', '남북 간의 화해와 협력 필요성', '북한의 실상과 주민의 인권상황 이해', '한반도 안보의 중요성', '같은 민족으로서 남북의 공통성', '남북 분단과 사회적 갈등 해결에 대한 이해' 등의 순으로 답하였다. 2014 조사와 2023 조사에서 공통으로 확인되는 것은 학생들이 북한 사람들의 사회 모습 또는 생활 모습에 대해 알고 싶어한다는 점이다.

학생들은 자신이 경험한 통일교육 방법으로 '동영상 시청', '강의(설명식 교육)' , '퀴즈, 통일 관련 게임, 이벤트 방식', '외부강사 강의', '토의(토론식 수업)' 등의 순으로 답하였다. 향후 희망하는 교육 방법으로 '동영상 시청', '현장 견학 등의 체험학습', '퀴즈, 통일 관련 게임, 이벤트 방식', '강의(설명식 교육)', '토의(토론식 수업)' , '협동과제(프로젝트) 수행', '외부강사 강의' 등의 순으로 답하였다.

학생들은 다양한 경로를 통해 통일, 북한 관련 정보를 얻고 있다. 주요 경로는 '교과서, 학교 수업', 'TV, 라디오 등 방송', '인터넷(포털, 블로그 등)', '온라인 방송(유튜브, 웨이브 등)', 'SNS(카톡, 페이스북 등)' 등의 순으로 나타났다. 여러 해 동안 진행된 조사를 통해 확인할 수 있는 것은 학생들이 학교 안보다 학교 밖에서 더 많은 정보를 얻고 영향을 받고 있다는 점이다.

2. 학교 통일교육에 주는 시사점

이 글에서는 국립통일교육원이 해마다 진행하는 학교 통일교육 실태조사 결과에 나타난 학생들의 북한, 통일, 통일교육 인식을 분석하였다. 분석 결과, 학교 통일교육에의 시사점은 다음과 같다.

첫째, 북한, 통일에 대한 학생들의 다양한 인식을 수용할 수 있는 교육과정과 교과서가 되어야 한다. 학생들은 진공 상태 혹은 백지상태가 아니라 북한과 통일 문제에 대해 성인들만큼이나 다양한 인식을 갖고 학교에 온다. 북한과 통일에 대한 인식은 성인을 대상으로 실시되는 통일의식 조사 결과와 크게 다르지 않다. 문제는 통일교육 관련 교육과정이 관련 이슈들에 대한 다양한 인식을 수용할 수 있는가이다. 예를 들어, 2022 개정 교육과정 초등학교 4학년 도덕 성취기준으로 "통일의 필요성을 이해하고, 통일 감수성을 길러 바람직한 통일의 방향을 모색한다"(교육부, 2022a: 13)가 있는데, 실태조사에서와 같이 통일에 관심이 없거나 통일을 생각하면 불안하거나 화가 난다는 학생이 교실에 함께 있는 상황에서 그들과 어떻게 만날 것인지를 고민해야 한다. 2023년 조사에 나타나듯이 통일의 필요성에 대해 동의하지 않는 학생이 과반인 상황에서 여전히 통일을 지향하는 가치와 태도를 기르기 위한 교육에 중점을 두어야 하는지 근본적인 성찰이 필요하다.

둘째, 북한 사회를 이해할 수 있는 기회를 충분히 확보해야 한다. 조사 결과, 학생들은 일관되게 북한의 일상생활과 같은 사회 모습을 알고 싶어했다. 여러 면에서 비판을 받긴 했지만 2015 개정 중학교 도덕과 교육과정에서 "북한과 북한 주민에 대한 객관적 이해를 바탕으로 균형 있는 북한에 대한 관점을 가질 수 있다."와 같은 성취기준이 포함되어 있었다(교육부, 2015: 22). 그러나 2022 개정 중학교 도덕과 교육과정에서는 2개였던 통일교육 관련 성취기준이 1개로 축소되면서 “북한에 대한 이해를 바탕으로 분단의 문제점을 분석하고, 도덕적 가치에 기초하여 통일의 의미를 재구성함으로써 바람직한 남북관계 및 통일의 방향을 제안할 수 있다.”로 제시되었다. 북한 이해를 위한 성취기준이 삭제되고 ‘북한에 대한 이해를 바탕으로’라는 수식어만 남았다(교육부, 2022a: 17). 중학교 사회과 교육과정에서 북한의 자연환경과 인문환경의 특징(교육부, 2022b: 52)을 다루고, 고등학교 선택과목인 ‘한국지리탐구’에서 한반도 자연경관과 북한의 지리적 특징(교육부, 2022b: 52, 175)을 다루고 있지만 교육과정에서 학생들이 북한 사회의 모습을 이해하도록 돕는 내용은 찾기 어렵다.

셋째, 학교 통일교육은 분단된 남북관계가 학생 개인의 삶에 미치는 영향을 탐구하는 데 보다 많은 강조점을 두어야 한다. 학생들은 남북관계가 평화롭지 않다고 답하면서도 분단된 남북관계가 자신의 삶에 미치는 영향에 대해서는 깊이 생각하지 못하고 있다. 분단이 장기화하면서 분단되지 않은 한반도에서 삶의 경험을 가진 이들이 거의 사라진 상태에서 분단 상황을 익숙하게 받아들이게 된 것으로 보인다. 학교 통일교육은 분단 상황의 비평화, 대립하고 갈등하는 남북관계가 학생을 비롯한 개별 국민에게 어떤 영향을 미치는가를 이해하기 쉽게 설명하고 학생 스스로 탐구할 수 있는 기회를 적극적으로 부여해야 한다. 예를 들어, 반도 국가임에도 불구하고 섬나라보다도 못한 이동권을 가지고 살면서 물질적인 손실은 물론 비물질적인 부분에서도 불편함을 겪고 살아가고 있는 현실을 성찰하는 시간을 만들어야 한다. 통일 문제 또한 개인의 삶과의 연계성 속에서 검토하고 평가할 수 있도록 해야 한다.

넷째, 학교 통일교육의 방법을 보다 다양하게 개발하고 적용해야 한다. 학생들은 통일교육 방법으로 ‘동영상 시청’뿐만 아니라 ‘현장 견학 등의 체험학습’, ‘퀴즈, 통일 관련 게임, 이벤트 방식’, ‘강의’, ‘토의(토론식 수업)’ , ‘협동과제(프로젝트) 수행’, ‘외부강사 강의’ 등을 고르게 희망하였다. 그러나 2014년 실태조사가 시작된 후 학교에서 가장 많이 활용된 방법은 ‘동영상 시청’과 ‘강의(설명식 교육)’였다. 현실과 달리 통일교육 방법이 매우 단편적이라는 비판을 피할 수 없다. 더욱이 최근 고등학교에서도 고교 학점제, 수업량 유연화 프로그램 등의 제도를 통해 학생이 주도적으로 설계하고 참여하는 교육활동이 일반화되고 있는 상황에서 통일교육 방법은 지나치게 학생을 수동적인 학습자로 설정하고 있다. 학교 통일교육은 북한, 통일 문제에 대한 학생들의 다양한 관점이 공유되고 토의·토론되는 과정으로 변화되어야 한다.

다섯째, 학교 통일교육의 실행 과정에 미디어 리터러시 교육이 병행되어야 한다. 학생들은 북한, 통일 관련 정보를 '교과서, 학교 수업'뿐만 아니라 'TV, 라디오 등 방송', '인터넷(포털, 블로그 등)', '온라인 방송(유튜브, 웨이브 등)', 'SNS(카톡, 페이스북 등)' 등 다양한 매체를 통해 얻고 영향을 받으며 자신의 관점을 형성하고 있다. 학생들은 학교 안보다 학교 밖에서 더 많은 정보를 얻고 있으며 이러한 경향은 앞으로도 확대될 것으로 보인다. 문제는 학생들이 무의식적으로 받아들이는 수많은 정보가 신뢰할 수 있는 것인지, 교육적으로 타당한 것인지, 사실이면서 동시에 균형감을 갖춘 것인지 등을 함께 검토하는 과정이 포함되어야 한다. 통일 문제는 우리 사회에서 이념적으로 첨예하게 대립하는 주제이다. 관련하여 인터넷에서 접할 수 있는 정보는 편향된 입장을 대변하거나 부분적인 사실을 과장하여 전체의 모습으로 설명하는 오류가 있을 수도 있다. 학교 통일교육의 과정에는 합리적인 토의·토론과 사실판단, 가치판단이 이루어질 수 있도록 미디어 리터러시 교육이 유기적으로 결합되어야 한다.

참고문헌

교육부(2022), 교육부 고시 제2022-33호 『도덕과 교육과정』, 세종: 교육부.

교육부(2015), 교육부 고시 제2015-74호 『도덕과 교육과정』. 세종: 교육부.

국립통일교육원(2023), 『2023년도 학교 통일교육 실태조사 결과보고서』, 서울: 국립통일교육원.

국립통일교육원(2022), 『2022년도 학교 통일교육 실태조사 결과보고서』, 서울: 국립통일교육원.

국립통일교육원(2021), 『2021년도 학교 통일교육 실태조사 결과보고서』. 서울: 국립통일교육원.

김종서(1987), 『잠재적 교육과정의 이론과 실제』, 서울: 교육과학사.

통일부 통일교육원(2020), 『2020년 학교 통일교육 실태조사 결과보고서』, 서울: 통일교육원.

통일부 통일교육원(2019), 『2019년 학교 통일교육 실태조사 결과보고서』, 서울: 통일교육원.

통일부 통일교육원(2018), 『2018년 학교 통일교육 실태조사 결과보고서』, 서울: 통일교육원.

통일부 통일교육원(2017), 『2017년 학교 통일교육 실태조사 결과보고서』, 서울: 통일교육원.

통일부 통일교육원(2016), 『2016년 학교 통일교육 실태조사 결과보고서』, 서울: 통일교육원.

통일부 통일교육원(2015), 『2015년 학교 통일교육 실태조사 결과보고서』, 서울: 통일교육원.

통일부 통일교육원(2014), 『2014년 학교 통일교육 실태조사 결과보고서』, 서울: 통일교육원.

제2장

교사들의 북한, 통일, 통일교육 인식

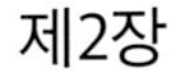

제2장

교사들의 북한, 통일, 통일교육 인식

I 서론

교사들은 북한, 통일, 통일교육을 어떻게 인식하고 있을까? 국립통일교육원은 2014년부터 해마다 교사를 대상으로 학교 통일교육 실태조사를 진행하고 있다. 2019년까지 교사 대상 설문은 학교 통일교육 운영 현황, 교사 연수 경험 및 수요, 통일교육 활성화를 위한 과제 등에 초점을 두었다. 학생 조사에 포함된 북한, 북한 주민에 대한 이미지, 통일 필요성, 남북관계, 한반도 평화에 대한 생각 등은 교사에게 묻지 않았다. 국가 교육과정의 실행자로서 운영 현황과 지도 방법 등을 조사할 뿐 교사가 어떤 북한관, 통일관, 평화관을 가졌는지 관심을 기울이지 않았다.

2020년에 함께 참여했던 학교 통일교육 실태조사 개선 방안 연구에서 이러한 문제의식을 반영하였다. 교사 대상 설문 문항에 북한과 북한 사회에 대한 인식, 남북관계의 평화 정도, 통일에 대한 관심과 이미지, 통일 필요성에 대한 인식 등을 추가하였고 2020년 실태조사부터 적용되었다.

교사가 수업 주제에 대해 보이는 가치관, 학생에 대한 기대 등은 학생에게 영향을 미친다. 학생들은 권력관계에서 상대적으로 높은 교사로부터 인정받고자 하는 욕구가 있다. 자기 능력을 교사로부터 인정받았다고 느낄 때 학업에 더 큰 노력을 하게 되고 이는 다시 높은 학업성취를 가져온다(이미리 외, 2014: 127). 예를 들어, 교사의 북한관, 통일관을 학생들은 은연중에 알아차릴 수 있다. 이때 학생은 교사와의 관계에 따라 교사의 인식에 부응하기 위해 노력할 수도 있고 반대 반응을 보일 수도 있다.

교사의 역할은 단순히 교육과정 전달자, 전수자에만 머물지 않는다. 교사는 교육과정과 교과서, 학생과 학부모, 학교 환경 등과 상호작용하면서 수업을 계획하고 실행한다. 삶의 맥락에서 북한에 대한 경계 의식이나 적대 의식을 강하게 가진 교사는 북한과의 평화공존과 통일 문제를 다루는 것이 불편할 수 있다. 반대로 남북이 상호 인정하고 평화공존 하는 것을 지지하는 교사는 북한의 이중성을 강조하고 경계 대상으로 가르치는 일이 쉽지 않다.

교사의 북한에 대한 관점, 통일에 대한 관점, 남북관계와 한반도 평화에 대한 인식, 통일교육에 대한 인식 등은 학교 통일교육의 잠재적 교육과정 중 인적 요소 중 하나다. 교사가 분단과 통일 문제에 관한 생각이 어떠한지, 북한을 어떻게 바라보고 있는지, 통일교육에 대해 어떤 생각을 하고 있는지 등은 통일교육에서 매우 중요한 변수이다. 통일교육은 분단 현실에 바탕을 두고 북한이라는 상대를 가정한 가운데 전개되기 때문이다.

2023년에 국립통일교육원이 실시한 학교 통일교육 실태조사(이하 실태조사)[1]와 필자가 연구진으로 참여했던 2019년 서울특별시교육청 현장연구(이하 현장연구)[2] 결과를 중심으로 교사들의 생각을 살펴보았다. 조사 대상은 〈표 1〉과 같다.

표 1 조사 대상 현황

<table>
<tr><th colspan="2" rowspan="2">구분</th><th colspan="2">2023 학교 통일교육 실태조사</th><th colspan="3">2019 서울교육청 현장연구</th></tr>
<tr><th>사례수(명)</th><th>비율(%)</th><th colspan="2">사례수(명)</th><th>비율(%)</th></tr>
<tr><td colspan="2">전체</td><td>5,034</td><td>100</td><td colspan="2">2,431</td><td>100</td></tr>
<tr><td rowspan="5">연령대별</td><td>20대</td><td>810</td><td>16.1</td><td colspan="2">226</td><td>9.3</td></tr>
<tr><td>30대</td><td>1,428</td><td>28.4</td><td colspan="2">540</td><td>22.2</td></tr>
<tr><td>40대</td><td>1,692</td><td>33.6</td><td colspan="2">678</td><td>27.9</td></tr>
<tr><td rowspan="2">50대 이상</td><td rowspan="2">1,104</td><td rowspan="2">21.9</td><td>50대</td><td>878</td><td>36.1</td></tr>
<tr><td>60대</td><td>109</td><td>4.5</td></tr>
<tr><td rowspan="3">학교급별</td><td>초등학교</td><td>2,425</td><td>48.2</td><td colspan="2">951</td><td>39.1</td></tr>
<tr><td>중학교</td><td>1,286</td><td>25.6</td><td colspan="2">901</td><td>37.1</td></tr>
<tr><td>고등학교</td><td>1,323</td><td>26.3</td><td colspan="2">579</td><td>23.8</td></tr>
</table>

1 국립통일교육원(2023), 『학교 통일교육 실태조사 결과보고서』, 서울: 국립통일교육원.

2 박제현·김병연·연혜경·이선희(2019), “통일, 통일교육 및 연수에 대한 교원의 인식 조사에 기초한 통일교육 활성화 방안 모색”, 서울특별시교육청 교육연구정보원 현장연구 보고서.

실태조사에 응답한 교사는 전국의 초중등 교사 5,304명이었다. 초등학교는 담임교사를, 중·고등학교는 사회, 도덕, 역사 교사를 대상으로 하였다. 따라서 조사에 참여한 대부분 교사가 통일교육을 담당하고 있다고 볼 수 있다. 한편, 현장연구에 응답한 교사는 서울특별시교육청 소속 초중등 교사 2,431명이었는데 교과의 제한을 별도로 두지 않았다. 직접 통일교육을 하지 않는 교사가 포함되었을 가능성이 있다.

Ⅱ 북한에 대한 교사 인식

1. 북한의 존재 인식

교사들은 북한을 어떻게 인식하고 있을까? 소위 적으로 볼 것인가, 같은 민족으로 볼 것인가의 문제는 우리 사회에서 종종 논쟁이 된다. 실태조사에서 '북한은 우리에게 어떠한 대상이라고 생각하나요?'라는 질문에 교사들은 '협력해야 하는 대상' 73.5%, '경계해야 하는 대상' 14.4%, '도와줘야 하는 대상' 4.8%, '적대적인 대상' 3.3% 등의 순으로 답했다(국립통일교육원, 2023: 194). [그림 1]

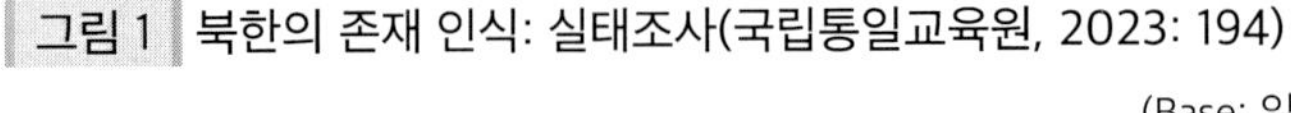
그림 1 북한의 존재 인식: 실태조사(국립통일교육원, 2023: 194)

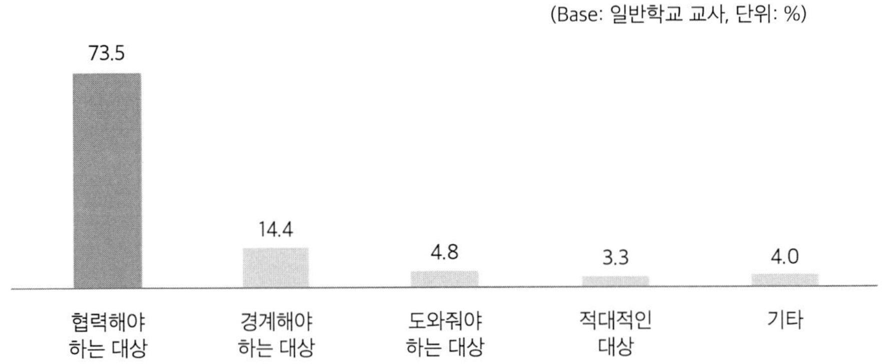

교사 다수가 북한을 협력 대상으로 인식하고 있다는 점은 [그림 2]와 같이 현장연구에서도 확인된다.

그림 2 북한의 존재 인식: 현장연구(박제현 외, 2019: 29)

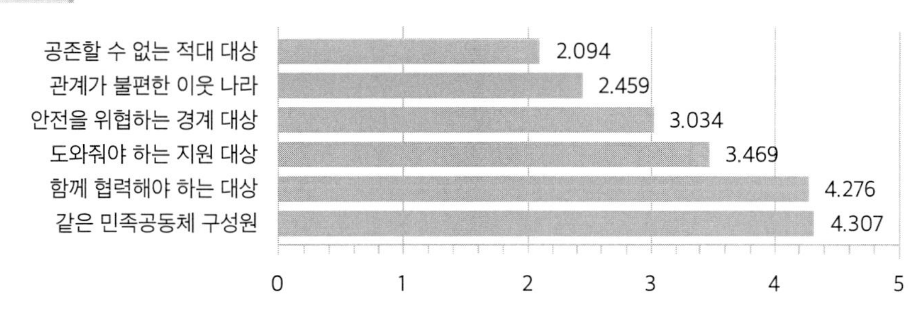

현장연구에서 '북한은 어떤 대상입니까?'라는 질문을 제시하고 5점 척도로 분석한 결과, '같은 민족공동체 구성원' 4.307점, '함께 협력해야 하는 대상' 4.276점 순으로 높았고, '공존할 수 없는 적대 대상' 2.094점, '관계가 불편한 이웃 나라' 2.459점 순으로 낮았다. 교사들은 전반적으로 북한을 '같은 민족공동체 구성원'(86.6%)이자 '함께 협력해야 하는 대상'(87.5%)으로 인식한다(박제현 외, 2019: 29).

실태조사에서 연령대에 따라 의미 있는 차이가 확인된다. '북한이 협력 대상'이라는 항목에 50대 이상 82.4%, 40대 80.4%, 30대 67.3%, 20대 57.8% 순으로 답하였다. '적대 대상'이라는 응답은 미미했지만, 30, 20대가 40대, 50대 이상인 교사보다 다소 높았다(30대 6.0%, 20대 4.7%, 50대 이상 1.9%, 40대 1.4%). 전반적으로 북한을 협력 대상으로 인식하고 있지만 연령대가 낮을수록 그러한 경향이 낮다.

표 2 협력해야 하는 대상 응답 비율(국립통일교육원, 2023: 195)

구분	20대	30대	40대	50대 이상
응답률(%)	57.8	67.3	80.4	82.4

현장연구에서도 연령대에 따른 차이를 확인할 수 있다. [그림 3]과 같이 '공존할 수 없는 적대 대상'에 60대 2.275점, 20대 2.208점, 30대 2.17점, 50대 2.065점, 40대 2.004점 순으로 나타났는데, 통계적으로 유의미하였다(박제현 외, 2019: 32). 60대와 20대가 다른 연령대에 비해 상대적으로 북한을 적대 대상으로 여기는 경향이 컸다.

그림 3 연령대에 따른 북한에 대한 관점 1(박제현 외, 2019: 32)

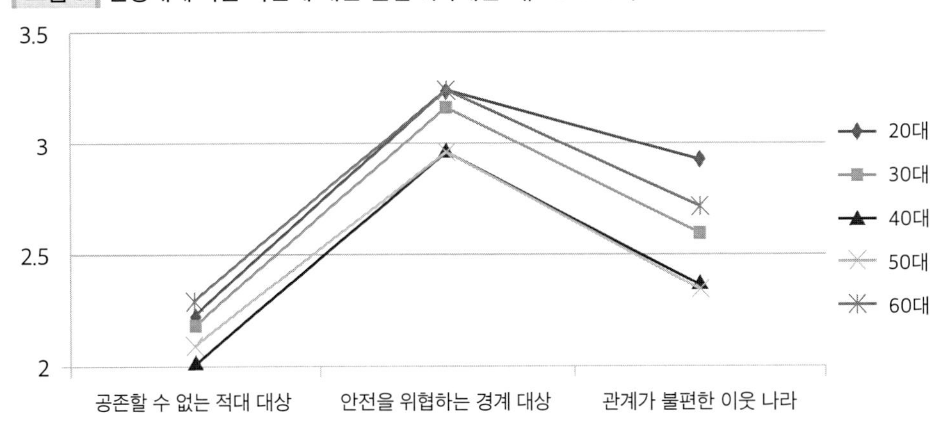

'안전을 위협하는 경계 대상'에 대해서는 20대 3.222점, 60대 3.22점, 30대 3.154점, 40대 2.953점, 50대 2.952점 순이었고, '관계가 불편한 이웃 나라'라는 응답에서도 20대 2.898점, 60대 2.697점, 30대 2.581점, 40대 2.354점, 50대 2.321점 순이었다(박제현 외, 2019: 32). 이들은 모두 통계적으로 유의미했다.

요약하면, 40대와 50대는 북한을 같은 민족공동체의 구성원으로 여기고 도와줘야 하거나 협력해야 할 대상이라고 응답한 비율이 상대적으로 높고 20대, 30대, 60대 이상은 북한을 공존할 수 없는 적대 대상이거나 경계 대상으로 바라보며 관계가 불편한 이웃 나라로 인식하는 경향이 상대적으로 컸다. 연령대별 차이는 시간이 흐를수록 교사들의 북한 인식에서 전반적인 변화가 일어날 수 있음을 보여준다.

2. 북한에 대한 이해

통일교육을 담당하는 교사들이 북한을 얼마나 잘 이해하고 있는가는 매우 중요하다. 통일을 이야기하는 과정에서 통일 상대인 북한에 대한 이해가 전제되기 때문이다. [그림 4]와 같이 실태조사에서 '북한에 대해 얼마나 알고 있다고 생각하나요?'라는 질문에 대해 '알고 있음' 55.5%, '보통이다' 37.6%, '알지 못함' 6.9% 순으로 답했다(국립통일교육원, 2023: 196). 다수의 교사는 북한에 대해 알고 있다고 답하지만 그렇지 않은 교사들이 40% 이상이다. 북한 이해에 있어 자신감이 부족한 교사들은 통일교육에 소극적일 가능성이 크다.

그림 4 북한에 대한 이해 정도(국립통일교육원, 2023: 196)

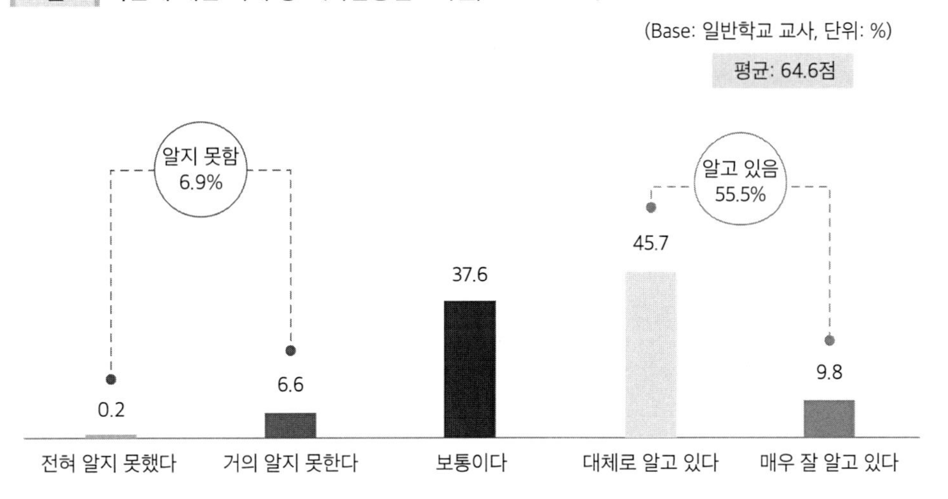

북한에 대한 이해 정도에서 〈표 3〉과 같이 연령대에 따라 유의미한 차이가 발견되었다. 북한에 대해 '알고 있다'는 응답은 연령대가 높을수록 높았고, '알지 못한다'는 응답은 연령대가 낮을수록 높았다. 자연스러운 현상으로 읽힌다. 이는 분단이 지속될수록 북한 이해 정도가 낮은 교사들이 학생들을 가르치게 됨을 의미한다.

표 3 북한에 대한 이해 정도(국립통일교육원, 2023: 197)

구분	20대	30대	40대	50대 이상
알고 있음	46.4	54.7	55.6	63.3
보통	42.0	38.0	38.5	32.6
알지 못함	11.6	7.4	6.0	4.1

관련하여 [그림 5]의 현장연구 결과를 참고할 수 있다. 현장연구에서 '북한에 대해 관심이 있다'는 3.896점, '북한 체제를 잘 이해하고 있다' 3.387점, '북한 사람들의 생활 모습을 잘 이해하고 있다' 3.352점 순이었다(박제현 외, 2019: 40). 긍정응답 백분율을 기준으로 보면 북한에 대한 관심은 높은 편이나 북한 체제를 잘 이해하고 있다거나 북한 사람들의 생활 모습을 잘 이해하고 있다는 응답은 높지 않다.

그림 5 북한에 대한 관심과 이해 정도(박제현 외, 2019: 40)

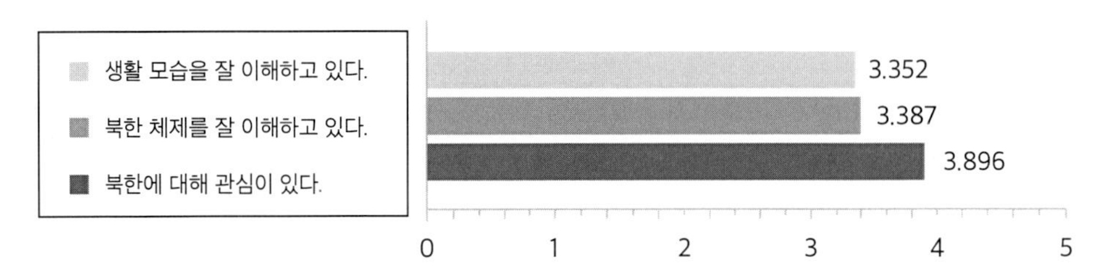

[그림 6]에서 보듯 연령대에 따라 북한에 대한 관심과 이해에서 유의미한 차이가 있었다. '북한에 대해 관심이 있다'는 60대(4.275점), 50대(4.113점), 40대(3.882점), 30대(3.67점), 20대(3.447점) 순이었다. '북한 체제를 잘 이해한다'에 대해 60대(3.725점), 50대(3.597점), 40대(3.324점), 30대(3.187점), 20대(3.08점) 순이었다. '북한 사람들의 생활 모습을 잘 이해하고 있다'에 대해서도 60대(3.633점), 50대(3.55점), 40대(3.299점), 30대(3.174점), 20대(3.031점)의 순이었다. 연령대가 낮을수록 북한에 대한 관심이 적고 북한 체제 및 북한 사람들의 생활 모습 등을 이해하고 있다는 응답률이 낮다.

그림 6 연령대별 북한에 대한 관심과 이해(박제현 외, 2019: 42-43)

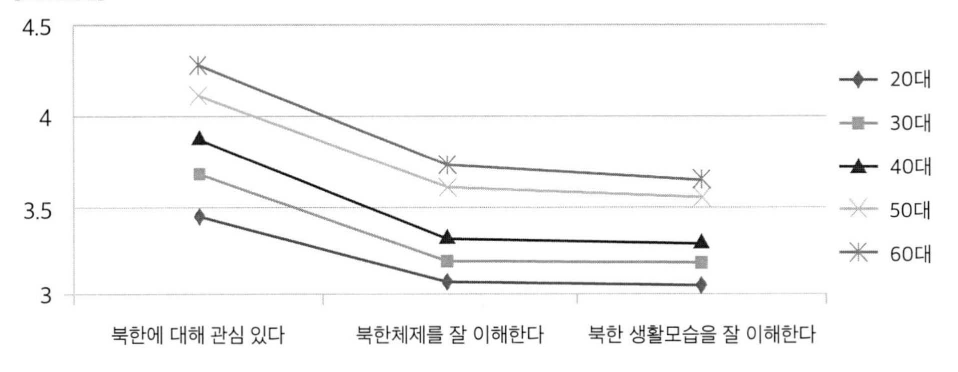

3. 남북 분단과 삶의 관계 인식

교사들은 남북 분단과 자기 삶의 관계를 어떻게 인식하고 있을까? 이러한 인식은 통일교육 또는 남북관계를 다루는 데 동기를 부여하기 때문에 중요하다. [그림 7]과 같이 실태조사에서 '남북 분단 상황이 내 삶에 영향을 준다고 생각하나요?'라는 질문에 대해 '그렇다' 61.2%, '보통' 24.0%, '그렇지 않다' 14.9% 순으로 답하였다(국립통일교육원, 2023: 202). 60% 이상의 교사들이 남북 분단이 삶에 미치는 영향을 인식하고 있지만 40% 가까운 교사들은 중요하게 인식하지 못하고 있다.

그림 7 남북 분단과 삶의 관계 인식(국립통일교육원, 2023: 202)

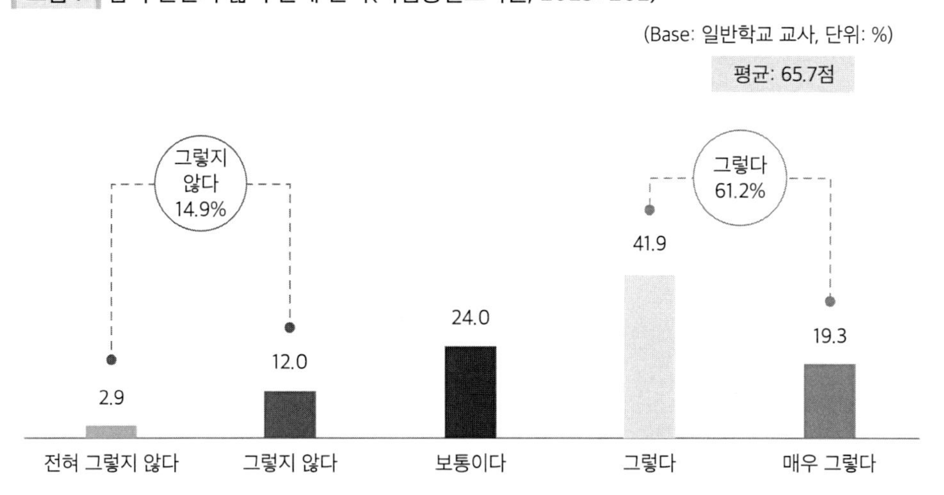

〈표 4〉와 같이 연령대에 따라 유의미한 차이가 확인된다. 남북 분단이 자기 삶에 영향을 준다는 응답은 50대 이상(68.0%), 40대(60.8%), 30대(61.3%), 20대(52.3%) 순으로 연령대가 높을수록 높게 답하였다(국립통일교육원, 2023: 202-203).

표 4 남북 분단과 삶의 관계 인식: 연령대별 비교(국립통일교육원, 2023: 203)

구분	20대	30대	40대	50대 이상
그렇다	52.3	61.3	60.8	68.0
보통	25.7	22.1	26.0	22.0
그렇지 않다	22.0	16.5	13.2	10.0

교사들은 연령대가 낮을수록 남북 분단이 자기 삶에 영향을 미친다는 인식이 낮고 20대의 경우 52.3%에 불과했다. 삶에 미치는 영향이 별로 없다고 여기는 교사들과 그렇지 않은 교사들이 통일교육에서 취하는 태도는 매우 다를 수밖에 없다.

4. 남북관계의 평화 정도

교사들은 남북관계의 평화 정도를 어떻게 인식하고 있을까? '현재 남북관계가 얼마나 평화롭다고 생각하나요?'라는 질문에 대해 [그림 8]과 같이 '평화롭지 않다' 75.6%, '보통이다' 19.8%, '평화롭다' 4.6% 순으로 답했다(국립통일교육원, 2023: 212). 교사들은 전반적으로 남북관계가 평화롭지 않다고 인식하고 있다.

그림 8 남북관계의 평화 정도(국립통일교육원, 2023: 212)

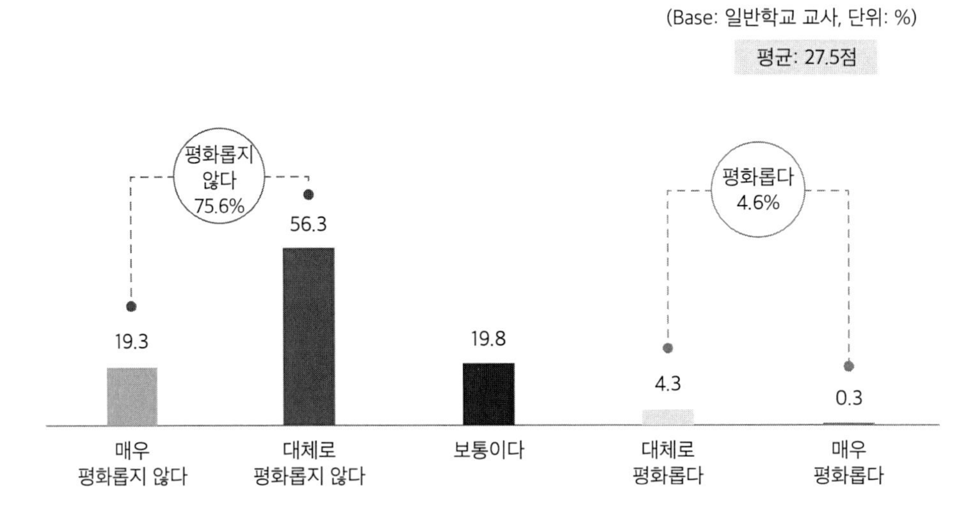

남북관계의 평화 인식에서 연령대에 따라 일관된 경향이 발견되었다. 〈표 5〉에서 보듯이 50대 이상(80.5%), 40대(75.1%), 30대(74.2%), 20대(72.7%) 순으로 연령대가 높을수록 평화롭지 않다는 응답률이 더 높았다.

표 5 남북관계의 평화 정도: 연령대별 비교(국립통일교육원, 2023: 213)

구분	20대	30대	40대	50대 이상
평화롭다	4.4	5.7	4.8	2.9
보통	22.8	20.2	20.2	16.6
평화롭지 않다	72.7	74.2	75.1	80.5

Ⅲ 통일에 대한 교사 인식

1. 통일에 대한 관심과 감정

교사들은 통일에 대해 얼마나 관심이 있을까? 통일이라는 말을 들었을 때 어떤 감정을 느끼고 있을까? 이는 통일교육의 잠재적 영향 요인으로 중요하게 다뤄져야 한다. 실태조사에서 '통일에 대해 관심이 있나요?'라는 질문에 대해 [그림 9]와 같이 '관심 있음' 70.8%, '보통이다' 20.2%, '관심 없음' 9.0% 순으로 응답했다(국립통일교육원, 2023: 218). 수업에서 직접 통일교육을 해야 하는 상황에서 통일에 대한 교사들의 관심은 전반적으로 높다. 그러나 이들이 학교 통일교육을 직접 담당하는 그룹이라는 점에서, 관심이 없다거나 보통이라고 응답한 약 30%의 교사들에 주목할 필요가 있다. 이들에게 교육과정과 교과서에서 다뤄지는 통일교육 관련 내용이 어떻게 인식되고 교실에서 다뤄지는가를 고려하여 개선 방안을 마련해야 한다.

그림 9 통일에 대한 관심(국립통일교육원, 2023: 218)

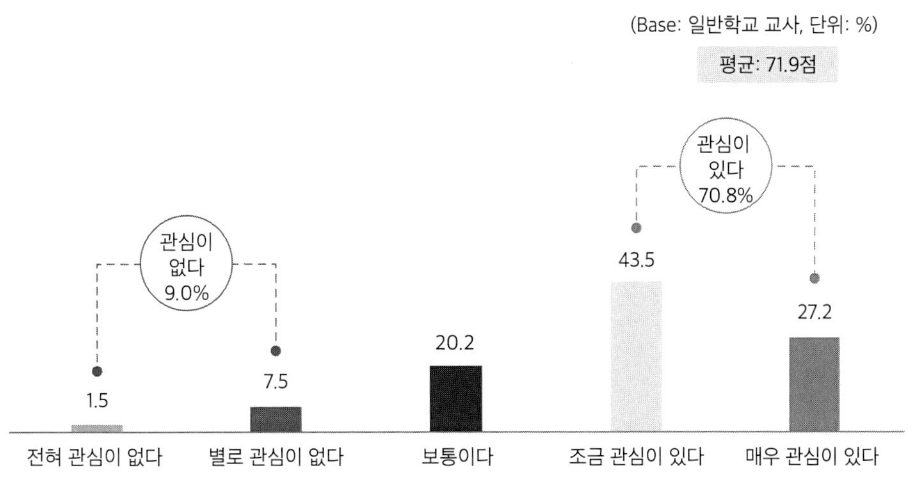

〈표 6〉과 같이 연령대에 따라 일관된 경향이 발견되었다. 통일에 대한 관심 정도에서 50대 이상(84.4%), 40대(72.9%), 30대(65.1%), 20대(57.5%) 순이었다. 20대와 30대에 해당하는 상당수 교사는 관심이 없거나 보통이라고 답하였다.

표 6 통일에 대한 관심: 연령대별 비교(국립통일교육원, 2023: 219)

구분	20대	30대	40대	50대 이상
관심이 있다	57.5	65.1	72.9	84.4
보통	26.4	22.9	19.9	12.9
관심이 없다	16.0	12.0	7.2	2.7

실태조사에서는 '통일'에 대한 교사의 감정을 함께 조사한다. '통일을 떠올리면 어떤 감정이 드는지 아래의 보기에서 자신의 생각과 가장 가까운 것에 표시해 주세요.'라는 질문에 [그림 10]과 같이 '희망적이다' 47.1%, '좋지도 나쁘지도 않다' 27.4%, '불안하다' 13.2%, '기쁘다' 10.6% 등의 순으로 답했다(국립통일교육원, 2023: 222). 과반의 교사는 통일을 떠올릴 때 '희망적이다', '기쁘다'는 감정을 느끼지만, 상당수 교사는 '무감각하다'거나 '불안하다', '화가 난다' 등의 감정을 떠올리고 있다. 후자의 감정이 통일교육에서 어떻게 작용할지를 고려하여야 한다.

그림 10 통일에 대한 감정(국립통일교육원, 2023: 222)

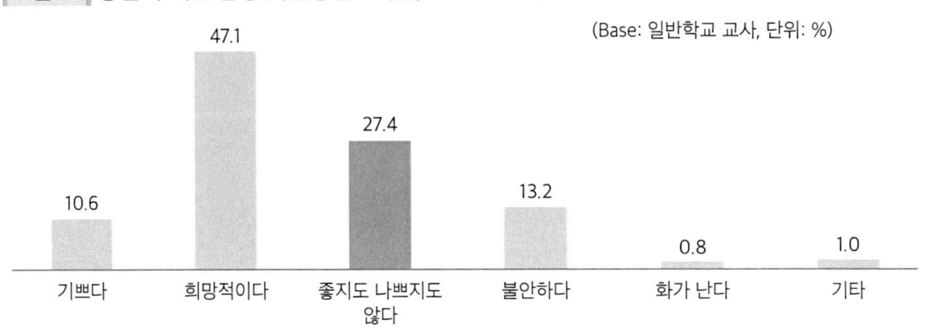

연령대에 따라 통일에 대한 감정에서 의미 있는 경향이 발견되었다. 〈표 7〉과 같이 긍정적인 감정(기쁘다+희망적이다)을 느낀다는 응답은 50대 이상 71.1%, 40대 61.9%, 30대 51.3%, 20대 41.7% 순으로 나타난 반면, 무감각하거나 불안한 감정(좋지도 나쁘지도 않다+불안하다)을 느낀다는 응답은 20대 56.1%, 30대 46.3%, 40대 37.0%, 50대 이상 27.2% 순으로 나타났다. 연령대가 낮을수록 통일에 대한 감정이 무감각하거나 불안함을 느끼는 경향이 더 크다.

표 7 통일에 대한 감정: 연령대별 비교(국립통일교육원, 2023: 223)

구분	20대	30대	40대	50대 이상
기쁘다	6.9	9.0	10.2	15.9
희망적이다	34.8	42.3	51.7	55.2
좋지도 나쁘지도 않다	41.4	30.7	24.1	17.9
불안하다	14.7	15.6	12.9	9.3

2. 통일의 필요성 인식

교사들은 통일의 필요성을 어떻게 인식하고 있을까? 실태조사에서 '통일이 필요하다고 생각하나요?'라는 질문에 [그림 11]과 같이 '필요' 82.5%, '불필요' 14.6%, '잘 모르겠다/관심없다' 2.9% 순으로 답했다(국립통일교육원, 2023: 224). 교사들은 전반적으로 통일 필요성에 공감하고 있다.

그림 11 통일 필요성 인식(국립통일교육원, 2023: 224)

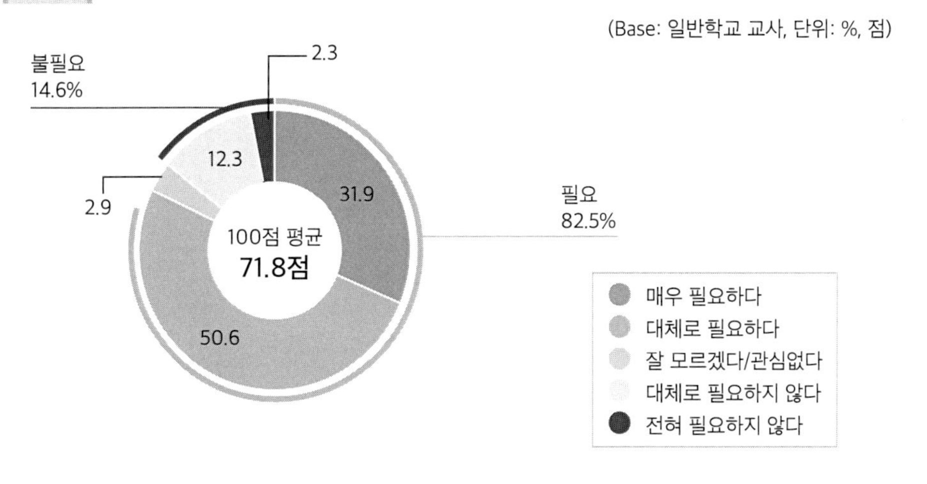

연령대에 따른 응답에서 〈표 8〉과 같이 뚜렷한 차이가 발견된다. 통일 필요성 인식에서 '필요'는 50대 이상(92.6%), 40대(85.7%), 30대(78.4%), 20대(69.5%) 순이었고, '불필요'는 20대(25.1%), 30대(18.1%), 40대(12.1%), 50대 이상(6.3%) 순이었다. 연령대가 낮을수록 불필요하다는 응답이 상당히 높다.

표 8 통일 필요성 인식: 연령대별 비교(국립통일교육원, 2023: 225)

구분	20대	30대	40대	50대 이상
필요	69.5	78.4	85.7	92.6
불필요	25.1	18.1	12.1	6.3
잘 모름	5.4	3.5	2.2	1.2

질문 형식은 다르지만, 현장연구에서도 통일에 대한 교사들의 의견을 조사하였다. 〈표 9〉와 같이 통일에 대해 '점진적으로 이루어져야 한다' 4.344점, '가급적 빨리 이루어져야 한다' 3.332점, '평화공존이 가능하다면 필요하지 않다' 2.467점, '필요하지 않다' 평균 1.534점 순이었다(박제현 외, 2019: 15). 다수의 교사는 통일이 점진적으로 이뤄져야 한다고 생각하며 상당수 교사는 평화공존이 가능하다면 필요하지 않다는 의견을 보이기도 한다.

표 9 통일에 대한 의견(박제현 외, 2019: 15)

세부 문항	평균	표준편차
점진적으로 이루어져야 한다	4.344	0.857
가급적 빨리 이루어져야 한다	3.332	1.23
평화공존이 가능하다면 필요하지 않다	2.467	1.213
필요하지 않다	1.534	0.828

현장연구를 연령대에 따라 살펴보면 교사들의 통일에 대한 의견을 보다 자세히 살펴볼 수 있다. '가급적 빨리 이루어져야 한다'에 대해 50대가 3.546점으로 가장 높았으며, 60대(3.44점), 40대(3.417점), 30대(3.111점), 20대(2.726점)의 순으로 나타났다. '점진적으로 이루어져야 한다'에 대해 40대 평균이 4.442점으로 가장 높았으며, 50대(4.382점), 30대(4.27점), 60대(4.174점), 20대(4.164점)의 순으로 나타났다(박제현 외, 2019: 17).

'평화공존이 가능하다면 필요하지 않다'에 대해 20대 평균이 2.973점으로 가장 높았으며, 30대(2.663점), 40대(2.409점), 60대(2.404점), 50대(2.27점)의 순으로 나타났다. '필요하지 않다'에 대해 20대 평균이 1.965점으로 가장 높았으며, 30대(1.739

점), 60대(1.633점), 40대(1.413점), 50대(1.378점)의 순으로 나타났다(박제현 외, 2019: 17). 교사들은 연령대가 낮을수록 이른 시일 내 통일이 이뤄지는 것에 대해 상대적으로 부정적으로 생각하고 있으며 평화공존이 가능하다면 통일은 필요하지 않다고 생각하는 경향 또한 높다.

Ⅳ 통일교육에 대한 교사 인식

1. 통일교육의 효과성

교사들은 통일교육에 대해 어떻게 생각하고 있을까? 현장연구에서 '통일교육이 필요하지 않다'에 대한 의견을 조사하였다. [그림 12]와 같이 긍정응답은 15.2%, 부정응답은 74.4%였다. 대부분 교사는 통일교육이 필요하다고 인식하고 있었다.

그림 12 통일교육은 필요하지 않다(박제현 외, 2019: 60)

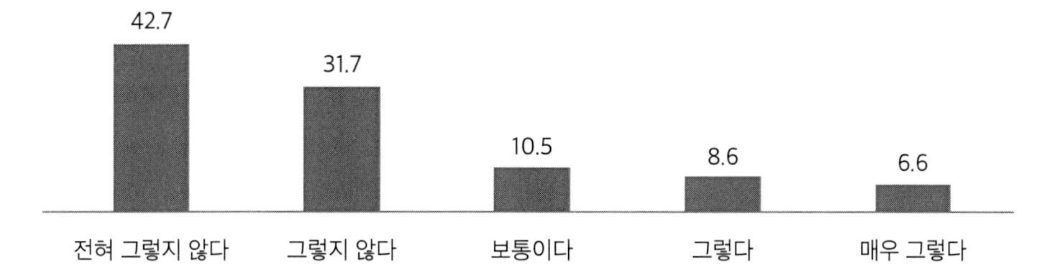

'통일교육이 효과적으로 실시되고 있다'에 대한 의견에서는 [그림 13]과 같이 긍정 응답은 19.8%, 부정 응답은 31.5%였다. 약 20%의 교사만이 통일교육이 효과적으로 이루어지고 있다고 답하였다(박제현 외, 2019: 63). 상당수 교사는 통일교육의 효과에 대해 부정적인 의견을 보인다. 필요하지만 잘 되고 있지 않다는 것이 교사들의 전반적인 인식으로 보이는데 이러한 인식의 원인을 찾아 개선 방안을 마련할 필요가 있다.

그림 13 통일교육은 효과적으로 실시되고 있다(박제현 외, 2019: 63)

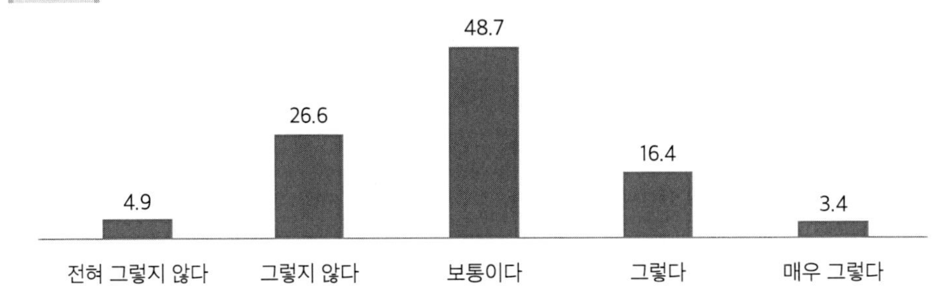

교사들은 통일교육이 지나치게 통일만을 앞세운다는 비판을 하기도 한다. 이를 확인하기 위해 '통일교육은 통일을 강요하는 측면이 있다'를 제시하고 응답을 분석한 결과, 긍정 응답이 31.3%, 부정 응답은 34.3%로 나타났다(박제현 외, 2019: 63). 상당수 교사는 통일교육이 학생들에게 통일을 강요하는 측면이 있다는 데 동의하고 있었다. '통일교육은 정치·사회적 상황의 영향을 많이 받는다'에 대해 긍정 응답 79.7%, 부정 응답은 3.5%였다. 대다수 교사는 통일교육이 정치·사회적 상황의 영향을 많이 받는다고 보고 있다.

한편, 통일교육에 관한 생각에서 연령대별 차이를 확인하기 위하여 분석한 결과를 보면 20, 30대 젊은 층 교사들이 통일교육이 필요하지 않다거나 통일을 강요하는 측면이 있다는 항목에서 눈에 띄게 높게 답하였다. 반면 통일교육의 효과성, 교육과정의 적절성 등에 대한 질문에 젊은 층 교사들의 동의율이 낮았다.

2. 통일교육 내용

실태조사는 초등학교의 경우 담임교사를, 중고등학교의 경우 사회, 도덕, 역사교사를 대상으로 한다. 이들은 교과 교육과정을 통해 통일교육을 직접 다룰 가능성이 높다. 조사 결과 85.7%의 교사들이 통일교육 지도 경험이 있다고 답하였다(국립통일교육원, 2023: 244).

교사들이 지도한 경험이 있는 통일교육 내용에 대해 질문한 결과 [그림 14]와 같이 '남북 간의 화해와 협력 필요성' 72.9%, '통일이 가져올 이익에 대한 이해' 52.5%, '같은 민족으로서 남북의 공통성' 52.2%, '북한 사람들의 사회모습 이해' 44.5%, '통일과 평화에 대한 다른 나라의 사례' 39.4%, '남북 분단과 사회적 갈등 해결에 대한 이해' 38.5%, '한반도 안보의 중요성' 34.1%, '북한의 실상과 주민의 인권상황 이해' 33.9% 등의 순이었다(국립통일교육원, 2023: 246).

그림 14 지도한 통일교육 내용(국립통일교육원, 2023: 246)

(Base: 통일교육 경험이 있는 교사, 단위: 복수응답. %)

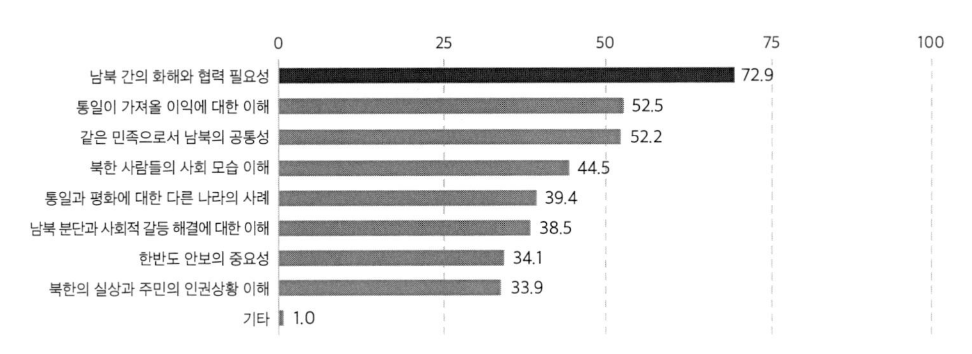

연령대별로 보면 〈표 10〉과 같이 20대는 다른 연령대에 비해 '북한 사람들의 사회모습 이해', '통일과 평화에 대한 다른 나라의 사례', '남북분단과 사회적 갈등해결에 대한 이해', '북한의 실상과 주민의 인권상황 이해' 등에 중점을 두고 지도한 것으로 파악된다. 30대는 '통일이 가져올 이익에 대한 이해', '한반도 안보의 중요성' 등에 상대적으로 높게 응답하였고, 40대는 '남북 간 화해와 협력 필요성', '같은 민족으로서 남북의 공통성' 등을, 50대 이상은 '한반도 안보의 중요성'을 다른 연령대보다 많이 지도하고 있는 것으로 파악된다.

표 10 지도한 통일교육 내용: 연령대별 비교(국립통일교육원, 2023: 247) 단위: %

구분	20대	30대	40대	50대 이상
남북 간의 화해와 협력 필요성	67.8	71.7	75.9	73.1
통일이 가져올 이익에 대한 이해	51.9	55.2	53.0	48.9
같은 민족으로서 남북의 공통성	47.4	50.9	54.7	52.6
북한 사람들의 사회모습 이해	51.6	44.4	43.3	42.2
통일과 평화에 대한 다른 나라의 사례	44.9	42.7	38.7	33.0
남북분단과 사회적 갈등해결에 대한 이해	45.7	41.3	36.4	33.7
한반도 안보의 중요성	29.7	36.2	32.6	36.2
북한의 실상과 주민의 인권상황 이해	37.6	36.1	31.6	32.4

학교에서 가르치는 통일교육 내용 중 어떤 내용이 중요한가에 대한 질문에서 교사들은 [그림 15]와 같이 '남북 간의 화해와 협력 필요성' 69.4%, '통일이 가져올 이익에 대한 이해' 46.1%, '남북 분단과 사회적 갈등 해결에 대한 이해' 43.2%, '같은 민족으로서 남북의 공통성' 37.7%, '한반도 안보의 중요성' 35.2%, '북한의 실상과 주민의 인권상황 이해' 34.3%, '북한 사람들의 사회 모습 이해' 29.7%, '통일과 평화에 대한 다른 나라의 사례' 26.5% 순으로 답하였다(국립통일교육원, 2023: 266).

그림 15 강조해야 할 통일교육 내용(국립통일교육원, 2023: 266)

(Base: 일반학교 교사, 복수응답, 단위: %)

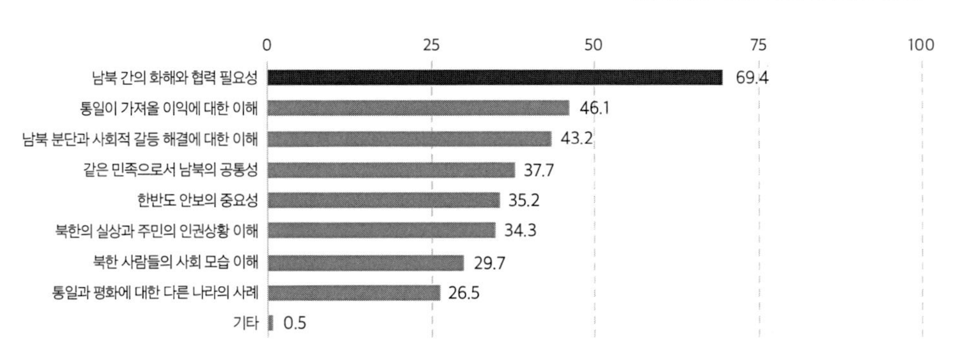

연령대별로 보면 〈표 11〉과 같다. 20대는 다른 연령대에 비해 '북한의 실상과 주민의 인권상황 이해' 38.9%, '북한 사람들의 사회 모습 이해' 34.8%로 높게 답하였다. 30대는 '남북 분단과 사회적 갈등 해결에 대한 이해' 44.1%, '통일과 평화에 대한 다른 나라의 사례' 30.0%로 상대적으로 높게 응답하였고, 50대 이상은 '남북 간의 화해와 협력 필요성' 76.7%, '같은 민족으로서 남북의 공통성' 44.6%, '한반도 안보의 중요성' 42.7%로 다른 연령대에 비해 높게 답하였다(국립통일교육원, 2023: 267).

표 11 강조해야 할 통일교육 내용(국립통일교육원, 2023: 267) 단위: %

구분	20대	30대	40대	50대 이상
남북 간의 화해와 협력 필요성	58.5	64.1	74.4	76.7
통일이 가져올 이익에 대한 이해	44.7	47.1	45.2	47.6
남북 분단과 사회적 갈등 해결에 대한 이해	42.5	44.1	43.1	42.6
같은 민족으로서 남북의 공통성	31.6	33.8	39.4	44.6
한반도 안보의 중요성	32.5	33.7	33.0	42.7
북한의 실상과 주민의 인권상황 이해	38.9	36.1	32.4	31.4
북한 사람들의 사회 모습 이해	34.8	30.0	28.1	28.0
통일과 평화에 대한 다른 나라의 사례	29.3	30.0	24.1	23.8

3. 통일교육 방법

교사들은 통일교육을 할 때 어떤 방법을 많이 활용하고 있을까? 실태조사에서 최근 1년간 학교에서 통일교육을 위해 활용한 교수 방법에 대해 물었다. [그림 16]과 같이 교사들은 '강의(설명식 교육)' 77.8%, '동영상 시청' 75.8%, '퀴즈, 통일관련 게임, 이벤트 방식' 32.9%, '토의(토론식 수업)' 24.4%, '협동과제(프로젝트) 수행' 11.4%, '외부강사 강의' 6.2%, '현장견학 등의 체험학습' 2.9% 순으로 답하였다(국립통일교육원, 2023: 248).

그림 16 통일교육 교수 방법(국립통일교육원, 2023: 248)

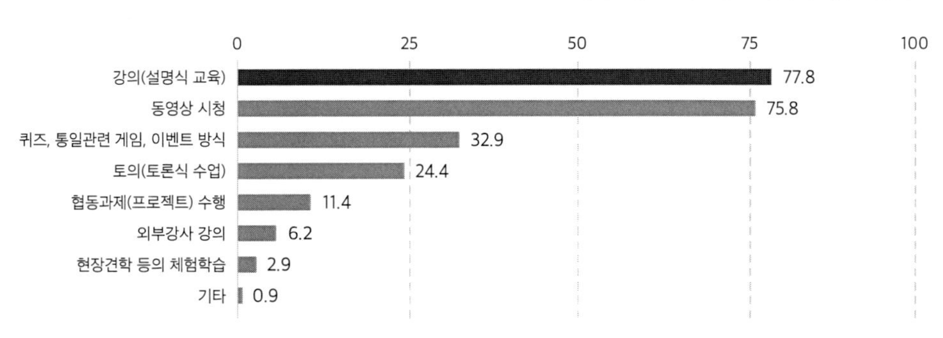

학교급별 비교에서 '동영상 시청'은 초등학교 87.7%, 중학교 69.1%, 고등학교

55.0% 순이었고, '퀴즈, 통일관련 게임, 이벤트 방식'은 초등학교 42.9%, 중학교 30.1%, 고등학교 12.7%로 두 지도 방법은 초등학교에서 가장 많이 활용되고 있는 것으로 파악된다. '협동과제(프로젝트) 수행'은 중학교 17.3%, 초등학교 10.3%, 고등학교 8.0%로 상대적으로 중학교 교사들이 많이 활용하는 것으로 확인된다. 나머지 지도 방법은 대체로 5% 내외의 차이를 보였다.

연령대별로 보면 〈표 12〉와 같다. 20대는 다른 연령대에 비해 선호하는 교수 방법으로 '동영상 시청' 82.5%, '퀴즈, 통일관련 게임, 이벤트 방식' 42.0%, '토의(토론식 수업)' 25.6%, '협동과제(프로젝트) 수행' 14.7% 등이었다. 30대는 '강의(설명식 교육)'에서 상대적으로 두드러졌다.

표 12 통일교육 교수 방법(국립통일교육원, 2023: 249)

단위: %

구분	20대	30대	40대	50대 이상
강의(설명식 교육)	79.6	82.3	76.1	73.9
동영상 시청	82.5	76.6	75.2	71.5
퀴즈, 통일관련 게임, 이벤트 방식	42.0	33.5	32.6	27.0
토의(토론식 수업)	25.6	23.8	25.2	23.2
협동과제(프로젝트 수행)	14.7	11.7	10.1	11.0
외부강사 강의	4.2	6.1	7.0	6.4
현장견학 등의 체험학습	1.9	2.6	2.8	3.9

4. 통일교육 관련 정보 획득 경로

교사들은 수업을 준비하면서 관련 정보와 자료를 어디에서 많이 얻고 있을까? 실태조사에서 '통일, 북한 등에 대한 지식이나 정보를 어디에서 얻는지 아래의 보기에서 모두 선택해 주세요.'라고 질문했다. 조사 결과는 [그림 17]과 같다. 교사들은 '인터넷(포털, 블로그 등)' 59.6%, '계기교육 자료, 교내 특강, 교원연수 등' 55.1%, 'TV, 라디오 등 방송' 51.6%, '온라인 방송(유튜브, 웨이브 등)' 33.4%, '책(도서)' 32.3%, '신문, 잡지' 21.0%, 'SNS(카톡, 페이스북 등)' 7.7% 등의 순으로 답하였다(국립통일교육원, 2023: 270).

그림 17 통일교육 관련 정보 획득 경로(국립통일교육원, 2023: 270)

(Base: 일반학교 교사, 복수응답, 단위: %)

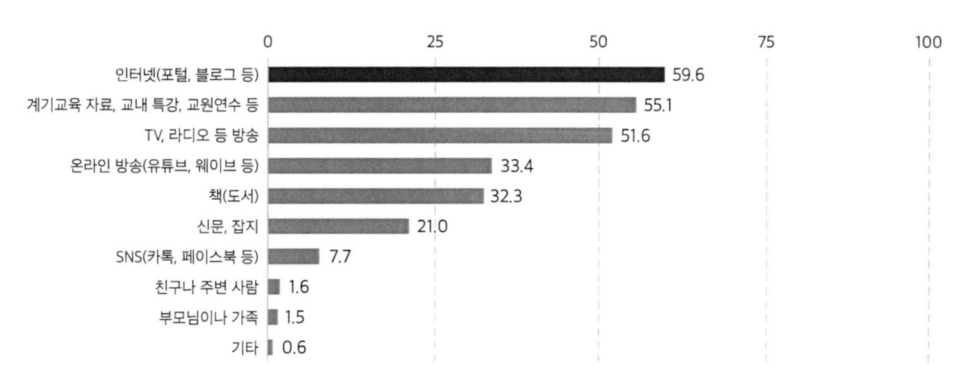

연령대별로 보면 〈표 13〉과 같이 20대는 '온라인 방송(유튜브, 웨이브 등)' 38.0%, 'SNS(카톡, 페이스북 등)' 17.2%로 상대적으로 높게 응답하였고, 50대 이상은 '인터넷(포털, 블로그 등)' 61.1%, 'TV, 라디오 등 방송' 61.4%로 상대적으로 높게 답하였다. 연령대별로 익숙한 접근 경로를 통해 자료를 수집하고 정보를 얻고 있는 것으로 보인다.

표 13 통일교육 관련 정보 획득 경로(국립통일교육원, 2023: 271)

단위: %

구분	20대	30대	40대	50대 이상
인터넷(포털, 블로그 등)	54.4	59.8	60.9	61.1
계기교육 자료, 교내 특강, 교원연수 등	48.8	55.5	57.7	55.1
TV, 라디오 등 방송	43.7	48.2	51.9	61.4
온라인 방송(유튜브, 웨이브 등)	38.0	33.6	32.1	31.8
책(도서)	31.1	34.5	31.3	32.0
신문, 잡지	17.8	21.8	20.8	22.5
SNS(카톡, 페이스북 등)	17.2	9.7	4.7	2.9
친구나 주변 사람	1.7	1.5	1.4	1.9
부모님이나 가족	2.3	1.9	1.2	1.0

V 결론

1. 요약

이 글에서는 교사의 북한, 통일, 통일교육 인식을 살펴보았다. 북한에 대한 교사의 인식을 요약하면 다음과 같다. 대다수 교사는 북한을 함께 협력해야 할 대상 또는 민족공동체 구성원으로 여기고 있다. 다만, 연령대가 낮을수록 적대 대상이라거나 경계 대상이라는 응답률이 상대적으로 높다. 같은 민족공동체 구성원으로 여기는 경향 또한 젊은 교사들의 응답률이 상대적으로 낮다.

과반의 교사는 북한에 대해 어느 정도 알고 있다고 말한다. 실태조사는 모든 응답자가 통일교육을 실행하는 담임 및 주요 교과 담당 교사라는 점에서 이러한 결과는 모든 교사의 특성으로 일반화하기 어렵다. 현장연구 결과, 교사들은 북한에 대한 관심은 있지만 북한 체제와 북한 사람들의 생활 모습을 잘 이해하고 있지는 못하다고 스스로 평가한다. 북한 이해 정도에 있어서도 연령대에 따라 뚜렷한 경향이 나타났는데 젊은 교사들은 북한에 대한 관심, 북한 체제와 북한 생활 모습에 대한 이해 정도가 낮다고 답하였다.

과반의 교사는 남북 분단이 자신의 삶에 미치는 영향을 인식하는 반면, 약 40%에 달하는 교사는 무감각하거나 이를 인식하지 못하고 있다. 이러한 경향은 연령대가 낮을수록 강하게 나타난다. 한편, 남북관계의 평화 정도에 대해서도 대다수 교사는 평화롭지 않다는 인식을 하고 있지만, 젊은 연령대 교사들은 상대적으로 평화롭다고 느끼는 비율이 높다. 분단 상황을 평화로운 것으로 여기는 교사가 앞으로 더 늘어날 수 있음을 예상할 수 있다.

통일에 대한 교사의 인식은 다음과 같이 요약할 수 있다. 대다수 교사는 통일에 관심이 있다고 답하였다. 그러나 30% 내외의 교사는 관심이 없다거나 보통이라고 답하였다. 이러한 결과를 다양성의 관점에서 이해할 수도 있으나 설문 대상이 통일교육을 직접 담당하는 초등 담임교사, 중등 사회, 도덕, 역사 교사였다는 점을 고려하면 상황은 다르다. 한편 연령대가 낮을수록 통일에 대한 관심이 낮다. 통일에 대한 감정도 다양하게 존재한다. 아울러 과반의 교사는 통일을 떠올릴 때 희망적이거나 기쁘다는 감정을 느끼고 있지만, 40% 이상의 교사는 좋지도 나쁘지도 않다거나 불안하다, 화가 난다는 반응을 보였다. 이러한 조건에서 현재 통일교육 관련 교육과정에서 설정한 목표에 도달하기는 어려울 것으로 보인다.

통일의 필요성에 대해 80% 이상 교사는 동의하였다. 그러나 연령대가 낮을수록 불필요하다는 응답이 증가하고 있다. 이러한 경향은 참고한 두 조사에서 공통으로 발견된다. 특히 실태조사에서 20대의 25% 이상이 통일이 필요하지 않다고 응답한 것에 주목할 필요가 있다. 현장연구에서도 상당수 교사는 평화공존이 가능하다면 통일이 필요하지 않다는 의견을 보였다. 이러한 경향은 시간이 흐를수록 더 커질 것으로 예상된다. 교사 인식을 고려하여 통일교육의 방향을 새롭게 설정할 필요가 있다.

통일이 필요하지 않은 이유로 실태조사에서는 통일 이후 생겨날 사회문제, 통일에 따르는 경제적 부담, 남북 간 정치제도의 차이, 개인 삶에 도움되지 않는다는 점 등이 제시된다. 현장연구에서도 교사들은 통일 후 변화에 대한 우려로 국민의 경제적 부담 증가, 사회적 갈등 증가 등에 높게 답하였다.

통일교육에 대한 교사의 인식을 요약하면 다음과 같다. 먼저 대다수 교사는 통일교육이 필요하다고 답하였다. 그러나 통일교육의 효과에 대해 부정적인 의견이 많았다. 상당수 교사는 통일교육이 학생들에게 통일을 강요하는 측면이 있으며 정치·사회적 상황의 영향을 많이 받는다고 답하였다. 젊은 연령대 교사들은 통일이 필요하지 않다거나 통일교육이 통일을 강요하는 측면이 있다는 점에 대해 눈에 띄게 높게 응답하였다.

통일교육 방법과 관련하여 교사들은 '강의(설명식 교육)', '동영상 시청', '퀴즈, 통일관련 게임, 이벤트 방식', '토의(토론식 수업)' 등을 많이 활용하고 있었다. 연령대별로 살펴보면 20대는 다른 연령대에 비해 '동영상 시청', '퀴즈, 통일관련 게임, 이벤트 방식', '토의(토론식 수업)', '협동과제(프로젝트) 수행' 등을 많이 활용하고 있다.

통일교육 관련 정보 획득 경로와 관련하여 실태조사에서는 '인터넷(포털, 블로그 등)', '계기교육 자료, 교내 특강, 교원연수 등', 'TV, 라디오 등 방송', '온라인 방송(유튜브, 웨이브 등)', '책(도서)', '신문, 잡지', 'SNS(카톡, 페이스북 등)' 순이었고 현장연구에서는 '통일교육원 자료', '포털사이트', '도서 및 연구자료', '교육부 자료', '유튜브', '교사커뮤니티' 등의 순이었다.

2. 통일교육에 주는 시사점

이 장에서는 통일교육 실행 주체로서 교사가 북한, 통일, 통일교육을 어떻게 인식하고 있는가에 주목하였다. 그동안 통일교육 연구에서 교사의 인식에 주목하고 개선 방향을 제시한 연구는 찾기 힘들었다. 사회가 복잡해지고 남북 분단은 장기화하고 있으며 세상을 바라보는 사람들의 인식은 다양해지고 있다. 분단 문제 해결을 위한 해법에 대해서도 다양한 견해가 공존하고 있다. 두 조사를 통해 교사들의 북한, 통일, 통일교육 인식에서도 다양성이 커지고 있음을 확인할 수 있다.

일반적으로 설문 결과를 해석할 때 평균값을 중심으로 전반적인 경향을 이해하게 된다. 사람들의 인식은 다양하게 분포하고 있고 다양한 인식의 주된 경향성은 평균값에 나타나 있기 때문이다. 그러나 교사 대상으로 벌인 설문조사 결과를 단순히 평균값으로 환산하여 이해할 때 놓칠 수 있는 중요한 문제가 있다. 교사의 인식은 교육과정과 교과서를 해석하고 그것을 학생들과 나누는 과정에서 매우 큰 영향을 미친다. 교육과정과 교과서에 제시된 통일교육 목표, 내용과 모순되는 관점을 지닌 교사는 교실에서 현실적인 어려움에 부딪힐 수밖에 없다. 따라서 교사의 응답 결과를 살펴볼 때는 평균값만이 아니라 세부 항목별 응답 결과에 나타난 소수 의견을 함께 살펴야 한다.

북한, 통일, 통일교육을 바라보는 시각이 다양해지고 있는 상황에서 통일교육은 어떻게 변해야 할까? 교사들은 현재 통일교육의 효과가 그다지 좋지 않고 통일교육이 학교밖으로부터 영향을 많이 받으며 학생들에게 통일을 강요하는 측면이 있어 교실에서 어려움이 있다고 말한다. 이러한 문제의 원인 중 하나는 통일교육이 학생들의 인지발달 단계를 고려하지 못하고 지나치게 높은 단계의 목표인 통일의 필요성과 당위성을 강조해 온 교육과정에 있다. 통일교육에서 다뤄지는 다양한 소재, 주제에 대한 관점의 다양성이 존중받지 못하는 교육과정이 장애요인이 되는 것이다.

통일교육에 대한 정치적·사회적 영향, 그리고 정치적 논란 가능성에 대한 우려 등은 남북관계와 북미관계의 변화 속에 교육과정과 교육 분위기가 연동되어 전개되는 현실과 관련이 깊지만 다른 한편 학부모의 통일에 대한 관점과 학교 통일교육의 관점이 다를 때 벌어지는 논란이 현실적으로 부딪히는 어려움이라 할 수 있다. 정치적 입장에 따라 통일 문제를 바라보는 시각이 상반되는 현실에서 교사들은 교육과정과 교과서를 그대로 가르치기만 해도 논란의 대상이 되기도 한다. 그러한 경험을 자신의 교육 활동에 의식적, 무의식적으로 투영한다.

교실은 좁게는 교사와 학생, 넓게는 학부모와 학교 행정가, 지역사회 등이 함께 유기적으로 영향을 주고받는 공간이다. 오늘날 학교에서 이루어지는 통일교육 논의는 옳고 그름을 떠나 당사자 중 한쪽이 소외되거나 불편함을 느끼게 만드는 구소다. 일부 학생과 교사가 논의의 장에서 소외된다면 그 교육 활동은 시작부터 의미가 퇴색될 수밖에 없다. 따라서 통일의 당위성, 필요성을 일방적으로 설득하는 통일교육에서 벗어나 분단문제와 통일 문제를 탐구하고 검토하고 학생들이 자기 삶의 관점에서 분단 현실을 이해하도록 하는 데 1차 목표를 둘 필요가 있다. 이는 통일의 필요성과 당위성 자체를 거부하는 것이 아니라 통일 문제를 둘러싼 보다 다양한 관점을 통일 논의의 대상으로 포함하려는 시도이다. 또한, 학습자의 자발적 참여를 강조하는 민주시민교육의 흐름과도 부합할 수 있다.

교사의 북한, 통일, 통일교육 인식에서 연령대별 차이는 매우 일관된 경향을 보이고 있다. 젊은 교사들은 통일교육의 효과, 교육과정의 적절성에 대해 다른 연령대보다 부정적으로 평가하고 있으며 통일교육이 필요하지 않다거나 통일을 강요하는 측면이 있다는 의견이 상대적으로 강하다. 통일교육의 정치적 논란 가능성에 대한 부담을 많이 느끼고 있다. 통일교육 관련 정보를 획득하는 경로도 높은 연령대와 차이를 보인다. 남북관계에서 획기적인 개선이 이루어지지 않는 한 향후 이러한 경향은 더 커질 것으로 보이고 이로 인한 교사 간 의견 불일치, 교사 인식과 교육과정에서 통일교육 방향의 불일치 등이 심화하여 문제가 발생할 수 있다.

통일교육 연구는 20대, 30대가 보이는 북한, 통일, 통일교육 인식의 원인을 구체적으로 밝히고 변화된 현실을 고려하여 교사들이 마음의 불편함을 느끼지 않도록 통일교육 정책과 교육과정을 새롭게 마련할 필요가 있다. 특히 정치적 논란에 대한 부담에서 벗어날 방안을 적극적으로 찾아야 한다. 정치적 논란으로부터 자유로운 교육과정과 교과서로의 개편이 필요하다. 앞서 언급한 바와 같이 통일교육이 통일 필요성을 전제한 가운데 통일의식 함양에 우선적인 목표를 상정하는 것에서 벗어나 통일 필요성 자체를 비판적 탐구의 대상으로 삼아 유연하고 실용적으로 접근할 필요가 있다.

수업에서는 '답정너'식 질문이 아닌 개방적인 질문을 통해 학생들이 각자의 견해를 충분히 제시하고 토론할 수 있도록 해야 한다. 아울러, 통일교육과 그것을 바라보는 사회적 시선 사이의 틈을 메워줄 수 있는 사회적 공감대 형성을 위한 노력이 필요하다. 단순히 학생, 학부모가 교육 방향에 대해 자기 생각과 다르다고 해서 민원을 제기하거나 그로 인해 교사가 곤란함을 겪는 일이 발생하지 않도록 정당한 교육 활동을 보호하는 법적, 제도적 장치도 마련되어야 한다.

참고문헌

국립통일교육원(2023),『2023년도 학교 통일교육 실태조사 결과보고서』, 서울: 국립통일교육원.

박제현·김병연·연혜경·이선희(2019), "통일, 통일교육 및 연수에 대한 교원의 인식 조사에 기초한 통일교육 활성화 방안 모색", 서울특별시교육청 교육연구정보원 현장연구 보고서.

이미리·조성연·길은배·김민(2014),『청소년학개론』, 서울: 학지사.

제3부

교육환경과 통일교육

PEDAGOGY OF UNIFICATION EDUCATION

제1장

통일교육 관련 법 규범

Ⅰ. 서론

Ⅱ. 헌법과 법률의 통일교육 관련 규정

Ⅲ. 시·도 교육청의 통일교육 관련 조례 분석

Ⅳ. 통일교육 관련 법 규범의 문제점

Ⅴ. 통일교육 활성화를 위한 법 규범의 개선 방향

제1장

통일교육 관련 법 규범

I 서론

정부 정책은 법적 토대 위에 실행된다. 민주주의 국가에서 주기적으로 정권이 교체되고 새로운 정부가 이전과 다른 정책을 시행하고자 하더라도 합당한 법적 근거가 없으면 계획 수립과 실행이 어렵다. 통일교육의 예를 들면, 문재인 정부 출범 후 통일교육의 가이드라인으로 '평화·통일교육: 방향과 관점'(이하 통일부 방향과 관점)을 발간하고 통일교육의 명칭을 '평화·통일교육'으로 바꾸었지만, 문서 내에서 법적 근거는 통일교육지원법의 '통일교육' 정의를 제시하고 해당 법의 테두리 내에서 일부 내용을 수정하였다(통일부 통일교육원, 2018: 6).

우리 사회에서 통일 문제는 첨예한 가치 갈등의 소재가 된 지 오래다. 이러한 현실에서 통일교육에 대한 사회 구성원의 가치판단 또한 매우 다양하다. 법 규범은 사회 구성원의 최소 합의를 반영하고 있다. 통일교육은 '헌법'과 '통일교육지원법'의 직접적인 영향을 받을 뿐 아니라, 통일교육을 실행하는 교사들은 '국가보안법'과 같은 법률에 간접적으로 영향을 받는다. '국가보안법'에 통일교육과 관련하여 구체적인 조항이 있지 않지만 통일교육의 일환으로 진행된 활동이 국가보안법 위반으로 처벌받은 사례가 다수 있고 그것을 교사들이 인식하고 교육활동에 영향을 받기 때문이다.[1] 또한 지방자치단체와 교육자치단체가 제정한 통일교육 관련 조례도 학교 통일교육의 법 규범으로 기능한다.

이처럼 통일교육의 현실을 진단하고 개선하기 위해서는 법적 근거에 대한 이해

1 관련 사례로 대법원 2012.12.27. 선고2010도1554 판결(http://glaw.scourt.go.kr/) 참고.

가 필요하다. 통일교육 연구에서 법 규범 관련 연구는 '통일교육지원법'을 중심으로 진행되어왔다. 소성규는 통일교육지원법의 입법 기능, 업무 추진체계, 운영 등 세 가지 측면에서 개정 방향을 검토하고 통일교육지원법의 개정 방안과 통일교육 관련 제도 개선 방안을 제시하였다(소성규, 2019). 김병연은 통일교육지원법의 정의와 기본원칙 조항을 중심으로 쟁점을 제시하고 학교 통일교육과 사회 통일교육 개념 정의 신설, 통일교육의 보편원칙으로서 자유민주주의 명시, 이주민을 포용하는 새로운 공동체의식 형성 강조 등을 개정 방안으로 제시하였다(김병연, 2018). 이미혜와 이은미는 통일교육지원법의 제정과정을 분석하여 통일교육지원법 제정에 대한 정치적 관심 저조, 주도적 정책선도가로서 통일부의 역할, 정치적 환경 조성이 주요 배경임을 밝혔다(이미혜·이은미, 2018). 오기성은 통일교육 추진을 위해 사회적 합의를 끌어낸 국내외의 다양한 사례를 검토하면서 한국의 통일교육지원법을 살펴보고 사회적 합의 제고 방안으로 내용 중심보다는 방법 중심의 최소 합의를 끌어내 통일교육 관련 구성원들이 수긍하도록 하는 것이 현실적임을 제안하였다(오기성, 2018). 정대진은 2018년 통일교육지원법 개정에 따른 지방정부의 역할로 지역대학과의 협업 강화, 교육담론과 강사풀 네트워크 구성, 통일교육 관련 전공 학과 개설 등 플랫폼 확대 등을 제시하였다(정대진, 2019).

한편 2010년대 들어 평화와 통일교육 활성화를 위한 지방자치단체의 조례 제정이 활성화되었다. 광역지방자치단체는 경기도의 '평화통일교육 활성화 조례'(2011) 제정 이후 13개 시도에서 조례를 제정하여 시행 중이다. 교육자치단체는 제주특별자치도교육청의 '제주특별자치도 각급 학교의 4·3평화교육 활성화에 관한 조례'(2013년), '통일교육 활성화 조례'(2016년) 등 14개 교육청에서 16개의 조례를 제정하여 시행 중이다. 이외에도 40여 개의 기초자치단체가 평화와 통일교육 활성화를 위한 조례를 시행하고 있다.

'헌법', '통일교육지원법', 지방자치단체 조례에 이르기까지 통일교육의 법적 근거가 다양해지고 있지만 관련 법 규범을 종합적으로 고찰한 연구를 발견하기 어렵다. 따라서 이 글에서는 '헌법'과 '통일교육지원법', 기타 남북관계에 관한 법률, 시·도 교육청 조례 등 통일교육 관련 법 규범이 통일교육의 정의, 목적, 이념, 방향 등과 어떻게 관련되어 있는가를 살펴보고 문제점과 개선 방향을 제시하고자 한다.

이를 위해 '헌법', '통일교육지원법', 시·도 교육청(이하 교육청) 조례를 중심으로 살펴보고, 통일교육에 간접적으로 영향을 미칠 수 있는 '남북관계 발전에 관한 법률', '남북교류협력에 관한 법률', '국가보안법' 등도 함께 살펴보고자 한다. 아울러 정부 차원의 규범이라 할 수 있는 통일부의 지침서, 교육부의 기본 계획 등을 함께 살펴보고자 한다.

Ⅱ 헌법과 법률의 통일교육 관련 규정

'헌법'은 전문에서 "조국의 평화적 통일"을 사명으로 제시하고 "민족의 단결"을 강조하고 있으며 "자유민주적 기본질서"를 확고히 하여 "항구적인 세계평화와 인류공영에 이바지"할 것을 선언하고 있다. 제3조 영토 규정은 "대한민국의 영토는 한반도와 그 부속도서"임을 명시하고 있는데, 이는 한반도에서 대한민국만을 합법 국가로 인정하고 북쪽 지역의 '조선민주주의인민공화국'은 인정하지 않음을 의미한다. 제4조에서는 "통일을 지향하며, 자유민주적 기본질서에 입각한 평화적 통일정책을 수립하고 이를 추진"해야 함을 밝히고 있다. 이러한 기반 위에 대통령의 의무(제66조, 제69조)를 명시하고 있다.

'통일교육지원법'은 1999년 2월 제정되어 학교 통일교육의 법적 근거가 되었다. 이 법에 근거하여 2016년까지 거의 매해 통일교육지침서를 발간하였다. 2018년 문재인 정부에서는 '평화·통일교육: 방향과 관점', 2023년 윤석열 정부에서는 '2023 통일교육 기본 방향'이라는 이름으로 지침서를 발간하였고 이들은 모두 통일교육지원법을 법적 근거로 제시하고 있다.

동법 제2조는 통일교육을 "자유민주주의에 대한 신념과 민족공동체 의식 및 건전한 안보관을 바탕으로 통일을 이룩하는 데 필요한 가치관과 태도를 기르도록 하기 위한 교육"으로 정의하고 있다. 또한 제3조 기본원칙에서 "자유민주적 기본질서를 수호"하고 "평화적 통일을 지향"하여야 함을 밝히고 있다. 제11조는 통일부장관의 의무규정으로 "통일교육을 하는 자가 자유민주적 기본질서를 침해하는 내용으로 통일교육을 하였을 때에는 시정을 요구하거나 수사기관 등에 고발"하여야 함을 명시하고 있다. 통일교육지원법의 통일교육 정의와 기본원칙은 헌법 전문과 제4조의 정신을 계승한 것으로 보인다.

한편 통일교육을 하는 교사들이 잠재적으로 의식하는 법률로 '국가보안법'이 있다. 이 법은 "국가의 안전을 위태롭게 하는 반국가활동을 규제함으로써 국가의 안전과 국민의 생존 및 자유를 확보함"을 목적으로 1948년 12월에 제정되어 여덟 차례 개정을 거쳐 현재에 이르고 있다. 제2조는 "정부를 참칭하거나 국가를 변란할 것을 목적으로 하는 국내외의 결사 또는 집단으로서 지휘통솔체제를 갖춘 단체"를 '반국가단체'로 정의하고 있다.

'헌법'과 '국가보안법'의 규정에 따르면 군사분계선 이북 지역을 점유하고 있는 조선민주주의인민공화국은 반국가단체에 해당한다. 또한 국가보안법 제7조는 "반국가단체나 그 구성원 또는 그 지령을 받은 자의 활동을 찬양·고무·선전"한 경우 처벌 대상임을 명시하고 있다. 이는 통일교육 과정에서 교사가 북한에 관해 설명한 내용을 북한에 대한 찬양, 고무, 선전 등으로 해석할 경우 처벌로 이어질 수도 있다는 점에서 통일교육에 영향을 미친다.

'국가보안법'은 남북한의 군사적 대치상황이라는 특수상황의 산물이지만 통일교육에는 걸림돌이 된 측면이 있다. 예를 들어, 교사들은 다른 주제와 달리 통일교육 자료를 인터넷에서 검색하여 활용하는 것에 소극적이다(조정아 외, 2019: 46). 그 이유는 과거 '국가보안법' 위반으로 처벌받은 교사의 사례를 경험적으로 학습해 온 것과 관련이 있다.[2] 조정아 등의 연구(2019)에서 인터뷰에 참가한 통일교육 관련 부처 담당자는 다음과 같이 말한다(24).

> 가장 큰 문제는 이념싸움 문제입니다. 그 이념싸움 문제 때문에 학교에 임용될 교사 같은 경우에는 선배교사들한테 이야기를 듣는 거죠. 이러이러해서 불이익을 받았다. 그러기 때문에 일단 통일교육 문제는 그 관심대상에서 제외를 시키는 거죠. 그리고 실제 교사분들 보면은 학부모한테 항의전화 받는 것은 뭐 일상사고요. 심한 경우에는 고소고발까지 당한 경우도 있더라고요.

학교에서 통일 문제를 다루는 것이 자칫 고소고발 상황으로 이어지는 가운데 교

2 관련 기사로 『오마이뉴스』, 2019년 7월 19일, 빨갱이 교사가 보낸 10년... 국가보안법이 모든 걸 망쳤다, 『노컷뉴스』, 2015년 3월 6일, 간디학교 최보경 교사, 국가보안법 무죄 확정 등 참고.

사들은 북한이나 통일 문제에 관심을 두고 참여하는 데 주저하지 않을 수 없다.

한편 '남북관계 발전에 관한 법률'은 남북관계를 "국가 간의 관계가 아닌 통일을 지향하는 과정에서 잠정적으로 형성되는 특수관계"(제3조제1항)로 규정하고, "남북관계의 발전은 자주·평화·민주의 원칙에 입각하여 남북공동번영과 한반도의 평화통일을 추구하는 방향으로 추진되어야"(제2조제1항) 함을 밝히고 있다. 또한 "정부는 남북화해와 한반도의 평화를 증진시키기 위하여 노력"(제6조제1항)해야 함을 명시하고 있고 "사회문화분야의 교류협력을 활성화함으로써 민족동질성을 회복하도록 노력"(제8조제1항)해야 함을 밝히고 있다. '남북교류협력에 관한 법률'에서도 한반도에서의 평화와 통일을 위해 "군사분계선 이남지역과 그 이북지역 간의 상호 교류와 협력을 촉진하기 위하여 필요한 사항을 규정"(제1조)하고 있다. 두 법률은 남북 간의 대등한 관계와 상호 존중의 관점을 반영하고 있다.

Ⅲ 시·도 교육청의 통일교육 관련 조례 분석

광역자치단체, 교육자치단체, 기초자치단체 등은 다양한 명칭의 통일교육 관련 조례를 제정하여 시행하고 있다. 국가법령정보센터 조례 검색을 통해 확인한 결과, 통일교육 관련 조례 현황은 〈표 1〉과 같다.

표 1 지방자치단체 조례의 교육 명칭과 현황 [2020년 3월 기준]

구분	통일교육	평화통일교육	평화·통일교육	기타	합계
광역지방 자치단체	6	4	2	·	12
교육청	6	2	6	1(통일·안보교육) 1(4·3평화교육)	16
기초지방 자치단체	12	27	·	1(평화 담은 혁신 교육지원센터)	40
합계	24	33	8	3	68

12개의 광역지방자치단체에서 각 1건, 14개의 교육청에서 16건[3], 40개의 기초지방자치단체에서 각 1건의 조례를 제정, 시행하고 있다. 이 글에서는 평화와 통일교육 관련 16건의 교육청 조례를 중심으로 살펴보고자 한다. 이렇게 연구 범위를 정한 이유는 교육청 조례가 학교 통일교육에 직접 영향을 미치고 있기 때문이다. 따라서 조례의 법적 근거, 교육 명칭과 개념 정의, 교육 이념과 방향 등을 중심으로 살펴보고자 한다.

1. 법적 근거

교육청이 제정한 조례는 대부분 「통일교육지원법」을 법적 근거로 제시하고 있다(표 2).

표 2 시·도 교육청 조례의 법적 근거 [2020년 3월 기준]

지역	조례명	법적 근거
강원	평화·통일교육 활성화 조례	통일교육 지원법 제3조
경기	통일교육 활성화 조례	통일교육 지원법 제3조
경남	통일·안보교육 지원 조례	국가보훈 기본법 제3조
	평화·통일교육 활성화 조례	·
대전	통일교육 활성화 조례	·
부산	통일교육 활성화에 관한 조례	통일교육 지원법 제3조
서울	평화·통일교육 활성화 조례	통일교육 지원법 제3조
세종	평화·통일교육 진흥에 관한 조례	통일교육 지원법
울산	평화·통일교육 활성화 조례	통일교육 지원법 제3조
인천	평화·통일교육 활성화 조례	통일교육 지원법 제3조
전남	평화통일교육 활성화 조례	통일교육 지원법 제4조 제3항
전북	평화통일교육 활성화 지원 조례	통일교육 지원법

3 국가법령정보센터에서 '통일'과 '평화'를 키워드로 검색한 결과(2020.3.19. 기준) 광주광역시교육청, 대구광역시교육청, 경상북도교육청 등은 관련 조례를 제정하지 않은 것으로 확인되었다. 한편 경상남도교육청의 경우 '통일·안보교육 지원 조례'와 '평화·통일교육 활성화 조례'가 있다. 제주특별자치도교육청의 경우 '통일교육 활성화 조례' 외에도 지역 특색을 반영한 '제주특별자치도 각급학교의 4·3 평화교육 활성화에 관한 조례'를 제정, 시행하고 있다.

제주	통일교육 활성화 조례	통일교육 지원법 제3조
	제주특별자치도 각급학교의 4·3평화교육 활성화에 관한 조례	제주4·3사건 진상규명 및 희생자 명예회복에 관한 특별법
충남	통일교육 활성화에 관한 조례	통일교육 지원법 제3조
충북	통일교육 진흥 조례	·

대전, 충북 교육청은 법적 근거를 명시하지 않았다. 경남의 '통일·안보교육 지원 조례'는 국가보훈기본법을 법적 근거로 제시하였고, '평화·통일교육 활성화 조례'는 법적 근거를 제시하지 않았지만, 통일교육의 목적을 "자유민주적 기본질서를 수호하고 평화적 통일을 지향"(경상남도조례 제4544호 제2조)한다고 밝힘으로써 헌법과 통일교육지원법과 같은 맥락에 있음을 알 수 있다. 충북의 경우 "자유민주주의에 대한 신념과 민족공동체의식 및 건전한 안보관을 바탕으로 통일을 이룩하는 데 필요한 가치관과 태도를 기르도록 하는 교육"(충청북도조례 제4197호 제2조)을 정의로 제시하고 있다. 이는 '통일교육지원법'의 기본원칙(제3조)과 정의(제2조) 등을 원용하고 있는데 법적 근거가 동법에 있음을 간접적으로 밝히고 있다. 대전의 경우 법적 근거를 찾기 어렵다. 한편 제주의 '제주특별자치도 각급학교의 4·3평화교육 활성화에 관한 조례'는 '제주4·3사건 진상규명 및 희생자 명예회복에 관한 특별법'을 법적 근거로 밝히고 있다.

2. 교육 명칭과 개념 정의

조례에 담긴 교육 명칭은 교육청별로 다양하다. 경기, 대전, 부산, 제주, 충남, 충북은 '통일교육'을 사용하고 있다. 충북의 경우 통일교육의 정의를 '통일교육지원법'과 동일하게 제시하고 있고, 그 외 교육청은 통일교육에 대한 정의를 별도로 제시하지 않고 있다. 대전을 제외한 나머지 교육청이 법적 근거를 통일교육지원법에 두고 있음을 고려할 때 '통일교육지원법' 제2조 1항의 정의를 받아들이면서 이의 활성화를 위한 조례를 제정한 것으로 보인다. 대전은 "학생이 통일에 대한 가치관과 태도를 함양하도록 통일교육 활성화에 필요한 사항을 규정함"(대전광역시조례 제5036호)을 제시하고 있다.

전남과 전북은 '평화통일교육'이란 교육 명칭을 사용하고 있다. 두 교육청은 법적 근거를 통일교육지원법에 두고 있지만 '평화통일교육' 용어의 정의를 별도로 제시하지 않고 있다. 조례 제정의 목적으로 "소속 학교에서 평화통일교육을 활성화하기 위하여 필요한 사항을 정하는 것"(전라남도조례 제4802호 제1조, 전라북도조례 제4315호 제1조)을 제시하고 있다.

교육 명칭에 대한 정의는 명시적으로 드러나지 않았지만 "평화통일교육은 평화통일에 대한 긍정적인 인식을 제고하고 적극적인 실천 의지와 역량을 함양하도록 한다"(전라남도조례 제4802호 제2조), "민족공동체 의식과 평화문화를 증진시키고 남북관계 발전에 기여하는 방향", "민족의 평화적 통일 지향"(전라북도조례 제4315호 제2조) 등의 기본 방향을 통해 평화통일교육이 통일을 지향하는 태도를 갖도록 만드는 교육으로 이해되고 있음을 알 수 있다.

표 3 시·도 교육청별 조례에 사용된 교육 명칭 [2020년 3월 기준]

구 분	통일교육	평화통일교육	평화·통일교육	기타
교육청	경기 / 대전 부산 / 제주 충남 / 충북	전남 전북	강원 / 경남 / 서울 세종 / 울산 / 인천	• 통일·안보교육: 경남 • 평화교육: 제주

강원, 경남, 서울, 세종, 울산, 인천은 평화·통일교육이란 이름을 사용하고 있다. 조례에 용어에 대한 정의는 없지만 "통일을 이룩하는 데 필요한 가치관과 태도를 함양", "민족공동체 의식 함양을 통한 통일 실현 의지 고양"(강원도조례 제4356호 제2조) 등의 기본 방향, "자유민주적 기본질서를 수호하고 평화적 통일을 지향"(경상남도조례 제4544호 제2조), "통일실현 의지를 고양하기 위하여"(서울특별시조례 제7125호 제2조), "학생들의 올바른 통일에 관한 가치관과 태도를 함양하기 위하여"(세종특별자치시조례 제1330호 제2조), "통일실현 의지를 고양하기 위하여"(울산광역시조례 제2099호), "평화·통일교육을 활성화하기 위하여"(인천광역시조례 제6225호 제1조) 등의 목적을 보면 '평화·통일교육'이 통일교육, 평화통일교육과 크게 다르지 않음을 알 수 있다.

경남의 경우 '통일·안보교육 지원 조례'(경상남도조례 제4297호 제2조)를 별도로 제정, 시행하고 있는데 '통일·안보교육'의 정의가 「통일교육지원법」상의 정의와 같다. 법 규정의 측면에서 '통일교육', '평화통일교육', '평화·통일교육', '통일·안보교육'

등이 사실상 의미의 구분 없이 사용되고 있다. 각 교육청은 다양한 명칭의 조례를 시행하고 있지만, 용어에 대한 개념 정의가 비슷하고 실제 쓰임에 있어 구분이 어렵다. 또한 대부분 법적 근거를 통일교육지원법에 두고 있어 교육 명칭의 차이에 따른 의미를 찾기 어렵다.

3. 교육 이념과 방향

기본 이념을 조례에 반영한 교육청은 〈표 4〉와 같다. 경기를 비롯한 여섯 개 교육청은 교육 이념으로 "1. 민족공동체 의식 함양을 통한 통일실현 의지 고양, 2. 보편적 가치인 평화와 인권을 기반으로 하는 통일관 확립, 3. 다문화 교육, 북한 이해 교육 등을 기반으로 하는 상호 간의 이해, 배려, 소통능력 배양"을 제시하였다.

표 4 시·도 교육청 조례의 기본 이념 [2020년 3월 기준]

구분	기본 이념
공통	1. 민족공동체 의식 함양을 통한 통일실현 의지 고양 2. 보편적 가치인 평화와 인권을 기반으로 하는 통일관 확립
경기 / 경남 / 부산 서울 / 울산 / 충남	3. 다문화 교육, 북한 이해 교육 등을 기반으로 하는 상호 간의 이해, 배려, 소통능력 배양
강원 / 세종	3. 통일과정의 평화적 실천을 위해 상호문화를 존중하고 배려, 소통, 협력을 기반으로 하는 시민적 태도 함양 4. 평화·공존의 관점을 기반으로 미래 세대의 통일 역량 증진
인천	3. 다문화 교육, 평화·공존 교육, 북한 이해 교육 등을 기반으로 하는 상호 간의 이해, 배려, 소통, 포용, 협력 능력을 가진 시민적 태도 함양 4. 평화·공존 및 공동번영이란 인류 공통의 가치에 기초한 남북 교육교류 활성화 의지 고양
제주	3. 북한 이해 교육 등을 기반으로 하는 상호 간의 이해, 배려, 소통 능력 배양

강원과 세종의 경우 경기 등과 1, 2번 항목은 같고 "3. 통일과정의 평화적 실천을 위해 상호문화를 존중하고 배려, 소통, 협력을 기반으로 하는 시민적 태도 함양, 4. 평화·공존의 관점을 기반으로 미래 세대의 통일 역량 증진"을 제시하고 있다. 인천 역시 1, 2번 항목은 앞의 교육청과 같고 3번은 유사하며 '4. 평화·공존 및 공동번영

이란 인류 공통의 가치에 기초한 남북 교육교류 활성화 의지 고양'을 추가하였다. 제주의 경우 1, 2번 항목은 같고 "3. 북한 이해 교육 등을 기반으로 하는 상호 간의 이해, 배려, 소통능력 배양"을 제시하고 있다. 제주는 내용이 유사한 다른 교육청과 달리 '다문화교육'을 포함하지 않았다.

전남과 전북은 〈표 5〉와 같이 기본 방향을 제시하고 있다.

표 5 시·도 교육청 조례의 기본 방향 [2020년 3월 기준]

구분	기본 방향
전남	1. 평화통일 주체로서 객관적이고 균형 있는 사고 함양 2. 평화통일에 대한 다양한 사고 및 관용정신 함양 3. 평화, 자유, 민주 가치 실현 4. 지역사회와 연계된 통일 환경 기반 구축
전북	1. 자유·민주 가치의 실현 2. 민족의 평화적 통일 지향 3. 통일 주체로서의 자각 및 인식의 확산 4. 7·4 남북공동성명, 남북 사이의 화해와 불가침 및 교류·협력에 관한 합의서, 6·15 남북공동선언 및 남북관계 발전과 평화번영을 위한 선언의 실현 5. 개인적·당파적 이해의 배제 6. 지역사회 통일 환경 기반 구축

전남은 기본 방향으로 "평화통일 주체로서 객관적이고 균형 있는 사고 함양", "평화통일에 대한 다양한 사고 및 관용정신 함양" 등을 제시하고 있다. "평화통일에 대한 긍정적인 인식을 제고"하되 "평화통일에 대한 다양한 사고 및 관용정신 함양"을 포함함으로써 통일 문제에 대한 다양한 관점을 존중할 것을 강조하고 있다. 전북은 기본 방향으로 "통일 주체로서의 자각 및 인식의 확산"을 강조하고 있다. 학생을 교육 대상으로서만 바라보지 말고 통일 주체로서 자각하고 인식할 수 있도록 해야 한다는 점은 전남과 일치하며 다른 교육청과 구분되는 특징이다.

대전과 충북은 교육 이념이나 방향을 별도로 제시하지 않았다. 또한, 경남의 '통일·안보교육 지원 조례'와 제주의 '제주특별자치도 각급학교의 4·3평화교육 활성화에 관한 조례'에서도 이념이나 방향을 별도로 제시하지 않았다.

요약하면, 조례를 제정한 교육청은 대부분 교육 이념이나 방향으로 '민족공동체

의식', '보편적 가치'를 강조하고 있으며 '다문화 교육', '북한 이해 교육', '상호문화 존중 교육' 등을 포함하기도 한다. 전남은 다른 교육청과 달리 '민족공동체 의식'을 강조하지 않았다. 전남과 전북의 경우 학생들을 '통일 주체'로 인식하고 있다는 점이 두드러진다.

Ⅳ 통일교육 관련 법 규범의 문제점

학교 통일교육에 영향을 주는 제 규범을 [그림 1]과 같이 나타낼 수 있다. '헌법', '통일교육지원법', 각 시·도 교육청 조례는 학교 통일교육에 직접 영향을 미치는 법 규범에 해당한다. '국가보안법', '남북교류협력에 관한 법률', '남북관계발전에 관한 법률', 지방자치단체 조례 등은 간접적으로 영향을 미치는 법 규범으로 볼 수 있다.

법률은 아니지만, 학교 통일교육의 규범 역할을 하는 것으로, 통일부의 '평화·통일교육: 방향과 관점' 또는 '2023 통일교육 기본 방향', 통일교육 기본계획, 교육부의 교과 교육과정, 학교 평화·통일교육 활성화 계획, 교육청 단위 기본계획 등을 들 수 있는데 이들은 교육청 공문이나 교과서를 통해 학교 통일교육에 직접적으로 영향을 미친다. 이 글에서는 학교 통일교육에 영향을 미치는 통일부, 교육부, 시·도 교육청 단위 문서를 함께 검토하면서 법 규범의 문제점을 중심으로 논하고자 한다.

그림 1 학교 통일교육의 규범 체계

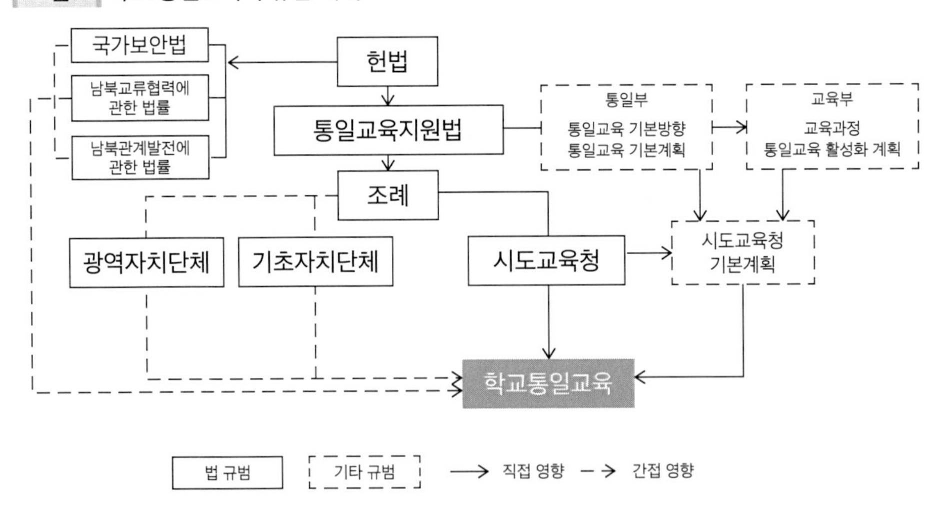

첫째, 통일교육 관련 교육 활동의 명칭과 그 의미가 분명하지 않다. 교육 명칭은 매우 다양하게 사용되고 있으나 교육의 정의, 목적 등에서 차이를 발견하기 어렵다. 조례에서 '통일교육' 외에도 '평화통일교육', '평화·통일교육', '통일·안보교육' 등 다양한 교육 명칭을 사용하고 있지만, 그러한 용어를 채택한 배경과 개념 정의에서 차이가 분명하지 않다. 일부 교육청의 경우 '통일·안보교육'이라는 용어를 사용하면서 '통일교육지원법'의 '통일교육' 개념 정의를 원용하고 있다.

교육 명칭에 사용되는 '평화', '안보' 등의 단어에는 교육의 목적, 내용, 방법 등을 함축적으로 나타내는 것으로 명칭이 다르면 그에 맞는 교육의 정의와 내용이 변화되어야 한다. 실제 내용에서 차이가 없음에도 서로 다른 명칭을 사용하는 것은 현장 교사들을 혼란스럽게 하고 교육 활동에서 일관성을 확보하지 못하게 하는 원인이 된다. 예를 들어, 통일교육지원법을 법적 근거로 삼고 있는 문재인 정부의 '평화·통일교육: 방향과 관점'은 '평화·통일교육'을 새로운 교육 명칭으로 제시하였지만, 문서에는 통일교육지원법의 '통일교육' 정의를 제시하고 내용을 전개하였다. 교육청 조례와 기본계획 비교를 통해서도 일관성 부족 문제를 확인할 수 있다. 교육청 조례와 기본계획에 사용된 교육 명칭은 〈표 6〉과 같은데, 조례와 기본계획에서 같은 명칭을 사용하는 교육청은 단지 5곳에 불과하다.

예를 들어, 강원의 경우 조례는 '평화·통일교육', 기본계획에서는 '글로컬 평화교육'을 사용하고 있고, 기본계획에서 통일교육, 평화·통일교육 등을 혼용하고 있다(강원도교육청, 2019: 1-2). 서울은 '평화·통일교육'을 채택하고 있지만, 문서 내에서 평화교육, 통일교육 등을 혼용하고 있다(서울특별시교육청, 2019: 3, 8). 시기에 따른 용어의 변화, 같은 교육청의 조례와 계획에서 다른 용어를 사용하는 것은 관련 활동의 지향점과 정체성이 분명하지 못함을 보여준다.

표 6 조례와 기본계획에 사용된 교육 명칭 [2020년 3월 기준]

교육청	교육 명칭	
	조례	기본계획
강원	평화·통일교육	글로컬 평화교육(통일교육, 평화·통일교육)
광주	-	평화통일교육

경기	통일교육	평화통일교육
경남	평화·통일교육, 통일·안보교육	평화·통일교육
경북	-	통일교육(평화·통일교육)
부산	통일교육	평화·통일교육
대구	-	학교평화·통일교육
대전	통일교육	평화·통일교육
서울	평화·통일교육	평화·통일교육(통일교육, 평화교육)
세종	평화·통일교육	평화·통일교육
인천	평화·통일교육	학교평화·통일교육
울산	평화·통일교육	평화·통일교육
전남	평화통일교육	평화·통일교육
전북	평화통일교육	평화통일교육
제주	통일교육	평화통일교육
충남	통일교육	평화·통일교육
충북	통일교육	평화·통일교육

둘째, 당위성과 필요성을 강조하는 통일교육의 목적이 타당한가에 대한 문제가 제기된다. 규범의 속성상 당위를 전제하는 것이 자연스러운 것일 수 있으나, 통일을 '반드시 이루어야 할 좋은 것'으로 전제하는 방식이 교육적으로 적절한가의 문제이다. 대부분 통일교육 관련 규범은 통일을 당위적 과제로 제시하고 필요성을 인식하며 통일실현 의지를 기르는 것을 목적으로 하고 있다. 이는 '헌법'과 '통일교육지원법'과 궤를 같이하고 있다. 마찬가지로 다수의 교육청은 조례의 교육 이념과 방향에서 "민족공동체 의식 함양을 통한 통일실현 의지 고양", "보편적 가치인 평화와 인권을 기반으로 하는 통일관 확립"을 제시(강원, 경기, 경남, 부산, 서울, 세종, 울산, 인천, 제주, 충남)하고 있다.

일부 교육청 조례는 큰 틀에서 이러한 방향을 포함하고 있지만, 다른 한편으로 다소 상반된 흐름이 감지된다. 전남과 전북은 평화통일교육의 기본 방향으로 "평화통일 주체로서 자각과 인식 확산"과 "평화통일에 대한 다양한 사고 및 관용정신 함양", "평화, 자유, 민주 가치 실현" 등을 제시하고 있다.

학생을 통일의 주체로서 인정한다는 것은 통일 문제에 대한 결정권이 미래 시민인 학생들에게도 있음을 전제하는 것이다. 학생은 통일의 필요성을 수동적으로 받아들이기만 하는 것이 아니라 능동적으로 검토하고 가치판단을 하는 존재라는 가정이 함께 전제되어 있다. 또한, 다양한 사고에 대해 관용정신을 함양한다는 것은 통일에 대한 다양한 입장 중 어느 하나를 배제하지 않고 두루 포용할 수 있어야 함을 의미한다. 학생 입장에서 평화, 자유, 민주 가치의 실현과 통일의 인과관계를 논리적으로 이해하기 어려울 수 있는데 그러한 생각도 존중되어야 한다는 것이다.

마지막으로, 범 규범에는 통일이 긍정적인 미래를 가져다줄 것이라는 판단이 포함되어 있는데 이에 대한 검토가 필요하다. 남북 분단이 장기화하면서 통일을 더 이상 '소원'으로 받아들이지 않는 시민이 증가하고 있고, 학생 또한 다양한 입장을 표현하고 있는 상황을 고려해 통일교육 목적의 타당성을 재검토해야 한다.

통일을 당위적 과제로 설정하고 필요성을 설득하는 교육은 실제 수업에서 많은 어려움에 직면하게 된다. 학생들은 학교 교육뿐만 아니라 사회의 다양한 변수와의 상호작용하면서 통일 문제에 대해 다양한 견해를 가지고 수업에 참여한다. 초중고 학생들은 통일의 필요성에 대해 '필요하다' 49.8%, '필요하지 않다' 38.9%로 응답하였다(국립통일교육원, 2023: 148). 남북관계, 국제 정세 등의 변화에 따라 이러한 응답률은 역동적으로 변화한다.

당위성과 필요성 이해를 목표로 설정하고 수업할 때 교사는 다양한 입장을 가진 학생들의 견해에 대해 관용의 태도를 갖기 어렵고 학생 사이에서 활발한 논쟁을 격려하기 어렵다. 통일실현 의지 함양이라는 교육과정 성취기준을 벗어나는 결과가 초래될 수 있기 때문이다.

셋째, 통일교육과 관련된 규범들에는 시민으로서 학습자에 대한 고려가 반영되어 있지 못하다. 달리 표현하면 법을 제정한 주체인 국가 또는 교육청 차원의 교육활동 목적은 드러나지만, 교육 현장의 관점, 학생의 관점에서 이 문제를 어떻게 수용하고 새롭게 해석하도록 할 것인가에 대한 고민은 부족하다.

통일교육은 이론화된 공식을 적용하여 수학 문제를 푸는 것과 같은 논리적 사고만으로 이루어질 수 없다. 통일을 중심에 둔 논의는 통일 그 자체가 갖는 의미에 관한 논리적 탐구뿐만 아니라 북한이라는 상대에 대한 다양한 가치판단, 남북관계 인식, 국제 정세 인식, 학습자 개인이 축적해온 다양한 삶의 경험 등을 통해 총체적으로 형성해가는 가치판단의 성격이 강하다.

관련하여 통일교육원과 교육청의 기본계획에서는 통일교육을 통해 '시민교육'이 이루어져야 한다고 강조하였다. 통일부 지침에서는 5가지 목표를 제시하였는데 그 중 '민주시민의식 고양'을 포함하였다(통일부 통일교육원, 2018: 8). 교육부와 교육청의 기본계획에서도 '민주시민', '평화시민' 등 표현에서 차이는 있지만, 시민 양성을 비전과 목표로 제시하였다(교육부, 2018; 강원도교육청, 2019; 경기도교육청, 2019).

법 규범, 특히 통일교육에 관하여 직접 규정하고 있는 '통일교육지원법'과 시·도 교육청 조례는 규범 제정의 목적을 제시하면서 동시에 그러한 목적을 달성하기 위해 교육적이고 효과적인 접근 방법에 대한 고려가 필요하다. 제시되는 규범의 목적을 접하는 학습자들이 어떻게 받아들일 것인지, 현장 교사들이 교육 활동을 하는 가운데 마주하게 되는 어려움 등에 대해 숙고하여 규정함으로써 학생과 교사가 원활하게 학습에 참여할 수 있도록 해야 한다.

V 통일교육 활성화를 위한 법 규범의 개선 방향

이 장에서는 앞서 제시한 통일교육 관련 법 규범의 문제점에 대한 개선 방향을 제시하고자 한다. 현행 법 규범은 실정법으로서 존중되어야 한다. 다만, 1987년 6월 항쟁 이후 개정된 '헌법'은 30여 년 전의 남북관계와 분단 현실을 반영한 결과물이고, '통일교육지원법'은 1999년 당시 남북관계와 국민의 통일, 북한 인식을 반영한 사회적 합의로, 오늘날 변화한 남북관계와 국민의 통일 인식, 북한 인식을 반영하는 데 한계가 있을 수 있음을 인정해야 한다. 이러한 관점에서 통일교육 활성화를 위해 '통일교육지원법'과 시·도 교육청 조례 등의 개선 방향을 다음과 같이 제시할 수 있다.

첫째, 법 규범에서 사용하는 교육 활동의 명칭을 일관성 있게 사용해야 한다. 문재인 정부에서 변화를 시도했던 '평화·통일교육'은 도입 취지를 충분히 수용하더라도 법적 근거와 조화를 이루지 못하고 활동의 정의와 지향점이 분명하지 않았다. 윤석열 정부 들어 명칭이 다시 '통일교육'으로 회귀한 것은 이러한 불안정성을 잘 보여준다.

정권교체와 상관없이 지속해서 사용 가능한 명칭을 사용해야 한다. 논쟁을 최소화하면서 선택 가능한 명칭은 '통일교육'이다. 「헌법」과 「통일교육지원법」이 평화적 통일을 지향하고 있다는 점에서 새로운 개념 정의가 동반되지 않는 '평화·통일교육'은 옥상옥에 불과할 수 있다. 관련하여 교육청 조례에서도 교육 목적과 내용이 새로운 지향을 갖는 것이 아니라면 명칭을 일치할 필요가 있다. 이는 사회적으로 익숙하게 통용되고 있는 용어를 사용함으로써 부가적인 수식이 필요하지 않다는 장점이 있다.

장기적으로 통일교육이 '통일을 위한 교육'에 초점을 두고 학생들에게 통일에 대한 긍정적 인식을 하도록 하는 데 주안점을 두어온 것에 대한 거부감과 불편함이 증가하고 있는 현실을 반영하여 개념 정의를 보완할 필요가 있다. 교육의 목적을 통일의 당위성과 필요성 설득이 아니라 통일 문제 그 자체에 대한 다양한 관점을 탐구하고 토론하는 과정을 통해 자기 입장을 갖고 미래를 준비할 수 있는 역량을 기르는 데 초점을 둘 필요가 있다. 법 규범의 개정이 선행되어야 하겠지만 남북관계에 관한 교육, 즉 '남북관계교육'이 대안이 될 수 있다.

둘째, 법 규범에서 통일교육의 정의는 한반도와 직간접적으로 연결되어 영향을 주고받는 다양한 주체들의 평화와 번영을 이루기 위한 교육으로 개념을 확장해야 한다. 교육을 통해 이루고자 하는 이상적인 미래는 남한 사람, 북한 사람, 재외교포를 포함하여 한반도와 인연을 맺고 살아가는 다양한 사람과 국가의 공동번영을 어떻게 이룰 것인가에 초점을 두고 전개되어야 한다. 이는 통일교육의 보편성을 확보하는 데에도 이바지할 수 있다.

이러한 방향성에 대해 '통일교육이 통일을 포기하는 것인가?'라는 비판이 제기될 수 있다. 그러나 학생들이 살아가게 될 미래의 평화와 번영을 이룰 방안으로 교육의 과정에서 통일을 검토함으로써 기존의 통일교육에 대한 정의를 포함할 수 있다. 교사가 통일의 당위성과 필요성을 설명하고 설득하는 식의 단편적인 방식은 잠재적 교육과정을 통해 다양한 통일의식을 내면화하고 있는 학생의 가치관을 하나로 모으는 데 한계가 있고 교육 목적 달성과 무관하게 불필요한 논쟁에 그칠 수 있다.

통일에 대해 회의적이거나 반대 견해를 가진 학생, 북한에 대해 불편한 감정을 지닌 학생들이 수업에 참여할 수 있는 분위기를 조성할 수 있도록 교육 목적과 성취

기준이 수정되어야 한다. 관련하여 독일 정치교육의 원칙으로 제시된 교화 금지, 논쟁성 확보, 학습자의 이해관계 인지 등 보이텔스바흐 합의의 원칙을 남북관계에 관한 교육의 교수·학습 방법에 적용할 필요가 있다. 남북관계와 한반도에서 미래의 삶에 대한 다양한 가능성을 열어 두고 어떻게 만들어가야 할 것인지를 탐구하도록 할 때 학생은 북한과 통일 문제에 더 관심을 줄 수 있고 보다 실질적인 교육이 이루어질 수 있다.

셋째, 통일교육에 관한 법 규범은 학습자에 관한 관점을 능동적인 학습 주체로 설정할 필요가 있다. 앞서 소개한 통일부의 지침, 기본계획, 교육부의 교육과정, 기본계획 등은 공통으로 통일교육에서 '시민교육'을 강조하고 있다. 통일교육과 같이 사회적으로 논쟁이 되는 문제를 다루는 수업에서 학생들은 교사가 준비해서 가르쳐 주는 지식을 단지 받아들이는 존재로 설정되어서는 곤란하다. 자신의 관점에서 비판적으로 이해하고 찬성과 반대를 포함한 다양한 입장을 내면화하는 존재로 인식해야 한다.

이러한 관점에서 전남과 전북 교육청 조례에서 제시한 기본 방향에 주목할 필요가 있다. 전남과 전북 조례는 공통으로 학생을 통일 주체로서 자각하고 인식할 수 있도록 해야 함을 강조하고 있다. 통일 문제와 북한에 대해 무관심하거나 무지하고 심지어 혐오의 태도를 보이는 학생들이 증가하고 있는 현실에서 통일교육이 학생 자신의 삶과 밀접하게 연관되어 있고 그 과정에서 학생 자신이 주체라는 것을 인식하도록 하는 것은 매우 중요하다.

법 규범의 일관성을 강조하는 것이 통일교육의 내용과 방법에서도 같아야 한다는 것은 아니다. 교육청 조례의 통일교육 내용과 방법은 교육 목적을 효과적으로 달성하기 위해 지역적 특성을 반영하여 다양성이 확보될 수 있어야 한다. 예를 들어, 군사분계선과 인접해 있는 경기와 강원은 이러한 지역 현실을 활용한 교육 활동을 중점 활동으로 반영할 수 있고, 광주와 전남은 5·18 광주민주화운동과 분단, 통일의 관계를 중심으로 특색 있는 교육을 펼칠 수 있다. 지역에서 분단, 통일, 평화의 문제를 다룰 수 있는 소재와 주제를 다양하게 발굴하여 적용할 때 보다 생동감 있고 학생들의 삶과 밀접한 통일교육이 가능해진다.

통일교육 관련 법 규범은 법적 체계뿐만 아니라 사회의 복잡한 변화와 유기적으로 연결되어 있다. 이 글에서 제시한 개선 방향에 대한 논의는 교육계의 노력만으로는 이루어질 수 없다. '헌법'과 법률, 조례가 유기적으로 조화를 이룰 수 있도록 개정될 때 학교 통일교육이 교육적 관점에서 일관성 있게 지속해서 실행될 수 있다.

참고문헌

강원도교육청(2019), “2019 글로컬 평화교육 기본계획”, 춘천: 강원도교육청.

경기도교육청(2019), “평화통일교육 활성화 계획”, 수원: 경기도교육청.

경상남도교육청(2019), “2019학년도 경남 평화·통일교육 계획”, 창원: 경상남도교육청).

경상북도교육청(2019), “2019 학교 통일교육 기본계획”, 안동: 경상북도교육청.

교육부(2018), “학교 평화·통일교육 활성화 계획”, 세종: 교육부.

광주광역시교육청(2019), “2019년 평화통일교육 활성화 계획”, 광주: 광주광역시교육청.

국가법령정보센터, http://www.law.go.kr/, 검색어: 국가보안법, 남북관계 발전에 관한 법률, 헌법, 통일교육지원법, ‘통일교육, 통일·안보교육, 평화통일교육, 평화·통일교육’ 관련 조례.

국립통일교육원(2023), 『2023 학교 통일교육 실태조사 결과보고서』, 서울: 국립통일교육원.

김병연(2018), “통일교육지원법의 쟁점과 개정 방안 연구”, 『도덕윤리과교육연구』, 58.

노컷뉴스(2019), “간디학교 최보경 교사, 국가보안법 무죄 확정”, https://www.nocutnews.co.kr/news/4389031, 2015.3.6.

대구광역시교육청(2019), “2019학년도 학교평화·통일교육 기본계획”, 대구: 대구광역시교육청.

대법원 선고2010도1554 판결, http://glaw.scourt.go.kr/, 2012.12.27.

대전광역시교육청(2019), “2019학년도 평화·통일교육 활성화 계획”, 대전: 대전광역시교육청.

부산광역시교육청(2019), “2019 민주시민교육 기본계획”, 부산: 부산광역시교육청.

서울특별시교육청(2019), “2019 평화·통일교육 기본계획”, 서울: 서울특별시교육청.

소성규(2019), “통일교육지원법의 개정 방향”, 『법과 정책연구』, 19(3).

세종특별자치시교육청(2019), “2019년 평화·통일교육 기본계획”, 세종: 세종특별자치시교육청.

오기성(2018), “학교 통일교육의 사회적 합의를 위한 탐색: 독일과 한국의 사례를 중심으로”, 『교육문화연구』, 24(5).

오마이뉴스, “빨갱이 교사가 보낸 10년... 국가보안법이 모든 걸 망쳤다”, http://www.cbinews.co.kr/news/articleView.html?idxno=128684, 2019.7.19.

울산광역시교육청(2019), “2019년 평화·통일교육 활성화 기본계획”, 울산: 울산광역시교육청.

이미혜·이은미(2018), “‘통일교육지원법’ 정책변동에 관한 연구”, 『사회과학논집』, 49(1).

인천광역시교육청(2019), “2019 학교평화·통일교육 기본계획”, 인천: 인천광역시교육청.

조정아·박주화·김지수·정용민·김병연(2019), 『학교 평화·통일교육 체계 및 활성화 방안 연구』, 서울: 통일연구원.

전라남도교육청(2019), “2019 평화·통일교육 활성화 계획”, 무안: 전라남도교육청.
전라북도교육청(2019), “2019 학교 평화통일교육 지원 계획”, 전주: 전라북도교육청.
정대진(2019), “통일교육법제 변화와 지방정부의 역할-경기도를 중심으로-”, 『통일연구』, 23(1)
제주특별자치도교육청(2019), “2019년 평화통일교육 활성화 계획”, 제주: 제주특별자치도교육청.
충청남도교육청(2019), “2019학년도 평화·통일교육 추진 계획”, 홍성: 충청남도교육청.
충청북도교육청(2019), “2019 학교 평화·통일교육 활성화 계획”, 청주: 충청북도교육청.
통일부 통일교육원(2018), 『평화·통일교육: 방향과 관점』, 서울: 통일교육원.

제2장

통일교육지원법의 쟁점

Ⅰ. 서론
Ⅱ. 통일교육지원법 개정의 쟁점
Ⅲ. 통일교육지원법의 개정 방안
Ⅳ. 논의의 의의와 한계

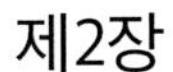

제2장

통일교육지원법의 쟁점

I 서 론

학교 통일교육과 사회 통일교육의 법적 근거가 되고 있는 통일교육지원법은 1999년 2월 제정되었다. 정부는 이 법에 근거하여 2000년부터 통일교육기본지침서를 발간하여 학교 등 전국 통일교육기관에 배포하여 통일교육을 지원하고 있다(김창환, 2003: 47). 통일교육지원법은 "범국가적이고 체계적인 통일교육체계가 제도적으로 미비"(홍기수, 1999: 155)했던 1990년대 말에 "국민들의 통일관의 차이로 인한 갈등과 혼란을 방지하고"(한만길, 1999: 28), "여·야를 초월한 국가적 차원에서의 통일교육의 목표와 성격을 분명히 해야 할 필요성"(송영대, 1999: 16)이 제기됨에 따라 통일교육 활동을 촉진·지원하기 위한 노력의 결과였다(홍기수, 1999: 155; 진희관, 1999: 19).

통일교육지원법 제1조는 "통일교육을 촉진하기 위하여 필요한 사항을 규정함"을 목적으로 제시하고 있다. 따라서 법률 시행 이후 학교 통일교육의 결과가 법 제정의 목적에 부합했는가에 대한 검토가 필요하다. 2000년대 10대 청소년으로서 학교에서 통일교육을 받은 세대들은 2020년대에 20~30대가 되었다. 이들은 비교적 체계적으로 학교에서 통일교육을 받은 세대로 반공교육과 안보교육을 주로 받은 이전 세대와 다른 통일의식을 형성했을 것으로 예상해볼 수 있다. 그런데 이들의 통일의식, 대북의식이 다른 성인세대에 비해 더 부정적이라는 연구 결과가 있다.

2023 통일의식 조사에 의하면 조사 대상 중 20대 연령층에서 대북 경계/적대 의식이 가장 높았다. 북한을 경계 혹은 적대 대상으로 보는 인식은 20대 48.1%, 30

대 45.0%, 40대 43.9%, 60대 42.7%, 50대 31.1% 순으로 나타났다(서울대학교통일평화연구원, 2023: 61). 50, 60대에 비해 상대적으로 학교 통일교육을 체계적으로 받았다고 볼 수 있는 20대와 30대의 통일 필요성에 대한 인식이 낮은 이유는 다양하겠지만 이전 세대가 맹목적인 반공교육과 안보교육을 학교에서 받았다는 점을 고려할 때, 2023년 현재 20, 30대가 초중고에서 받았던 학교 통일교육에 대해 긍정적인 평가를 내리기 어렵다.

이처럼 학교 통일교육의 실효성에 의문이 제기되는 상황에서 학교 통일교육의 교육과정과 실행에 대한 전반적인 성찰이 요구된다. 특히 학교 통일교육의 성격과 목표, 내용 등에 대한 법적 근거가 되고 있는 통일교육지원법에 대한 검토와 개선이 필요하다. 통일교육지원법 제2조는 통일교육의 정의를 "자유민주주의에 대한 신념과 민족공동체의식 및 건전한 안보관을 바탕으로 통일을 이룩하는 데 필요한 가치관과 태도를 기르도록 하기 위한 교육"으로 제시하고 있다. 그러나 통일교육 정의는 그 의도와 달리 학교 통일교육의 실제에 있어 갈등의 소지를 갖고 있다. 첫째, 제2조 정의, 제3조 통일교육의 기본 원칙, 제11조 고발 등에서 지속적으로 강조되고 있는 '자유민주적 기본질서'를 어떻게 해석하고 가르쳐야 할 것인지에 대해 논란이 있다. 둘째, '민족공동체의식을 바탕으로 한' 통일교육에 대한 이해에 있어 혼선이 있다. 셋째, '건전한 안보관'에 대한 해석에 있어 강조점이 달라 학교 통일교육을 바라보는 시선이 다르다. 3가지 쟁점은 모두 제2조 정의에 포함되어 있는 것으로 학교 통일교육을 포함한 통일교육의 정체성을 규정하고 있다. 한편 통일교육지원법은 통일교육지침서에 그대로 반영되고 있지만 앞서 제시한 통일교육의 개념 정의는 학교 통일교육을 담당하는 주요 교과인 도덕과 또는 사회과 교육과정에서는 직접 반영되고 있지 않고 있다. 교육부의 교육과정과 통일부의 지침이 각각 별개로 존재하고 있는 것이다.

이 장에서는 통일교육지원법 제2조 정의, 제3조 통일교육의 기본원칙을 중심으로 앞서 제시한 주요 쟁점과 이를 개선하기 위한 개정 방안에 대해 논의하고자 한다. 지금까지 통일교육지원법 개정을 위한 연구와 노력은 통일교육 시행의 실효성을 높이기 위한 제도적 지원의 측면에 집중되어 왔다[1]. 이들 논의의 핵심은 통일교

1 김창환(2003)은 다른 법률과 통일교육지원법의 관계, 통일교육지원센터 설립, 통일교육 기본계획 수

육의 양적 활성화를 위한 제도적 근거를 마련한다는 것이다. 반면 질적 요소에 해당하는 통일교육의 정의, 성격, 목표, 내용, 그에 맞는 교수·학습 방법에 대한 개선 논의는 부족했다. 통일교육지원법이 통일교육을 촉진하기 위하여 제정되었지만 통일교육 개념 정의 자체가 모호하여 학교 현장 적용에 있어 혼선을 초래하고 있다. 따라서 이 글에서는 학교 통일교육의 내용적 측면에 영향을 미치고 있는 제2조 정의, 제3조 통일교육의 기본원칙을 중심으로 쟁점과 개정 방안을 제시하고자 한다.

Ⅱ 통일교육지원법 개정의 쟁점

이 장에서는 학교 통일교육의 교육 목표, 교육 내용, 교수·학습 방법, 교육 평가 등 교육과정 전반에 영향을 미칠 수 있는 통일교육지원법 제2조 통일교육의 정의와 관련한 쟁점을 중심으로 살펴보고자 한다. 이러한 논의는 학교 통일교육이 불필요하게 사회적 논란의 대상이 되고 있는 현실을 이해할 수 있게 해주며 학생들에게 보편적으로 적용 가능한 법 개정의 대안을 찾는 출발점이 될 수 있다.

립, 연수자 경비 지원, 사회 및 학교에서의 통일교육진흥 등과 관련한 개정 방안을 제시하였고, 김종세(2009)는 인터넷을 통한 통일교육 지원 방안을 논하였다. 소성규(2017)는 통일교육주간 운영, 국가 및 지방자치단체 통일교육 지원 책무 강화, 통일관의 지정 및 취소 근거 마련, 공무원 등에 대한 통일교육의 실시 등의 측면에서 개정 방안을 제시하였다. 정부와 국회 차원의 통일교육지원법 개정을 위한 노력도 지속되고 있다. 황주홍 의원 등이 발의한 개정법률안(의안번호 3519)은 "공무원 등에 대하여 통일교육을 의무적으로 실시"할 것을 골자로 하고 있다. 한편 박경미 의원 등이 발의한 개정법률안(의안번호 312)은 "고등교육기관들에 통일 관련 학과의 설치, 강좌의 개설, 연구소 설치·운영 등을 권장하고, 통일에 관한 체험교육 및 강좌에 필요한 경비의 지원" 등을 주요내용으로 하고 있다. 설훈 의원 등이 발의한 개정법률안(의안번호 9387)은 "매년 통일교육기본계획 및 시행계획을 수립하도록" 제안하였다. 한편 정부는 매년 5월 넷째 주를 통일교육주간으로 하고, 지방자치단체는 국가의 시책과 지역적 특성을 고려하여 지역별 시책을 수립 · 시행하며, 북한 및 통일에 관한 정보를 제공하고 통일교육의 장으로 활용하기 위하여 통일관을 설치 · 운영하거나 지정할 수 있는 법적 근거를 마련하고, 통일관이 통일교육의 기본원칙에 위반되는 통일교육을 실시한 경우 등에는 기간을 정하여 시정을 명할 수 있도록 하며, 시정명령을 받고도 정당한 사유 없이 지정된 기간 내에 이를 이행하지 아니한 경우 그 지정을 취소할 수 있도록 하는 내용의 개정안을 제출하였다(의안번호 4782). 이러한 논의의 공통적인 특징은 형식적 측면에서 통일교육 활성화를 위한 분야별 규정을 구체화하고 제도적 장치 마련을 시도하고 있다는 것이다.

1. 학교 통일교육 개념 정의의 부재

통일은 "나누어진 것들을 합쳐서 하나의 조직·체계 아래로 모이게 함, 여러 요소를 서로 같거나 일치되게 맞춤, 여러 가지 잡념을 버리고 마음을 한곳으로 모음"(국립국어원 표준국어대사전) 등의 의미를 갖고 있다. 그런데 일반적으로 통일은 "남한과 북한으로 갈려 있는 우리 국토와 우리 겨레가 하나로 되는 일, 즉 남북통일의 의미로 사용 된다"(국립국어원 표준국어대사전).

통일교육에 대한 개념 정의는 앞서 제시한 바와 같이 통일교육지원법에 명시되어 있고 통일교육지침서, 통일교육 기본계획 등 관련 문서에서 동일하게 인용되고 있다. 한편 통일교육과 학교 통일교육은 뚜렷한 구분 없이 혼용되고 있다. 통일교육에 대한 논의는 주로 학교 통일교육에 관한 것이었다. 그러나 일반 시민들을 상대로 한 사회 통일교육과 초·중·고등학교 학생들을 염두에 둔 학교 통일교육은 그 대상뿐만 아니라 성격, 내용, 교수·학습 방법, 교육 평가 등이 다를 수밖에 없다. 그러나 통일부 및 교육부 문서, 연구자들의 연구물에서 학교 통일교육에 대한 개념 정의를 찾기 어렵다. 일부 학자들에 의해 "통일교육과 학교 통일교육의 개념을 명료화해야 할 필요성"(오기성, 2014: 94)이 제기되었지만 그러한 논의를 통해 학교 통일교육과 사회 통일교육의 개념을 구분할 필요성과 내용에 대해 합의가 이루어진 것은 아니다.

학교 통일교육 개념은 2016년과 2017년에 일선 학교에 배포된 교육부의 '학교 통일·안보교육 가이드라인'을 통해 살펴볼 수 있는데(교육부, 2016: 14) 통일교육지원법에 제시된 개념에 구체적인 교육 대상인 "초·중·고 학생에게"를 덧붙인 것 외에 특이점을 찾기 어렵다. 이러한 현실은 학교 통일교육의 정체성에 대한 논의가 소홀했음을 보여준다. 한반도에 거주하거나 한반도와 삶의 한 부분을 공유하고 있는 불특정 다수의 사람들을 대상으로 하는 사회 통일교육과 초·중·고등학교에 다니는 학생들을 대상으로 하는 학교 통일교육에 대한 개념 정의가 단지 대상의 변화 밖에 서술되지 못하고 있다는 사실은 학교 통일교육의 교육과정에 대한 고민이 축적되지 못했음을 보여준다. 또한 통일교육에 대한 제도적, 재정적 지원의 측면에서도 학교 통일교육과 사회 통일교육 개념을 명확히 할 때 보다 분명한 법 적용이 가능하다는 점에서 학교 통일교육과 사회 통일교육의 개념을 구분하여 정의에 반영해야 한다.

2. 자유민주주의 강조와 관련한 쟁점

통일교육지원법은 제2조 정의에서 통일교육의 이념적 바탕으로 자유민주주의를 제시하고 있고, 제3조 통일교육의 기본원칙에서 자유민주적 기본질서를 수호할 것을 강조하고 있으며, 제11조 고발에서 자유민주적 기본질서를 침해하는 내용으로 통일교육을 하였을 때 수사기관에 고발할 수 있음을 명시하고 있다. 통일교육지원법에서 강조하는 자유민주주의는 헌법 제4조 "대한민국은 통일을 지향하며, 자유민주적 기본질서에 입각한 평화적 통일 정책을 수립하고 이를 추진한다"는 조항을 확대 해석한 것으로 보인다.

통일교육지원법에서 강조하고 있는 자유민주주의 또는 자유민주적 질서에 대해 서로 다른 해석으로 인해 갈등이 발생하고 있다. 다음 신문 사설을 통해 남한 사회의 통일 논의에서 자유민주주의의 의미를 둘러싼 논쟁의 성격을 이해할 수 있다.

> 초·중·고 국사 교과서에 '민주주의' 대신 '자유민주주의'라는 말이 들어가게 됐다고 해서 교육과학기술부 자문기구 일부 위원들이 집단 사퇴한 데 대해 교과부가 이를 수리할 방침을 밝혔다. 당연한 일이다. 자유민주주의는 헌법에도 나와 있듯 대한민국의 국가적 정체성을 더욱 분명하게 표현한 용어다. 그런 만큼 그것을 문제 삼는 이들에게 새 역사 교과서 개발 자문역을 맡길 이유가 없다. 사퇴한 '역사교육과정개발추진위원회' 위원들을 비롯해 자유민주주의라는 용어에 반대하는 이들의 주장은 우선 '민주주의'라는 말로 충분하고, 자유민주주의는 '시장과 경쟁, 남북 대립을 강조하는 이념적으로 편향된 표현'이라는 것이다. 과연 그런가? 사상 유례없는 공산세습 독재체제인 북한의 자칭 국명이 '조선민주주의인민공화국'이다. 단순히 민주주의라는 용어를 고집함으로써 굳이 학생들에게 북한식 민주주의도 민주주의라고 착각하게 할 어리석음을 무릅써야 할 필요가 어디에 있는가? … <후략>(국민일보, 2011)

이 사설은 민주주의라는 말을 북한에서도 국가 명칭 속에 사용하고 있기 때문에 북한 체제와 구분되는 용어로서 자유민주주의를 사용하는 것이 정당함을 강조하고 있다. 이러한 논의는 "자유주의를 반공주의, 더 정확하게 말해서 반북주의와 동의어로 여기던 과거 권위주의 정권 시절 관행의 연장선"(김동춘, 2013; 조한상, 2014: 8에서 재인용)에 서 있다. 조한상(2014)은 이러한 주장에 대한 반론, 즉 자유민주주의가 아니라 그저 민주주의라고 지칭하자는 주장도 궁색하다고 본다. 속사정이 무엇이든 아무리 강조해도 지나치지 않을 자유의 소중함을 반박하는 모양새는 설득력이 떨어진다(8)는 것이다. 그러나 자유, 평등, 인간의 존엄성 등이 민주주의의 기본 이념이라는 점을 고려할 때 자유민주주의는 '자유'를 중복해서 강조하는 격으로 불필요한 것으로 판단된다.

박선숙 국회의원 등(2017)은 자유민주주의에 대한 강조가 흡수통일이라는 사회적 논란과 오해의 소지가 있고 남북관계발전법상의 기본원칙인 '자주, 평화, 민주의 원칙'과 배치되는 측면이 있어 법적 일관성에 문제가 있음을 지적하고 제3조 제1항 중 "자유민주적 기본질서를 수호하고 평화적 통일"을, "자주·평화·민주의 원칙에 입각하여 남북공동번영과 한반도의 평화통일"로 개정하는 법률개정안을 제안한 바 있다(통일교육지원법 일부개정법률안 의안번호 10645). 그러나 우리 사회가 냉전적 이념 갈등을 중심으로 극심한 남남갈등을 겪고 있다는 점을 고려할 때 이러한 개정 노력은 현실에서 극심한 사회적 갈등을 유발할 가능성이 크며 본래의 목적을 달성하기 어렵다.

그럼에도 통일 논의에서 '자유민주주의에 대한 강조'는 체제 경쟁적이고 이념대립이 반영된 남한 중심 사고의 산물임을 부정할 수 없다. 남한 사회에서 자유민주주의는 북한의 공산주의 또는 인민민주주의와 구분되는 의미로서 사용되어 왔다. 실제로 한 연구자는 통일교육지원법의 의의를 "사회민주주의 등이 아닌 자유민주주의를 강조"(김용재, 2000: 95)한 데 두었다. 자유민주주의에 대한 이분법적이고 편중된 이해는 자유민주주의의 의미와 적용에 대해 이견을 제시하는 등의 다른 주장을 원천적으로 차단하는 결과를 낳기도 한다는 점에서 역설적으로 자유민주주의의 본질에 역행한다. 자유민주주의를 둘러싼 논쟁은 역사적 맥락 속에서 자유민주주의 사상이 발전해온 것과 별도로 통일과 남북관계에 대한 논의에서 남한 체제 중심의 통일을 기정사실로 전제하는 가운데 강조되고 있다는 점에서 정치세력 간 경쟁에서 이념적 도구로 기능하고 있다[2]. 따라서 이 문제에 대한 해결이 이루어지지 않으면 통일교육에 대한 논의는 진전을 이루기 어렵다. 어떤 관점을 취하느냐에 따라 통일

2 사회사상으로서 자유민주주의에 대한 논의는 역사적인 논쟁이며 정치와 경제 영역을 넘나든다. 분단된 우리나라의 경우 남한과 북한의 체제 경쟁에 따른 이념적 성격을 동시에 띠는 것으로 이는 단순히 동의하고 말고의 문제가 아니다. 사상적으로 '자유'와 '민주' 간의 갈등이 있고 '자유민주주의'에 대한 다양한 관점이 있을 수 있지만, 이 글에서는 연구 범위를 벗어나는 것으로 제외한다.

교육의 실제 모습에 대한 평가가 극단적으로 나타날 수 있기 때문이다.

3. 민족공동체의식 강조와 관련한 쟁점

통일교육지원법과 통일교육지침서는 교과 교육과정과 달리 통일이 민족문제임을 강조한다(통일교육지원법 제2조, 국립통일교육원, 2023: 21). 학교 통일교육에서 민족문제 또는 민족공동체의식을 어떻게 다룰 것인가에 대해 상반된 지침이 공존하고 있어 혼란을 초래하고 있다. 2000년대 이후 이주민이 증가하고 다문화 가정이 늘어나면서 다문화 사회에 대한 논의가 활발해졌고 도덕과 등에서는 통일교육을 포함한 다양한 영역에서 민족공동체를 강조하는 현상이 감소하고 있다. 2015 개정 도덕과 교육과정에 따른 고등학교 '생활과 윤리'에서 '민족통합의 윤리'를 단원명으로 제시하였지만 구체적인 내용으로 보편적 가치, 평화의 가치, 통일 비용과 분단비용, 남북한의 갈등, 국제 질서 및 평화, 남북화해 및 평화를 위한 실천방안, 독일 통일의 사례 등을 다루었다(교육부, 2015: 22).

다문화 사회로 변화된 현실과 남북한 간 통일 논의의 공통 분모로서 민족공동체의식에 대한 강조를 어떻게 조화시킬 것인가에 대한 사회적 논의는 여전히 부족하다. 통일교육지원법 제2조 정의에서는 여전히 통일교육의 주요한 논리로 민족공동체의식을 강조하고 있지만, 도덕과 교육과정의 경우 2007년 유엔인종차별위원회의 권고를 받아들여 2007 개정 교육과정부터 "단일 민족 관련 부분을 삭제하거나 수정하면서 다문화교육을 강조하였다"(윤영돈, 2010; 박성춘·이슬기, 2016: 81에서 재인용).

학교 통일교육에서 민족공동체의식을 강조하는 것의 현실과 한계를 지적해왔지만(이수정, 2012: 68; 박성춘·이슬기, 2016: 71) 이러한 현실을 극복하고 조화롭게 학교 통일교육에 적용할 것인가에 대한 논의는 부족했다. 이처럼 통일교육지원법과 그에 따른 통일교육지침서가 교과 교육과정과 비교해볼 때 내용에 있어 현저한 차이가 있는 현실은 통일교육의 혼선을 그대로 보여주고 있다. 지침의 혼선은 현장 교사들에게 그대로 전달되고 있으며 이러한 상황에서 교사들은 자의적으로 관련내용을 해석하고 교육에 적용할 가능성이 크다.

4. 건전한 안보관 확립과 관련한 쟁점

통일교육지원법에서 강조하고 있는 건전한 안보관에 대한 해석에 있어 강조점이 달라 학교 통일교육 논의에 어려움이 있다. 문제의 핵심은 북한을 어떻게 규정할 것인가로 귀결되는데 남한 사회를 위협하는 적으로서 북한을 바라보는 관점과 대화와 협력을 통한 통일의 상대로서 북한을 바라보는 관점 간의 차이가 있고 이로 인해 지속적으로 문제가 발생하고 있다.

통일교육지원법에서는 안보관에 대한 언급이 한 번 등장한다. 제2조 정의에서 "…건전한 안보관을 바탕으로 통일을 이룩하는 데 필요한 가치관과 태도를 기르도록…" 하고 있다. 하지만 건전한 안보관이 무엇을 의미하는지에 대한 설명은 없다. 한편 2009 개정 교육과정 초등학교 도덕과에서 통일을 위한 방법의 세부 내용으로 "튼튼한 안보와 남북협력과 평화를 통한 통일 방법"(교육과학기술부, 2011: 12)이 제시된 적이 있지만, 2015 개정 교육과정과 2022 개정 교육과정의 도덕과와 사회과에서는 안보관에 대한 언급은 없다. 통일부의 통일교육 지침의 근간이 되는 통일교육지원법과 교과 교육과정에서 안보관에 대한 내용이 일관성을 갖지 못하고 있는 현실은 학교 통일교육의 실제에서 혼선을 초래한다.

심지어 통일교육과 안보교육을 동일시하거나, 구별하지 않고 사용하는 경우도 종종 있다. 그러나 통일교육과 그동안 우리 사회에서 전개된 안보교육은 차이가 있다. 우리 사회의 안보교육은 교육내용과 방법에서 북한을 주적으로 보는 시각을 전제로 한다. 반면에 통일교육은 북한 주민과 남한 주민이 함께 할 수 있는 남북한 주민의 평화 공존 방안 등을 전제로 한다(소성규, 2017: 82-83). 통일교육과 안보교육은 미래에 대한 이상으로서 '통일'과 현실적 위협의 문제에 대한 대처 방안으로서 '안보'를 각각 반영한 것이다. 어느 하나를 선택하고 다른 하나를 폐기할 수 있는 성질의 것이 아니다.

남북문제, 통일 문제, 대북정책 등을 둘러싼 최근의 이슈들은 통일과 안보라는 두 가지 가치 사이에서 갈등하는 남한 사회의 현실을 그대로 보여준다. 예를 들어, 2018년 평창 동계올림픽에 북한 선수단과 응원단 참가의 적절성을 둘러싼 사회적 갈등, 경기장에서 북한의 인공기를 게양할 수 있는가에 대한 논쟁 등이 있다. 이러한 사회현실은 학교 통일교육을 담당하는 교사들과 다양한 잠재적 교육과정을 경험하고 있는 학생들에게도 투영되어 있다. 특히 "교육자 개개인의 가치관에 따라 교육방식이 달라질 수 있는 위험요소가 있고 청소년들의 통일에 대한 가치관 수립에 있어서 혼란을 가져올 수 있다"(김종세, 2009: 335)는 점에서 통일교육지원법에서 통일과 안보를 함께 강조함에 있어 조화를 이룰 방안을 모색하여야 한다.

Ⅲ 통일교육지원법의 개정 방안

Ⅱ장에서는 통일교육지원법 제2조 정의와 관련한 내용적 측면의 쟁점을 다루었다. 학교 통일교육 교육과정을 규정하는 제2조를 해석함에 있어 서로 다른 관점이 충돌하고 있어 법률 제정의 본래 목적에 부합하지 못하고 있음을 논하였다. 이 장에서는 이러한 쟁점을 해결하기 위한 통일교육지원법의 개정 방안을 제시하고자 한다.

1. 학교 통일교육과 사회 통일교육의 개념 정의 신설

학교 통일교육과 사회 통일교육의 교육 대상이 학생과 일반시민이라는 점, 학교 통일교육이 학생들의 삶의 문제를 분단과 연관 지어 생각하고 통일의 필요성에 대해 탐구하도록 하고 사회 통일교육은 시민들이 지역사회와 국가적 차원의 현안 문제들을 분단과 관련 지어 생각해보도록 하고 있다는 점에서 구분된다.

예를 들어, 지역에 따라 지역의 특성을 반영한 남북교류를 위한 다양한 방안이 모색될 수 있는데 이러한 주제는 사회 통일교육의 주요 논의 대상이 된다. 한편 학교 통일교육과 사회 통일교육은 궁극적으로 일상에서의 평화를 이루기 위해 분단문제 극복의 필요성을 다룬다는 점에서 공통적이다.

따라서 통일교육은 학교 통일교육과 사회 통일교육을 포함하여 〈표 1〉과 같이 구분하여 정의될 필요가 있다. 학교 통일교육은 "초·중·고 학생들로 하여금 한반도 분단의 과정과 현실에서 발생하는 다양한 삶의 문제들을 탐구함으로써 평화통일의 필요성과 방법에 대해 토론하고 일상에서의 평화를 실천하기 위한 의지와 능력을 기르는 교육"으로 정의할 수 있다. 이러한 개념 정의는 Ⅱ장에서 다룬 바와 같이 불필요한 사회적 논란을 줄이고 교육 목적에 보다 충실할 수 있다는 점에서 의의가 있다. 한편 사회 통일교육은 "지역사회의 시민을 대상으로 분단으로 인해 발생하는 지역사회와 국가적 차원의 현안 문제를 이해하고 문제 해결을 위한 방안으로서 평화통일의 필요성에 대해 검토하며 일상에서의 평화를 실천하기 위한 의지와 능력을 기르는 교육"으로 정의할 수 있다.

학교 통일교육과 사회 통일교육 개념에 대한 새로운 정의는 '통일을 위한 교육'보다 '분단과 통일 문제에 대한 교육'의 성격을 더 강조하고 있다. 통일에 대한 다양한 관점을 견지하고 수업에 임하는 교사와 학생, 일반 시민에게 통일을 당위적 과제로 규정하고 실시되는 통일교육은 그 당위성에도 불구하고 학교 현장과 사회에서 설득력을 얻기 어렵기 때문이다. 또한 통일을 위한 교육은 그 의도와 달리 교육활동에서 교화와 주입의 가능성이 커서 학생이나 시민으로부터 의도하지 않은 거부반응을 불러일으킬 수도 있다.

표 1 통일교육지원법의 통일교육 개념 정의 개정안

현행	개정안
제2조(정의) 이 법에서 사용하는 용어의 뜻은 다음과 같다. ① "통일교육"이란 자유민주주의에 대한 신념과 민족공동체의식 및 건전한 안보관을 바탕으로 통일을 이룩하는 데 필요한 가치관과 태도를 기르도록 하기 위한 교육을 말한다. ② 생략	제2조(정의) 이 법에서 사용하는 용어의 뜻은 다음과 같다. ① "통일교육"이란 학교 통일교육과 사회 통일교육을 포함한다. ② "학교 통일교육"이란 초·중·고 학생들로 하여금 한반도 분단의 과정과 현실에서 발생하는 다양한 삶의 문제들을 탐구함으로써 평화통일의 필요성과 방법에 대해 토론하고 일상에서의 평화를 실천하기 위한 의지와 능력을 기르는 교육을 말한다. ③ "사회 통일교육"이란 지역사회의 시민을 대상으로 분단으로 인해 발생하는 지역사회와 국가적 차원의 현안 문제를 이해하고 문제해결을 위한 방안으로서 평화통일의 필요성에 대해 검토하며 일상에서의 평화를 실천하기 위한 의지와 능력을 기르는 교육을 말한다. ④ (현행 ②항을 ④항으로)

따라서 분단과 통일에 대한 문제는 일방적이고 당위적으로 접근할 문제가 아니라 분단으로 인한 사회 현실을 제시하고 학생과 시민사회가 각각의 관점에서 재조명하고 성찰하는 가운데 자연스럽게 가치판단이 이루어져야 할 문제이다. 이러한 논의를 통해 대립과 갈등으로 점철된 분단보다는 화해, 교류, 협력을 통한 평화로운

공존으로서 통일의 필요성에 대해 합의해 나갈 수 있다.

2. 통일교육의 보편적 원칙으로서 자유민주주의 강조

자유민주주의에 대한 강조가 본래적 목적을 이루기 위해서는 남북 체제 경쟁이라는 이분법적이고 우열에 바탕을 둔 관점이 아니라 학교 통일교육의 목표, 내용, 교수·학습 방법, 평가 등에 이르기까지 교육과정 전반을 통해 일관되게 적용해야 한다. 즉, 대결적이고 이분법적인 우위의 개념으로서 자유민주주의를 넘어 통일교육의 보편적 원칙으로서 자유민주주의를 강조해야 한다.

표 2 통일교육지원법의 자유민주주의 관련 내용 개정안

현행	개정안
제3조 (통일교육의 기본원칙) ① 통일교육은 자유민주적 기본질서를 수호하고 평화적 통일을 지향하여야 한다.	제3조 (통일교육의 기본원칙) ① 통일교육은 목표, 내용, 교수·학습 방법, 평가 등 교육활동 전반에서 자유민주주의의 기본정신에 바탕을 두고 실시되어야 하며 평화적 통일을 지향하여야 한다.
제11조 (고발) 통일부장관은 통일교육을 하는 자가 자유민주적 기본질서를 침해하는 내용으로 통일교육을 하였을 때에는 수사기관 등에 고발하여야 한다.	삭제

용어 사용과 관련한 사회적 논란을 피하면서도 '자유민주주의에 대한 강조'를 보편적으로 적용하기 위해 〈표 2〉와 같이 개정할 필요가 있다. 먼저 통일교육의 기본원칙으로 자유민주주의는 통일교육의 목표, 내용, 교수·학습 방법, 평가에 이르기까지 교육 활동 전반에 걸쳐 강조되어야 하는 교육의 기본 원칙으로 제시되어야 한다. 독일은 강대국들의 전후 처리 과정에서 분단된 지 30여 년이 흐른 후 정치적으로 다른 입장을 지닌 서독의 정치교육학자들이 모여 "강압적인 교육과 교화 금지, 균형성 또는 대립적 논점의 확보, 학생을 먼저 생각하는 교육 등"(소성규, 2017: 113)의 내용을 담은 보이텔스바흐 합의를 제시하였고 이후 독일의 통일교육에서 일관된 원칙으로 적용하였다. 학교 통일교육의 전 교육과정을 통해 자유민주주의가 강조된다는 것은 이러한 교육적 지침이 적용되는 과정과 같다. 통일교육은 특정 이념을 전

제하기보다 다양한 사회적 논쟁과 그에 대한 입장들을 비판적으로 검토하는 가운데 학습자의 입장이 자연스럽게 채택되는 과정이 되어야 한다.

다음으로 제11조의 고발 조항은 삭제되어야 한다(김창환, 2003: 50). 이 조항에 의하면 통일교육을 하는 자가 자유민주적 기본질서를 침해하는 내용으로 통일교육을 하였을 때에는 수사기관 등에 고발하도록 하고 있다. 그러나 '자유민주적 기본질서'의 기준을 별도로 제시하지 않아 남북관계, 분단문제, 통일 문제 등에 대한 이념적 입장에 따라 다양한 해석이 가능해 법 적용이 엄격하지 못하고 악용될 소지가 크며 실효성이 부족하다. 또한 특정 주제의 교육을 장려하고 촉진하기 위한 법률에서 규제와 처벌을 위한 조항을 포함하는 다른 사례를 찾기 어렵다. 특히 한국적 상황에서 현실적으로 통일교육 담당자들의 발언이 자유롭지 못하고 이 점을 통일교육을 저해하는 가장 중요한 요인이라고 통일교육 담당자들이 인식하고 있는 상황에서 고발에 대한 조항은 통일교육을 저해하는 요인이 될 수 있다(김창환, 2003: 60).

3. 이주민을 포용하는 새로운 공동체의식 형성 강조

통일교육지원법에서 민족공동체의식과 관련된 내용을 사회 변화에 맞게 개정하여야 한다. 이를 위해 〈표 3〉과 같이 통일교육지원법 제3조 ③항의 신설을 통해 관련 내용의 보완이 필요하다. 학교 통일교육은 남한과 북한이 오랜 기간 동안 민족공동체를 이루어 살아오는 과정에서 형성된 공통점을 강조함과 동시에 사회 변화 과정에서 새롭게 공동체의 구성원이 된 이주민과의 조화로운 삶을 사는 것의 중요성을 강조해야 한다. 사회 변화를 반영함과 동시에 남한과 북한이 아주 오랜 시간 동안 함께 살아오면서 많은 동질성을 갖고 있다는 것을 학교 통일교육에서 다루는 것은 한반도를 기반으로 살고 있는 다양한 공동체 구성원들의 존재를 포용할 수 있다는 점에서 보편적으로 적용 가능하다.

표 3 통일교육지원법의 민족공동체의식 관련 내용 개정안

현행	개정안
제3조 (통일교육의 기본원칙) <신설>	제3조 (통일교육의 기본원칙) ③ 통일교육은 남한과 북한이 오랜 기간 동안 민족공동체를 이루어 살아오는 과정에서 형성된 공통점을 강조하여야 한다. 아울러 사회 변화 과정에서 새롭게 공동체의 구성원이 된 이주민과의 조화로운 삶을 지향하여야 한다.

한반도의 역사에서 오랜 기간 동안 민족공동체를 이루어 살아왔다는 사실, 그로 인해 형성된 수많은 동질적 문화유산에 대한 자각 등은 통일과정에서 남한과 북한이 서로를 이해하고 화합하는 바탕이 된다. 특히 오늘날 남한과 북한의 동질성보다 이질성이 부각되는 현실에서 민족을 강조하는 것이 낡은 사고방식처럼 여겨지는 측면이 있지만 통일 문제에 관한 논의에서 민족공동체의식에 대한 논의는 핵심적인 소재일 수밖에 없다. 특히 일본, 중국, 미국, 러시아를 비롯한 세계 각지에 흩어져 살아가고 있는 수많은 동포들에게 있어 한민족공동체 구성원이라는 의식은 남한과 북한에서 분단을 자연스러운 것으로 느끼며 살아가고 있는 사람들과 달리 매우 강력한 힘을 갖고 있다.

다만 학교교육에서 민족 개념을 다룰 때 역사적 사실로서 민족 정체성에 대한 논쟁을 있는 그대로 다루어야 한다. 또한 단지 같은 말과 글을 써오고 문화적 동질성이 있다는 사실만으로 남한과 북한을 맹목적으로 동일시하거나 통일의 당위성을 강요하지 않아야 한다. 아울러 상대적으로 다른 문화적 배경을 가진 사람들에 대해 배타적 태도를 갖지 않도록 경계하는 것 역시 동시에 중요하게 다루어야 한다.

4. 인간안보의 관점에서 통일과 안보의 관계 설정

통일교육지원법이 보다 실효성을 갖추고 학교 통일교육과 사회 통일교육에 적용되기 위해서는 현재 반영되어 있는 '건전한 안보관'에 대한 의미를 보다 명확하게 서술하고 적용될 수 있도록 안내되어야 한다. 통일의 가치와 안보의 가치가 현실적으로 충돌하는 상황을 극복하기 위해 제3조 통일교육의 기본원칙의 세부 항목에서 관련 내용을 〈표 4〉와 같이 신설하여 제시할 수 있다. 신설 항목의 주요 내용은 학

교 통일교육에서 안보문제를 다룰 때는 분단으로 인해 발생하는 경제문제, 사회문제, 환경문제, 정치문제, 북한의 위협 등 삶의 안전을 위협하는 전반적인 사회현상을 인간안보의 관점에서 다루어야 한다는 것이다.

표 4 통일교육지원법의 안보관 관련 내용 개정안

현행	개정안
제3조 (통일교육의 기본원칙) <신설>	제3조 (통일교육의 기본원칙) ④ 통일교육은 경제문제, 사회문제, 환경문제, 정치문제, 북한의 위협 등을 포함하여 인간안보의 관점에서 다루어야 한다.

이를 위해 국가안보에서 인간안보로 안보 개념의 확장을 시도해야 한다. "인간안보는 군사적 위협으로부터 국가의 안전을 보장하려고 하는 전통적인 국가안보로부터 '안보'의 문제에 천착하여 인간과 공동체 모두의 안전에 그 초점을 맞춘다"(Shahrbanou & Chenoy, 2007/2010: 23). 이는 전통적으로 안보의 주체와 대상을 국가로 보던 관행에서 벗어나 개인이나 다양한 공동체가 안보의 궁극적 대상이나 목적이 되어야 함을 의미한다. 따라서 사회경제적 위협, 개인적 위협, 환경적 위협, 정치적 위협 등은 안보 논의의 주된 관심사가 된다(Shahrbanou and Chenoy, 2007/2010: 31). 이러한 관점을 견지하게 되면 안전을 위협하는 대상에 대한 단편적인 대응에 머물기보다 그러한 위협이 발생하게 된 원인을 파악하고 문제를 해결하여 안전한 삶을 누릴 수 있는 해결 방안을 찾는 것을 목표로 설정하게 된다.

예를 들어, 정부의 대북정책을 둘러싼 남남갈등과 같은 사회문제, 전쟁 위기로 인한 국가신용도 하락 등의 경제문제, 군사시설의 확충 과정에서 부분적으로 발생하는 경제적·환경적 문제, 정적(政敵)을 제거하기 위한 수단으로 '빨갱이', '종북' 등의 이미지를 덧씌우는 문제, 북한의 도발로 인한 생명의 위협을 느끼며 살 수밖에 없는 현실 등은 인간안보의 관점에서 다룰 수 있는 주제이며 인간안보의 관점에서 다루게 되면 문제의 본질에 좀 더 다가설 수 있고 그 과정에서 자연스럽게 분단극복과 통일의 필요성에 대한 논의로 이어질 수 있다.

북한의 군사적 위협을 포함한 인간안보 문제를 학생들과 함께 고민하는 과정은 일상적으로 이루어져야 한다. 학생들은 교과서 속 지식을 배울 때에만 분단을 경험하는 것이 아니라 일상생활 속에서 분단을 경험하고 있기 때문이다. 다만 안보교육의 결과는 외부로부터의 위협을 단순 부각하여 분열과 대립을 확대 재생산하거나 적대와 혐오의 감정을 키우는 데 그치지 않고 적극적 평화의 관점에서 화해, 교류, 협력의 중요성, 문제의 근본적인 해결을 위한 방안을 고민하는 기회가 되어야 한다. 전쟁이나 북한 붕괴를 통한 남북통일이 아니라 평화적 통일을 전제로 진행되는 통일교육 논의는 북한을 현실적 위협의 대상으로 인지하면서도 이러한 위협으로부터 벗어나기 위한 방안을 찾는 데 집중되어야 한다. 이를 통해 적대적 대결이 아니라 궁극적으로 화해와 협력을 통한 평화의 관계 형성이 본질적인 과제임을 인식하는 교육이 되어야 한다.

Ⅳ 논의의 의의와 한계

이 글에서는 통일교육지원법 제2조 정의, 제3조 통일교육의 기본원칙을 중심으로 통일교육지원법의 내용적 측면에서 쟁점을 살펴보고 개정 방안을 제시하였다. 그동안의 통일교육지원법 개정 논의는 학교 통일교육 주간 운영, 지방자치단체의 통일교육 지원 의무 규정, 공무원 대상 통일교육 실시, 고등 교육기관의 통일교육 활성화 등 통일교육 적용의 실효성을 높이기 위한 기반 마련과 관련되어 있어 형식적이고 양적인 특징을 갖고 있었다. 이 글에서 제2조와 제3조의 정의와 통일교육 기본원칙에 주목한 것은 통일교육의 양적 확대와 더불어 학교 통일교육과 사회 통일교육의 정체성을 규정하고 있는 법률 조항을 살펴보는 것이 무엇보다도 중요하다고 판단했기 때문이다.

관련 법률의 해석과 적용에 있어 쟁점을 요약하면 다음과 같다. 통일교육지원법은 학교 통일교육과 사회 통일교육에 대한 개념을 구분하지 않고 있어 개념이 명료하지 않다. 첫째, 학교 통일교육과 사회 통일교육은 근본적인 목적에서 공통점을 찾을 수 있지만 교육 대상뿐만 아니라 교육의 성격, 목표, 내용, 교수·학습 방법, 평가에 이르기까지 구분될 수 있다는 점에서 각각의 개념을 보다 명료화하는 것이 법 적용의 실효성을 높일 수 있다. 둘째, 법률에서 강조되고 있는 자유민주주의는 우리 사회의 이념적 갈등 상황과 중첩되면서 그 해석에 따라 극심한 사회적 갈등의 요인이 될 수 있다. 셋째, 북한에 대한 관점을 중심으로 서로 다른 해석이 가능한 '건전한 안보관'이 명시됨으로 인해 또 다른 갈등이 잠재되어 있다. 통일 문제를 전통적인 국가안보의 관점에서 접근하게 될 경우 통일교육의 본질적 목적에서 벗어나는 모순을 극복할 필요가 있다. 넷째, 통일교육에서 민족공동체의식을 강조하는 것은 다문화 사회로의 변화를 반영하지 못하며 도덕과 통일교육과도 조화를 이루지 못한다.

따라서 제2조와 제3조가 규정하고 있는 통일교육의 정체성에 대한 쟁점을 해결하기 위한 법률 개정 방안을 제시하였다. 첫째, 제2조에서 학교 통일교육과 사회 통일교육의 개념 정의를 신설할 필요가 있다. 신설되는 학교 통일교육과 사회 통일교육은 남남갈등의 요소를 줄이고 각각의 정체성을 부각하며 학생을 포함한 교육 수요자의 관점에서 재정의 하여 반영해야 한다. 둘째, 제3조에서 통일교육의 보편원칙으로서 자유민주주의를 명시해야 한다. 현재 제2조, 제3조, 제11조 등에서 강조하고 있는 '자유민주주의 또는 자유민주적 질서'는 특정 관점에 치우치지 않고 교육의 전 과정에서 적용해야 할 보편적인 원칙이 되어야 한다. 셋째, 제3조에서 이주민을 포용하는 새로운 공동체의식 형성을 강조해야 한다. 다문화 사회로 변화한 현실과 통일 논의에서 핵심적 역할을 할 수 있는 민족공동체의식에 대한 강조가 상호 충돌하지 않고 조화를 이룰 수 있도록 법률 개정이 필요하다. 넷째, 전통적 안보교육의 관점에서 벗어나 인간안보의 관점에서 통일과 안보의 관계를 설정해야 한다. 안보교육의 소재를 단순히 적대자상에 대한 부각에 그치는 것이 아니라 사회경제적 측면, 개인적 측면, 환경적 측면, 정치적 측면을 포괄하여 인간안보의 관점에서 다룰 때 통일교육의 목적과 안보교육의 목적이 상호 조화를 이룰 수 있다.

이 글은 통일교육지원법의 통일교육 정의와 관련하여 내용적 측면에서 쟁점을 제시하고 개정 방안을 제시하였다는 점에서 의의가 있다. 학교 통일교육과 사회 통일교육의 개념을 구체화하였다는 점에서 통일교육지원법의 현장 적합성을 높일 수 있는 기초를 마련하였다는 점에서 의의가 있다. 또한 통일교육 논의가 더 이상 소모적인 논쟁과 갈등의 대상이 아니라 누구나 불편함을 느끼지 않고 받아들일 수 있는 보편적으로 적용 가능한 통일교육에 대해 고민하였다는 점에서 의의가 있다.

그러나 학교 통일교육, 사회 통일교육 등으로 개념 정의를 구분하여 반영하는 것이 필요함을 주장하였지만 이러한 구분에 맞게 일관성 있게 다른 조항의 개정 방안을 제시하지는 못했다. 학교 통일교육과 사회 통일교육의 성격과 목표, 내용 등이 다르다면 그에 걸맞는 기본계획 수립과 운영에 대한 조항을 별도의 조항을 통해 반영해야 한다. 통일교육의 성격과 내용에 대한 규정이 바뀐 만큼 그것을 구체적으로 실현할 수 있는 형식적 측면의 개선 방안을 지속해서 제시해야 한다.

참고문헌

교육과학기술부(2011), 교육과학기술부 고시 제2011·361호 『도덕과 교육과정』, 세종: 교육부.
교육부(2015), 교육부 고시 제2015-74호 『도덕과 교육과정』, 세종: 교육부.
교육부(2016), "학교통일·안보교육 가이드라인", 세종: 교육부.
국가법령정보센터, http://www.law.go.kr/, 검색어: 헌법, 통일교육지원법.
국립국어원 표준국어대사전, http://stdweb2.korean.go.kr/.
국립통일교육원(2023), "2023 통일교육 기본 방향", 서울: 국립통일교육원.
국민일보(2011), "자유민주주의가 그렇게 기피할 용어인가", http://news.kmib.co.kr/, 2011.9.21.
국회외교통일위원회회의록(제354회 정기 국회 제3호), 2017.11.27.
김용재(2000), "통일교육의 발전방향", 『한국민주시민교육학회보』, 5.
김종세(2009), "인터넷을 통한 남북통일교육에 대한 소고", 『법학논총』, 16.
김창환(2003), "통일교육지원법 개선 방안 연구", 『통일교육연구』, 3.
박성춘 · 이슬기(2016), 『다문화 시대의 통일교육』, 파주: 집문당.
서울대학교통일평화연구원(2017), 『2017 통일의식조사 정권교체와 안보위기: 기대와 전망』, 서울: 서울대학교통일평화연구원.
서울특별시교육청(2017), "학교통일·안보교육 가이드라인", 제5회 통일교육주간 운영 협조 안내 공문, 2015.10.1.
소성규(2017), "통일교육 활성화를 위한 법제도 개선방안", 『법과 정책연구』, 17(2).
송영대(1999), "통일교육지원법 제정의 의의-통일교육 활성화의 틀 마련", 『통일한국』, 17(3).
오기성(2014), "한국의 학교 통일교육 지침 분석 연구", 『교육논총』, 34(3).
이수정(2012), "국가 판타지와 가족의 굴레: 월북자 가족의 남한 국민되기", 『비교문화연구』, 16(1).
조한상(2014), "자유민주주의의 역설적 성격에 관한 고찰", 『한국융합인문학』, 2(2).
진희관(1999), "통일교육지원법 내용과 추진방향: 통일교육은 한반도의 미래교육", 『통일한국』, 17(3).
통일부 통일교육원(2016), 『2016 통일교육지침서(통합용)』, 서울: 통일교육원.
한만길(1999), "통일교육지원법의 활성화 방안: 통일교육에 대한 국민적 합의 창출 필요", 『통일한국』, 17(3).

홍기수(1999), “통일교육지원법 제정의 의미와 전망”, 『北韓』, 1999년 4월호.
Shahrbanou, T., & Chenoy, A. M.(2007), *Human security: Concepts and implications*, 박균열 외 역(2010), 『인간안보』, 서울: 철학과현실사.

제3장

언론보도와 통일교육

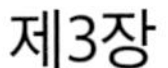

제3장

언론보도와 통일교육

I 서 론

우리는 교육을 통해 사람에게서 어떤 변화를 이끌어내고자 한다. 사람의 생각과 행동의 변화를 이끌어내는 일은 얼마나 어려운 일인가? 그중에서도 통일교육은 그 목표를 이루는 데 있어 가장 어려운 분야 중 하나이다. 왜 통일교육이 더 어려울까? 우선 '통일'은 엄연히 상대가 존재하고 있으며, 그 상대는 현실에서 갈등과 협력의 당사자로 존재하고 있다. 통일의 상대로서 북한에 대해 사람들의 가치관은 매우 다르다. 특히 분단 이후 오랜 시간 동안 지속되어온 적대적인 긴장과 대립의 관계를 경험한 많은 사람들에게 북한은 매우 부정적인 이미지로 각인되어 있다. 물론 통일의 필요성을 강조하는 사람들도 있다. 이처럼 다양한, 때로는 극단적인 가치관이 공존하고 있는 상황에서 사람들의 지향점을 모으는 일은 결코 쉽지 않다.

우리는 북한문제나 남북관계를 대할 때 사리를 잘 따져서 합리적으로 판단하고 인식한다고 믿는다. 그러나 특정한 이념에 사로잡히거나 선입견으로 인해 비합리적인 명제나 주장을 당연하다고 믿는 경우도 적지 않다(이종석, 2012a: 106). 학생들은 통일, 북한에 대한 정보를 어떤 경로로 접하고 있을까? 학교 통일교육 실태조사에 의하면 학생들은 '교과서, 학교 수업'(49.4%) 외에 'TV, 라디오 등 방송'(40.5%), '인터넷(포털, 블로그 등)'(38.2%) 등을 통해 관련 정보를 얻고 있다(국립통일교육원, 2023: 57). 주목할 점은 학생들이 학교수업 못지않게 TV, 라디오, 인터넷 등 대중매체를 통해 많은 정보를 얻고 있다는 것이다. 스마트폰을 활용한 인터넷 사용이 일상화된 현실에서 TV 프로그램, 방송 뉴스, 신문 기사 등이 SNS와 같은 인터넷 환경과 결합하면서 청소년에게 많은 영향을 미치고 있다.

제4의 권력이라고 불릴 만큼 언론 매체의 영향력은 막대하며, 언론 매체를 받아들이는 일반 대중과 수용자들은 언론에서 자주 등장하고 강조하는 사안만을 중요하다고 여기는 경향이 있다(이우승 · 영선, 2006: 259). 언론사가 사안을 변별하고, 사안을 해석하는 틀을 다르게 적용할 수 있다는 것은 우리가 언론을 통해 바라보는 세상의 모습이 어떤 언론이냐에 따라 상이할 수밖에 없음을 의미한다.

이 글은 통일교육이 어려운 이유를 고민하는 가운데 그 고민을 해결하기 위한 하나의 과제로 시작되었다. 통일교육에 앞서 수업에서 분단과 통일을 함께 고민하게 될 학생들이 어떤 가치관을 가지고 있는지, 그것이 어디에서 연유하였는지를 이해하는 일은 매우 중요하다. 아울러, 그러한 이해에 바탕을 둔 교육의 기획 또한 필요하다. 이 글에서는 남북관계에 대한 언론보도를 연구한 연구물을 분석하여 우리 언론의 남북관계, 북한에 대한 보도 현상의 원인과 결과를 이해하고 언론보도가 수용자로서 청소년들에게 미치는 영향과 그것이 통일교육에 갖는 의미를 탐색하고자 한다.

Ⅱ 남북관계와 언론보도

1. 남북관계의 특수성

1945년 해방을 맞으며 우리는 일제 강점으로부터 벗어났다는 기쁨과 남북이 서로 갈라지는 설움을 동시에 맞아야만 했다. 분단 이후 남북의 대결상황은 상대방을 정식으로 인정하지 않고 상대방에 대한 부인을 통해 자신의 존재 정당성을 인정받는 데서부터 기인했다(김근식, 2008: 22-23). 냉전시대에 남북한은 적대적 경쟁관계에 있었기 때문에 항상 상대방의 제도나 정책을 반면교사로 설정하여 비난했다. 그리고 '상대방의 것'에 대한 최소한의 기본적이고 합리적 검토도 없이 이루어지는 비난은 결국 '내'가 선택할 수 있는 정책 범위에서 무조건 '상대방의 것'을 배제함으로써 정책의 합리적 결정을 그만큼 어렵게 만들었다. 그러면서도 서로 경쟁하면서 일방이 다른 쪽을 닮아가거나, 혹은 서로가 상대를 닮아가는 현상도 나타났다(이종석, 2012b: 34). 이것이 바로 남북 간의 불신과 대결, 증오와 긴장을 부추기는 '적대적 공생 관계'의 작동이다. 남북 양 체제의 권력 주체는 안으로 정치적 위기에 봉착하게 될 때마다, 곧 그들의 권력이 체제 안에서 도전을 받거나 위협에 직면하게 될 때마다, 이 위기를 관리하고 극복하기 위해 짐짓 상대방 체제로부터의 위협을 심각한 것으로 각색하고 과장해왔다(한완상, 2013: 8-9).

규범적인 측면에서도 대한민국의 헌법은 "대한민국의 영토는 한반도와 그 부속도서로 한다"고 선언하고 있고, 조선민주의인민공화국은 2024년 헌법 개정을 통해 대한민국을 철저한 적대국가로 규정하였다(현혜란, 2024).

한편 '남북관계발전에 관한 법률'은 제3조 제1항에서 '남한과 북한의 관계는 국가 간의 관계가 아닌 통일을 지향하는 과정에서 잠정적으로 형성되는 특수관계이다'라고 규정하고 있고, 제2항에서 '남한과 북한 간의 거래는 국가 간의 거래가 아닌 민족 내부의 거래로 본다'고 규정하고 있다. 또한, '남북교류협력에 관한 법률'도 제1조에서 '남한과 북한간의 상호교류와 협력을 촉진하기 위하여' 제정된 것이라고 규정하고, 제3조에서 '남북교류와 협력을 목적으로 하는 행위에 관하여는 다른 법률에 우선하여 적용한다'고 규정하고 있는데 위 규정들은 모두 남북한 특수관계론을 반영하고 있다(이효원, 2012: 3).

통일교육은 통일의 상대로서 북한에 대해 가르치고, 북한과 더불어 하나의 국가를 지향해가야 함을 이해시키는 과정이기도 하다. 그러나 앞서 살펴본 바와 같이 남북한 관계의 현실은 규범적, 역사적, 정서적인 측면에서 상호인정의 문화가 미약하며, 적대적 긴장 관계 속에서 유지되어 왔기 때문에 그러한 관계 속에서 북한이라는 현실로서의 상대를 가정에 둔 통일교육은 결코 쉽지 않은 일이다.

2. 언론의 의미와 역할

언론, 언론 활동의 산물인 뉴스를 어떻게 바라보아야 할까? 뉴스는 단순한 '읽을거리'가 아니라, 우리가 세상을 살아가는 데 필요한 '정보 제공자'이고, '지식의 보고'이며, '판단의 준거'이다(백선기, 2010: 3). 그리고 우리는 언론을 통해 바라보는 세상의 모습이 객관적인 사실을 전달해 주기를 희망하며 그렇게 믿곤 한다. 하지만 이러한 언론과 뉴스의 의미에 대해 다양한 시각과 쟁점이 존재한다.

뉴스를 둘러싼 가장 큰 쟁점 중 하나는 바로 뉴스와 현실의 관계다. 즉, 뉴스가 현실을 그대로 반영하는 거울 같은 존재인지 그렇지 않으면 현실을 재구성해 보도

하는가의 문제다. 일반적으로 뉴스를 직접 생산하는 사람들의 경우 뉴스가 현실을 그대로 반영한다는 입장인 경우가 많지만, 많은 학자들은 뉴스가 현실을 재구성하거나 구성한다는 견해를 지니고 있다(백선기, 2010: 107). 홀(Hall)은 언론 매체는 사건을 여과 없이 방송할 수 없으며, 선택적으로 사건을 다룬다고 주장한다. 하틀리(Hartley)는 뉴스란 사건의 언어적·사회적·역사적 결정 요소들을 단시 반영하는 것이 아니라, 능동적으로 작용해 가공되지 않은 자료를 수용자들에게 친숙하게 수용될 수 있는 인지 가능한 산물로 변형시키는 것이라고 말한다. 터크만(Tuchman)은 뉴스 제작진이 특정한 틀을 가지고 뉴스를 제작하며 그 틀의 특징에 따라 뉴스의 내용이 변화한다는 점을 지적함으로써, 뉴스가 사실과 정보들의 단순한 전달이 아닌 일정한 패턴으로 재조직되고 선별적으로 의미가 부여된 하나의 구성된 현실이라고 주장한다(백선기·이금아, 2011: 95에서 재인용). 이것은 언론인의 의도와 상관없이 언론이 가치중립적 태도에서 현실을 진단하고 보도하는 것이 아니라 언론이 작동하는 사회 내의 가치체계와 이데올로기의 틀 속에서 현실을 바라본다(정재철, 2009: 137)는 것을 반증한다.

또한 언론은 태생적으로 아젠다 세터(Agenda Setter)일 수밖에 없다. 정보를 제공하는 주체이기 때문이다(McCombs, 정옥희 역, 2012: 5). 예를 들면, 일부 문제로 우리의 주목을 끌면서 나머지 문제는 무시하는 방법으로 TV 뉴스는 물론 다른 언론도 정부, 대통령, 정책, 관직 출마 선거 후보들을 판단하는 기준에 영향을 미친다(McCombs, 정옥희 역, 2012: 215에서 재인용). 신문은 그날의 아젠다가 가진 상대적 현저성을 알리는 수많은 '암시(cue)'를 활용해 대중과 소통한다. 1면인지, 상단인지 하단인지, 헤드라인 크기는 어느 정도인지, 심지어 기사의 길이도 신문이 제시하는 아젠다의 현저성 정도를 암시한다. 웹사이트에서도 이와 유사한 암시들이 있다. TV 뉴스 아젠다는 수용량이 더 제한적이다. 따라서 저녁 뉴스 방송에서 언급되기만 해도 그 아젠다의 높은 현저성을 강하게 전달하는 효과가 있다. 방송되는 순서라든지 방송 분량도 추가적 암시다. 모든 언론 유형에서 하나의 테마를 날마다 반복하는 건 그 중요성을 알리는 가장 강력한 방법이다. 대중은 언론에서 포착한 이 같은 현저성 암시를 활용해 자신만의 아젠다를 조직화하고 어떤 이슈가 가장 중요한지를 결정한다. 언론이 어떤 의제를 비중 있게 다루면 일반 수용자들은 그 이슈를 중요한 것으로 생각하게 되어 결과적으로 그것은 중요한 의제로 부각되고, 언론이 주목하지 않는 이슈는 대중의 생각 자체에서 배제된다. 언론의 아젠다가 마침내 공공 아젠다가 되는 것이다(McCombs, 정옥희 역, 2012: 20).

언론이 대중의 논의 아젠다를 설정할 수 있다(McCombs, 정옥희 역, 2012: 21)는 것은 언론이 사회적 담론을 형성할 수 있음을 의미한다. 미디어는 독립적으로 존재하는 것이 아니라 정치, 경제, 사회, 문화 등의 사회적 산물과 밀접한 연관관계에 놓인 보도를 하며 그 속에서 의미가 해석되고 이데올로기와 담론을 생산해내는 역할을 한다. 미디어는 사회적 갈등을 중점적으로 전달하는 경향이 있는데, 이는 보도를 통해 특정한 집단의 관점만을 부각하거나 배제함으로써 사회적 권력관계가 생산되기 때문이다. 이러한 갈등상황을 보도함에 있어 특정 관점을 '양극화', '주변화' 하는 역할을 하고, 이는 담론을 제한하게 된다(백선기·이금아, 2011: 96-97).

이처럼 언론이 어떤 의도를 갖고 뉴스 보도 제작 과정에서 프레이밍(framing)을 하고 특정 관점을 부각시켜 아젠다를 구성하고 사회적 담론의 생산과 배제에 의도적으로 개입할 수 있다는 것은 수용자로서 독자들이 보다 넓은 시각에서 문제의 본질을 이해하지 못하고 언론사에 의해 구성된 아젠다와 담론을 제한적으로 접근하게 되어 결과적으로 왜곡된 가치관을 갖게 될 가능성이 크다는 것을 의미한다.

3. 남북관계 관련 언론보도의 현실

남북한 이슈를 이해하고 받아들임에 있어 언론의 역할을 어떻게 이해하여야 할까? 언론보도는 때로는 남북이 만들어내는 역사의 흐름을 되돌아가게 하는 힘을 발휘할 수도 있다(강태호, 2000: 222). 같은 사안이라 하더라도 언론에 따른 서사 구조가 다르면 아무리 보도 원칙을 잘 지켰다고 해도 서로 다르게 인식할 수밖에 없다. 그리고 이렇게 서로 다른 인식은 서로가 양해되는 상황이 아니라, 경쟁할 수밖에 없으며 갈등을 겪을 수밖에 없다(백선기, 2010: 31). 언론이 어떤 언어로 위기 상황을 의미화 하느냐에 따라 수용자들이 갖게 되는 위기에 대한 인식이나 판단, 대응이 전혀 달라질 수 있다(김동규, 2001;도정은·나은경, 2014: 388에서 재인용). 특히 남북관계나 안보와 관련된 사안은 직접 얻을 수 있는 정보의 양이 매우 적기 때문에, 수용자들은 미디어를 통한 간접 정보에 따라 사안을 인식하게 된다(백선기·이금아, 2011: 93).

남북관계, 통일 문제와 관련하여 언론보도가 갖는 중요성에도 불구하고 남북한 이슈를 다루는 언론 보도의 어려움은 현실적으로 존재한다. 첫 번째로 지적할 수 있는 어려움은 앞서 언급한 남북한 관계의 특수성과 연관되어 있다. 북한 관련 보도에 있어서 독특한 어려움은 민족화합이라는 이념적 지향성 속에서 북한이 우리의 안보를 위협하는 대상이 될 수 있으면서도 동시에 통일의 동반자라는 이중성을 갖고 있다는 데 있다(정재철, 2009: 150).

취재원 확보의 측면에서도 적대적 관계에서 균형 잡힌 언론보도를 한다는 것은 매우 어려운 일이다. 박용규(1998)는 북한보도의 경우 정부에 의한 통제나 이용이 이루어지면서 취재원이 지극히 제약되어 제대로 취재를 할 수 없다는 점, 언론사가 북한 관련 보도에 대해 적극적인 관심 표명이나 지원을 하지 않는다는 점 등을 지적하면서, 북한 보도에 있어서 이념적 편향성에 따른 비방, 비난 기사를 자주 게재하는 것은 물론 상업주의적인 경쟁에서 비롯된 오보를 남발하게 되면서 신뢰성을 크게 상실하고 있음을 주장하였다(201).

또한 북한 취재에선 자신의 눈으로 직접 보았다고 해서 그 모두가 진실은 아니라는 인식이 보다 더 중요하다. 자신이 경험한 일이라 해도 지극히 예외적이고 일부분에 지나지 않는 것이라면 사실은 될지언정 진실은 될 수 없기 때문이다(강태호, 2000: 222-223). 쉐리던(Sheridan)은 1997년에 쓴 「호랑이들 : 새로운 아시아·태평양의 지도자들」이라는 책에서 김정일이 정신 및 육체적 병으로 쇠약해지고 있다고 묘사했다. 여러 번 남쪽을 방문하면서 남쪽 정보기관 분석가들로부터 얻은 정보에 근거한 것이었다. 그러나 2000년 6월의 남북정상회담이 끝나고 그는 탄식하며 다음과 같이 말했다. "조작됐거나 잘못된 정보기관의 꼭두각시가 돼 보도를 잘못했었다. 내 죄로다!"(강태호, 2000: 228). 우리는 눈에 보이는 것만을 진실로 온전히 믿어버리는 잘못을 범하지 않도록 경계할 필요가 있다.

Ⅲ 연구 방법

'태양 아래 새 것이 없다'는 말과 같이 연구는 기존 사실의 발견과정이다(강병서·조철호, 2005: 101). 이 글에서는 남북한 이슈에 관한 언론보도가 어떻게 이뤄져 오고 있는지 연구 성과물을 분석하여 탐구하였다. 문헌 분석은 연구자가 탐구해보고 싶은 현상에 대한 정보를 담고 있는 문서자료의 수집과 분석의 방법을 말한다. 내용을 정밀하게 분석하여 관심 있는 영역의 사회현상에 대한 통찰을 얻고, 이론 검토와 가설 검증도 하고, 결론을 내리고자 하는 실질적인 연구방법이다(김경동 외, 1997; 박성춘, 2012: 282에서 재인용).

남북한 이슈에 관한 기존의 언론 보도에 대한 연구는 정부나 언론사별 정치적 성향이나 이념에 따른 보도 방식의 차이를 비교한 것이 주를 이룬다(김동윤, 2015; 이화행 외, 2015; 최종환 외, 2014 등). 아울러, 언론 생산자에 대한 연구, 언론 보도가 수용자에 미치는 영향과 수용자의 언론매체에 대한 태도에 관한 연구 등이 있었다.

이 글에서 논문들을 분석하기로 한 이유는 언론이 남북한 이슈를 다루는 방식이 언론학계를 중심으로 한 기존 학계에서 이미 충분히 이루어졌으므로 그것을 종합하고 분석하는 과정을 통해 한국사회에서 남북관계와 관련하여 언론이 어떤 모습을 보여 왔는지 이해할 수 있기 때문이다. 이 글에서는 문헌 분석을 위해 한국교육학술정보원 학술연구서비스[1]에서 학회명과 주제어 검색을 통해 분석하고자 하는 학술논문 목록을 확보하였다. 문헌연구 자료의 수집 과정은 [그림 1]과 같다.

그림 1 자료 수집 과정

학술연구서비스 주제어 검색
⇩
연관 학회 목록 작성(11개 학회)
⇩
학회별 주제어 검색
⇩
학술지 연구논문 42편 추출
⇩
논문 초록을 중심으로 연구 내용 및 범주 검토
⇩
분석 대상 학술지 논문 선정(33편)
⇩
주제별 학술지 논문 분류

1 http://www.riss.kr/

먼저 '남북', '북한', '남한', '이데올로기', '이념', '통일', '북핵', '탈북' 등의 주제어 검색을 통해 연구 주제와 맞는 논문을 발행한 적이 있는 학술지의 목록을 작성하였다. 연구 주제와 맞다고 판단된 논문이 1편 이상 확인된 학회는 '한국언론학회', '한국언론정보학회', '한국지역언론학회', '한국방송학회', '북한연구학회' 등이었다. 이후 학술연구서비스에서 '학회명' 검색을 실시하고, '결과 내 검색'을 통해 앞서 제시한 주제어를 각각 입력하여 총 46편을 논문을 수집하였다. 그리고 각 논문의 초록 검토를 통해 '남북한 이슈에 대한 언론 보도 연구'에 해당하는 논문을 찾은 결과, 한국언론학회의 『한국언론학보』에서 11편, 한국언론정보학회의 『한국언론정보학보』에서 6편, 한국지역언론학회의 『언론과학연구』에서 4편, 한국방송학회의 『한국방송학보』에서 2편, 부산경남울산언론학회의 『언론학연구』에서 3편, 북한연구학회의 『북한연구학회보』에서 2편, 기타 대학 부설연구소 등 기관에서 발행한 학술지에 게재된 논문 5편 등 총 33편의 분석 대상 논문을 선정하였다.

표 1 학회별 남북관계에 관한 연구 논문수

학회명	학술지명	논문 수
한국언론학회	한국언론학보	11
한국언론정보학회	한국언론정보학보	6
한국지역언론학회	언론과학연구	4
한국방송학회	한국방송학보	2
부산경남울산언론학회	언론학연구	3
북한연구학회	북한연구학회보	2
기타		5
합계		**33**

33편의 논문 제목과 초록을 살펴 연구 내용별로 범주화한 결과, 기존 연구가 [그림 2]와 같이'언론사의 이념과 보도 태도'(22편), '언론 생산자의 특성과 영향요인'(3편), '언론 보도가 수용자 인식에 미치는 영향과 수용자의 태도'(8편) 등을 주제로 진행되어왔음을 확인하였다.

그림 2 언론의 남북관계 보도에 관한 연구의 경향성

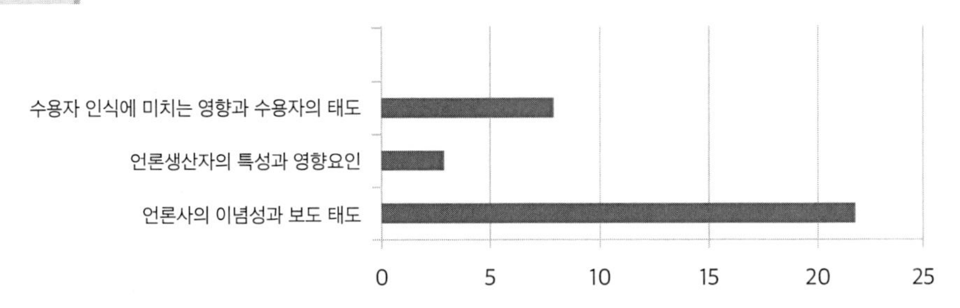

따라서 언론사의 이념성과 보도 태도, 언론 생산자의 특성과 영향요인, 언론 보도가 수용자 인식에 미치는 영향과 수용자의 태도 등에 초점을 두고 분석하여 앞서 제시한 연구문제를 탐구하였다.

Ⅳ 발견

1. 언론사의 이념성과 보도 태도

언론사의 이념성을 밝히거나, 이념성에 따른 보도 태도를 다룬 논문은 [그림 3]과 같이 총 22편이었다. 이 중에서 진보매체와 보수매체를 선정하고 각 매체별로 보도의 실제를 분석한 논문이 19편이었고, 진보, 보수를 구분하기 다소 어려운 TV 방송 매체를 분석한 논문이 1편, 진보, 보수를 구분하지 않고 한국 언론 전반의 특성에 대해 연구한 논문이 2편이었다.

그림 3 언론사의 이념성 분석 현황

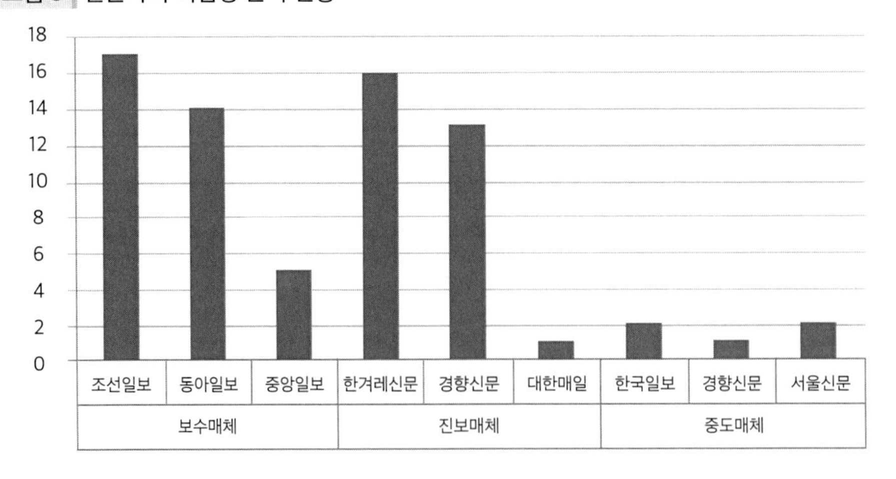

보수매체로 분류된 언론사는 조선일보(17회), 동아일보(14회), 중앙일보(5회) 등의 순으로 나타났다. 진보매체로 분류된 언론사는 한겨레신문(16회), 경향신문(13회), 대한매일신문(1회) 등의 순으로 나타났으며, 한국일보(2회), 서울신문(2회), 경향신문(1회)은 중도매체로 분류되어 연구가 이루어지기도 했다.

표 2 언론사의 이념성 분석 현황

연구자	출판년도	보수매체	중도매체	진보매체
이화행 등	2015	조선일보, 동아일보		한겨레신문, 경향신문
김동윤	2015	동아일보	서울신문	경향신문
최종환·곽대섭·김성욱	2014	동아일보	서울신문	경향신문
채영길	2012	조선일보, 동아일보		한겨레신문, 경향신문
하승희·이민규	2012	조선일보, 동아일보		한겨레신문, 경향신문
이완수·손영준	2011	조선일보, 동아일보		한겨레신문, 경향신문
백선기·이금아	2011	조선일보		경향신문
김수정·정연구	2011	조선일보, 동아일보, 중앙일보		한겨레신문, 경향신문
김경희·노기영	2011	조선일보, 동아일보		한겨레신문, 경향신문
이원섭	2009	조선일보, 동아일보, 중앙일보	한국일보	한겨레신문, 경향신문
김영욱·임유진	2009	조선일보, 동아일보		한겨레신문, 경향신문
곽정래·이준웅	2009	조선일보, 동아일보	한국일보	한겨레신문, 경향신문
이원섭	2006	조선일보, 동아일보, 중앙일보		한겨레신문
이우승·영선	2006			
이진로	2003	조선일보		한겨레신문
윤호진	2003	조선일보, 중앙일보		한겨레신문
이영애	2003	조선일보, 동아일보, 중앙일보		한겨레신문, 경향신문, 대한매일
정재철	2002	조선일보		한겨레신문
한동섭	2001	조선일보	경향신문	한겨레신문
박용규	1998			
신명순	1994			
송정민	1990	조선일보, 동아일보		한겨레신문

논의를 종합해보면, 다수의 연구자는 보수적 이념성을 띤 매체로 조선일보와 동아일보를, 진보적 이념성을 띤 매체로 한겨레신문과 경향신문을 분류하고 있다. 손영준(2004)은 방송 3사의 경우 보수, 진보로 구분이 어렵다고 하였다. 방송 뉴스의 특성상 보수 진보로 대별되는 특정 해석 프레임을 지속적으로 제시하기 어렵고 또 상대적으로 사실(fact) 관계에 기초한 단편 보도에 치중할 수밖에 없는 것을 이유로 들었다(260). 그러나 손영준의 연구 이후 새롭게 출현한 종합편성채널을 연구 범위에 포함하면 연구 결과는 달라질 것으로 보인다. 이 글에서는 방송사의 보도를 중점으로 살펴보지는 못했다.

언론사의 이념성은 보도 태도에 어떤 영향을 미치고 있을까? 김경희 · 노기영(2001)에 의하면, 보수신문은 진보신문에 비해 상대적으로 북한을 더 적대국으로 묘사하고 있으며, 비합리적이고 남한과는 이질적인 존재로 재현하고 있었다(362). 한동섭(2001)은 조선일보가 북한 관련 주제나 해당 영역, 그리고 논조와 시선에서 상당히 비우호적이고 차가운 시선을 담은 기사를 많이 다루는 반면, 한겨레신문은 북한에 대한 우호적이고 따뜻한 시선을 유지하면서 경제 교류를 통한 북한과의 관계 개선을 강하게 희망하고 있음을 확인하였다(288).

북한주민의 생활실태에 관한 국내 신문보도 프레임을 분석한 하승희 · 이민규(2012)에 의하면, 보수성향의 신문은 '북한체제 프레임'과 '체제에 의한 억압 프레임'을 사용하며 북한의 독재체제를 비판하였다. 진보성향의 신문은 '북한주민 삶의 질 프레임'과 '식량난 · 의약품 · 생필품 부족 프레임'을 사용하여 북한의 열악한 생활환경을 부각한다(237).

한 연구에 의하면, 조선일보는 핵 문제와 관련해 북한에 대해 정서적 측면에서 매우 부정적으로 인식하고 있으며, 한겨레신문은 북한을 미국의 군사적, 경제적 압력을 받는 호전적인 정권으로 인식하고 있으나, 경제 개혁과 외국의 투자 유지를 위해 미국, 일본과의 관계 개선을 강력히 희망하고, 미국의 외면으로 답보상태에 빠진 현실을 타개하기 위해 초강경수를 두고 있는 민족의 한쪽으로 다루고 있었다(이진로, 2003: 675).

이영애(2003)에 의하면, 〈표 3〉과 같이 조선, 중앙, 동아일보의 경우 북한과 적대적이고 대결적인 의미를 담은 사설을 주로 내보내는 반면, 한겨레, 경향, 대한매일

신문은 차분한 대응과 갈등 해결을 위한 과제를 중심으로 사설을 게재하고 있었다(203).

표 3 서해교전에 대한 신문사 사설 제목 비교(이영애, 2003: 197-203)

구분	조선 · 중앙 · 동아	한겨레 · 경향 · 대한
1999년 서해 교전 이후	'북괴, 적이라 했다고 성토하다니'(조선) '교전사태 냉철히 대처하자'(중앙) '북한은 더 이상 모험말라'(중앙) '소아버리고 내우외환 대처를'(동아) '이러고도 햇볕정책인가'(동아)	'서해교전 차분히 대처해야'(한겨레) '일부 언론의 위기 부추기기'(한겨레) '교전 냉철히 마무리해야'(경향) '서해교전 이후 과제'(대한매일) '내부혼란 빨리 수습해야'(대한매일)
2002년 서해 교전 이후	'북의 의도적 도발과 얼빠진 대응'(조선) '남북 당국자회담 즉각 열어라'(중앙) '군 대응태세 잘못없나'(중앙) '정부, 서해 만행 흐지부지말라'(동아)	'재발한 서해교전 의연한 대처를'(한겨레) '용납할 수 없는 축제일 북 도발'(경향) '서해교전 이후 과제'(대한매일)

윤호진(2003)은 대다수의 매체와 달리 조선일보는 한미 양국의 전문가와 미국 관리들의 시각을 주로 전달하면서, 북핵 사태의 직접적인 당사국인 북한의 입장 또는 사정을 고려하지 않고 미국의 입장에 대해서도 의문을 제기하지 않고 있음을 확인하였다. 반면, 한겨레신문은 대화를 통한 해결을 강조하면서도 민족자존 차원에서 북한이 핵 문제를 평화적으로 처리해야 한다고 촉구했다(79-81).

채영길의 연구(2012)에 의하면, 한 · 미관계의 주요 이슈와 관련해서 진보신문의 경우는 군사외교를, 보수신문의 경우는 북핵 안보를 주요하게 다루고 있었으며 정권의 이념에 따라서도 관심 이슈가 변하고 있어 미디어의 이념성이 이슈 선택을 결정하는 주요 변인임을 알 수 있게 한다(566-567).

언론사의 이념성에 따라 정보원의 활용도 유의한 연관성을 보인다. 하승희 · 이민규(2012)는 보수적 성향의 신문이 익명 정보원을 빈번하게 활용하는데 반해 진보 성격의 신문인 한겨레와 경향신문은 모두 실명 정보원이 가장 많은 비중을 차지하고 있음을 밝혔다(237-238). 한편, 정보 소스의 유형에 있어서는 이념성과 상관없이 모든 신문사가 한 · 미 관련 국가의 정부 기관이나 관료로부터 언급된 내용을 인용하고 있었다(하승희·이민규, 2012: 566).

표 4 언론사의 이념성과 보도 태도

구 분	보수매체	진보매체
이데올로기	반공이데올로기	민족·화해·협력 이데올로기
북한관	적대국, 정서적 접근, 비우호적, 차가운 시선	민족, 관계개선·갈등해결 대상, 우호적·따뜻한 시선
보도 프레임	북한 체제에 의한 억압	북한 주민의 삶의 질, 식량난, 의약품·생필품 부족
북핵 문제 원인과 해결책	북한체제 모순 ⇨ 대북제재, 안보강화	남한 내부 정치문제 ⇨ 국제사회공조
한미관계 주요 이슈	북핵 안보	군사 외교
정보원 활용	익명 정보원	실명 정보원
	한·미 정부 기관, 관료 의존도 높음	

논의를 요약하면 〈표 4〉와 같다. 북핵 사태와 같이 사안에 따라 이념성과 무관하게 보도가 이루어지는 경우도 있지만, 이데올로기, 보도 프레임, 북한에 대한 관점, 정보원의 활용, 북핵문제와 한미관계 주요 이슈를 다루는 방식 등이 언론사의 이념성에 따라 다르다.

보수 매체는 반공 이데올로기에 바탕을 두고, 북한을 적대국으로 인식하며 북한 체제에 의한 억압 프레임을 사용하여 비우호적 관점에서 보도하고 있었다. 또한 북핵 문제의 원인 진단에 있어서도 북한체제 모순에서 원인을 찾고 해결 방법도 대북제재, 안보 강화 등에서 찾았다. 정보원의 활용에 있어서도 보수매체는 익명의 정보원을 주로 활용하였다. 이에 반해, 진보 매체는 민족·화해·협력 이데올로기에 바탕을 두고 북한을 같은 민족이자 갈등을 함께 해결해 나가야 할 대상으로 인식하며 북한 주민의 삶의 질 프레임, 식량·의약품·생필품 부족 프레임 등을 통해 비교적 우호적이고 따뜻한 시선을 유지하였다. 북핵 문제의 원인을 남한 내부 정치문제에서 찾는 경향이 있으며 문제 해결 방법도 국제 사회 공조를 통한 해결을 강조하였다. 정보원의 활용에서도 실명 정보원을 주로 활용하고 있었다.

2. 언론 생산자의 특성과 영향 요인

신문 기자, 방송 기자, 방송 뉴스 제작 PD 등은 대표적인 언론 생산자다. 언론 생산자 역시 사회적 존재로 그들을 둘러싼 환경으로부터 독립적이지 않다. 남북한 이슈와 관련한 언론보도에서 언론 생산자의 특성과 이들에게 영향을 미치는 요인에 대한 연구 논문은 3편이었다.

정재철(2009)은 국내 방송사 기자가 북한 관련 보도에서 가장 많이 영향을 받는 요소가 국민 정서나 특정 사건이 유발시킨 정세인 것을 확인했다. 또한 정부가 주도하는 대결 구도의 경직된 대북 정책과 대북관 혹은 보수 언론의 대북관 등이 기자들의 자유로운 북한 뉴스 가치 판단에 심리적인 압박을 가하고 있는 것으로 분석하였다(135). 방송사 외부 환경이 기자의 북한 보도 및 프로그램 제작에 미치는 요인으로는 무엇보다 정부가 주도하는 달라진 대북정책과 대북관, 보수 언론들의 대북관이라고 할 수 있다. 이러한 요인들이 방송 기자들에게 심리적으로는 상당한 압박을 가하고 있는 것으로 나타났다(정재철, 2009: 148).

김재선(2014)은 북한 뉴스 현장 취재기자들의 취재원(북한) 인식을 '적대적 대결형', '우호적 공존형', '민족중시적 협력형', '합리적 경쟁형' 등 4개의 유형으로 구분하였다(5-6).

'적대적 대결형'은 북한을 대화의 상대가 아닌 적대의 상대로 파악하며, 북한의 태도에 강한 의구심이나 적대적 태도를 표출하였다. 동시에 북한 문제를 남한의 입장에서만 판단하고 강경한 대응을 주문하는 등 매우 강한 보수주의적 태도를 보였다.

'우호적 공존형'은 북한에 대한 경계심을 강조하고 북한의 태도에 의구심과 불신을 표출하면서 한편으로 남북 간에 상호존중과 공존공영을 강조하는 중도 진보주의적 태도를 보였다. 그러나 '민족중시적 협력형'에 비해 현재의 남북분단 구조를 인정하고 현상유지의 틀 안에서 북한 문제를 보려고 한다는 점에서 보수적 성향을 갖고 있었다.

'민족중시적 협력형'은 북한을 동반자 관계로 인식하면서 특히 같은 민족으로서 북한주민의 인권에 강한 관심을 보이는 등 동포애와 민족의 공존공영을 중시하는 태도를 보이고 있었다. 아울러 북한 관련 문제를 북한의 입장에서도 이해해야 한다는 매우 강한 진보주의적 태도를 보였다.

'합리적 경쟁형'은 북한을 적대적 관계이면서도 동시에 동반자적 관계로 보려고 하며, 전반적으로 남한의 입장을 중심으로 판단하나, 사안에 따라 남북협력의 필요성을 인정하면서도 북한에 대한 남한체제의 우월감을 표현하는 중도 보수주의적 태도를 보였다.

배진아 등(2009)은 방송 관계자들이 통일을 실용적, 경제적, 장기적 관점에서 이해하는 경향이 있었으며, 통일 관련 프로그램의 편성 및 제작 과정에 경제적 논리가 중요하게 작용하고 있음을 밝혔다(126-127).

표 5 언론 생산자에 영향을 미치는 요인

내적 요인	외적 요인
강한 보수주의 중도 보수주의 중도 진보주의 강한 진보주의	남북한 이슈와 정세 국민 정서 정부의 대북관과 대북정책 언론사의 대북관

이상의 논의를 〈표 5〉와 같이 종합할 수 있다. 국내 언론사 기자는 북한 관련 보도에서 국민정서, 특정 사건이 유발시킨 정세, 정부의 대북 정책과 대북관, 보수 언론의 대북관 등으로 인해 자유로운 북한 뉴스 가치 판단에 심리적인 압박을 받고 있으며, 언론사 간부들의 신중한 대북관과 방송사내 분위기 역시 심리적 영향을 주고 있다. 또한 취재기자들의 북한에 대한 인식이 어떠한가에 따라 강한 보수주의, 중도 진보주의, 강한 진보주의, 중도 보수주의 등의 태도를 보였다. 또한 방송 관계자들은 통일을 실용적, 경제적, 장기적 관점에서 이해하는 경향이 있고, 통일 관련 프로그램의 편성 및 제작 과정에 경제적 논리를 중요하게 고려하고 있다. 이를 통해 취재기자의 대북한 인식이 뉴스 보도에 반영되고 수용자에게 영향을 미칠 수 있다.

3. 수용자 인식에 미치는 영향과 수용자의 태도

언론 수용자에 대한 연구는 8편이 확인되었다. 이 중에서 언론 보도가 수용자 인식에 미치는 영향에 대한 논문이 총 6편, 수용자의 언론에 대한 태도에 관한 논문이 2편이었다. 언론 보도를 접한 수용자는 실제로 어떤 영향을 받았을까? 손영준

(2004)은 조선일보와 동아일보를 이용할수록 응답자들은 상대적으로 더 보수적인 대북의견을 가졌으며, 한겨레신문과 오마이뉴스를 이용할수록 더 진보적 의견을 갖는 것을 밝혔다(240).

이종혁(2015)은 언론 수용자들이 우호적 매체에 대한 동화 편향과 적대적 매체에 대한 대조 편향이 있음을 밝혔다. 수용자들은 언론 보도의 공정성에 대해 중도적 매체를 우호적 매체 이상으로 긍정적으로 평가했다. 더 나아가 우호적 매체가 자기 쪽에 불리하게 보도했다고 인식할수록 더 공정하게 평가했다. 또한 적대적 매체가 자기 쪽에 유리하게 보도했다고 인식할수록 더 공정한 것으로 평가했다(8).

이준웅(2004)은 중앙일보를 구독하거나 신뢰하는 독자들이 다른 사람들에 비해 통일에 대해 부정적인 태도를 지닌 것을 확인했다. 또한 조선일보를 신뢰하는 응답자는 대북 지원에 대해 부정적인 인식을 갖고 있으며, 통일비용 부담 의지도 적고, 햇볕정책에 대해 부정적으로 평가하는 것을 확인했다. 반면, 한겨레를 신뢰하는 독자는 다른 사람들에 비해 대북지원을 긍정적으로 인식하고, 당시 참여 정부의 통일정책에 대해서도 긍정적으로 평가하고 있음을 확인했다(48-49).

특정한 관점과 의도를 지닌 언론 매체를 자주 접하게 될 때 수용자들은 어떤 태도를 보일까? 이건혁 등(2004)에 의하면, 수용자의 이슈 관여, 이념 극단성, 정치 참여는 신문과 방송에 대한 '미디어 분리'와 정적 관계를 가지는 것으로 나타났다. 미디어 분리는 특정 이슈에 대한 인지된 미디어 보도와 자신의 의견 간 격차 인식을 의미한다. 또한 이념 극단성과 정치 참여는 신문 불신과 정적 관계를 나타냈다(198). 이슈에 대한 관여가 높고 이념 성향이 극단적일수록, 이슈 관련 참여에 적극적일수록 미디어 분리를 강하게 인식하고, 나아가 미디어 보도를 불신할 가능성이 높은 것으로 나타났다(이건혁 외, 2004: 212).

V 언론환경을 고려한 통일교육의 변화

문헌 분석을 통해 언론사와 언론 생산자는 특정한 이념성을 견지한 가운데 보도에 임할 가능성이 많고 그러한 보도를 접하는 독자 역시 판단에 영향을 받을 수밖에 없음을 확인하였다. 이 연구는 학생 대상 통일교육을 보다 진전시킬 방안을 고민하면서 시작되었다. 학생 또한 미디어 수용자로서 어떤 미디어를 자주 접하는가에 따라 북한 및 통일 문제에 대한 가치관 형성에 있어 영향을 받을 수밖에 없다.

오늘날 학교 현장에서는 언론 기사, 뉴스 영상, 다큐멘터리 영상 등 멀티미디어 자료를 활용한 수업이 보편화되었다. 교사들은 통일교육을 할 때도 다양한 경로를 통해 사진, 영상, 기사 자료 등을 수집, 재구성하여 수업에 활용한다. 그러나 남북관계가 처해 있는 특수성은 객관적인 언론 보도를 어렵게 만들고 있으며, 특정 관점에 선 언론사의 보도 프레임과 결합하게 될 경우 그것이 수용자인 학생들의 인식을 심각하게 왜곡할 가능성이 크다. 이러한 현실을 깊이 인지하고 받아들인다면 학교 통일교육의 효과적인 실행을 위해서는 학교 안의 노력과 더불어 학교 밖에서의 영향에 대한 연구도 병행되어야 한다.

첫째, 교육적 관점에서 통일교육 환경에 대한 구성원들의 성찰이 요구된다. 아프리카 속담에 "한 아이를 키우려면 온 마을이 필요하다"는 말이 있다. 우리는 흔히 학교교육이 학생들의 인성과 지적 능력 향상을 위한 유일한 방편인 것처럼 생각하는 경향이 있지만, 실제로 학생들이 보고 배우는 공간은 학교로 제한되지 않는다. 학교 안에서도 학교 밖 세상에 접속할 수 있는 방법이 언제나 열려 있을 뿐만 아니라, SNS 등을 통해 사회문제에 참여하는 학생들 또한 많다. 이러한 현실에서 사회적 아젠다를 제시하고 담론을 이끌어가는 기성세대인 언론인과 학부모 또한 그 책임을 무겁게 공유해야 한다.

둘째, 미디어 리터러시 교육이 그 어느 때보다 절실하다. 비판적인 미디어 읽기 능력을 키우기 위한 수업이 필요하다. 학교 수업이 아니더라도 학생들이 언론을 비롯한 미디어 환경에 노출될 가능성은 매우 크다. 다수의 교사는 신문, 방송사의 뉴스 보도, 다큐멘터리 등을 비교적 신뢰하는 가운데 수업 자료로 활용한다. 그 내용이 교과수업의 의도에 부합하더라도 언론 기사나 방송 뉴스를 이해할 수 있도록 관심을 갖고 학교에서 다뤄야 한다.

교사들이 언론사의 의도에 의해 지배당하지 않고 기사에 포함되어 있는 행간을 간파해내고, 그 이면을 비판적으로 바라볼 수 있는 안목을 가져야 한다. 더 이상 통일지향적인 지식의 덩어리를 교사가 잘 선별하여 학생들에게 전달하는 방식의 통일교육으로는 학생들이 그들의 부모나 매스컴을 통해 일상적으로 접하는 북한과 통일에 대한 선입견을 극복하도록 하는 것이 불가능하다(조정아, 2007: 294). 이러한 문제점을 극복하기 위해서는 수업에서 학생들이 주인으로 참여해야 하며, 참여를 통해 스스로 성찰하는 힘을 길러야 한다.

셋째, 통일교육을 하는 교사는 관련 내용을 다룸에 있어 보다 신중하면서도 명확한 지향점을 가져야 한다. 예를 들어, '북한을 무조건 많이 소개해 주는 것이 좋은 통일교육일까?'를 성찰해야 한다. 김성준·이창현(2002)에 의하면, 뉴스 내용에 담겨있는 북한 사회의 이질감 및 경제적 낙후성 때문에 우호적 뉴스 처치 집단의 피험자들도 북한에 대해 부정적으로 인식할 가능성이 있다. 교사가 열정적으로 북한 사회의 여러 모습을 소개하는 것만으로 훌륭한 통일교육이 되지 않을 수 있다. 부분적인 사실이 진실을 나타내지 않을 수 있다는 점을 통일교육의 과정에서 보다 적극적으로 이해할 필요가 있다. 교사는 자신의 수업이 학생들에게 어떤 영향을 미칠 것인지, 그 영향이 자신의 수업 목표와 일치하는가에 대해 심사숙고할 필요가 있다.

참고문헌

강병서·조철호(2005), 『연구조사방법론』, 무역경영사.

강태호(2000), "남북관계의 중심에 선 언론 - 방북취재를 어떻게 할 것인가", 『관훈저널』, 77.

곽정래 · 이준웅(2009), "김대중 · 노무현 정부시기 탈북자 문제에 관한 언론의 프레임 유형 연구", 『한국언론학보』, 53(6).

국가정보원(2022), 『북한법령집 上』, 서울: 국가정보원.

국립통일교육원(2023), 『2023 학교 통일교육 실태조사 결과 보고서』, 서울: 국립통일교육원.

김경희 · 노기영(2011), "한국 신문사의 이념과 북한 보도방식에 대한 연구", 『한국언론학보』, 55(1).

김근식(2008), "남북관계 60년과 남북대화", 『북한경제리뷰』, 2008.8.

김동윤(2015), "정권시기별 '북핵 실험 및 미사일 발사' 관련 보도양상과 프레임: 보수지와 진보지, 그리고 지역지간 비교를 중심으로", 『언론과학연구』, 15(1).

김성준 · 이창현(2002), "북한 관련 TV뉴스의 프레이밍 방식에 따른 수용자의 인식 변화에 대한 실험연구", 『한국언론정보학보』, 19.

김수정 · 정연구(2011), "무(無)보도 현상과 언론윤리 그리고 한국사회의 이념갈등", 『한국언론정보학보』, 53.

김영욱 · 임유진(2009), "언론의 정부-언론 관계와 언론 정책에 대한 담론 변화 분석", 『한국언론학보』, 53(4).

김재선(2014), "Q방법을 통한 한국 신문기자들의 북한에 대한 인식유형 연구", 『언론과학연구』, 14(4).

도정은 · 나은경(2014), "북한 관련 언론 보도의 메시지 해석 수준 및 수용자의 시간적 거리감이 통일에 대한 태도와 전쟁 위험 인식에 미치는 영향", 『한국언론학보』, 58(1).

박성춘(2012), "통일교육 학술연구 문헌 분석", 『윤리연구』, 84.

박용규(1998), "한국 언론의 북한 보도 현황과 통일 지향성에 관한 연구", 상지대학교 논문집, 19.

배진아·곽정래·윤석민(2009), "방송의 통일 이념 실천에 관한 주요 관계자의 인식", 『한국방송학보』, 23(6).

백선기(2010), 『보도비평, 그 기호학적 해석의 즐거움』, 서울: 커뮤니케이션북스.

백선기·이금아(2011), "'천안함 침몰' 사건의 보도 경향과 이데올로기적 의미-뉴스 기사들에 대한 백선기의 기호네트워크분석(SNA)과 담론구조분석(DSA)를 중심으로", 『언론학연구』, 15(1).
손영준(2004), "미디어 이용이 보수 진보적 의견에 미치는 영향", 『한국언론학보』, 48(2).
송정민(1990), "언론의 대북한 인식의 틀", 『현대사회과학 연구』, 1(1).
신명순(1994), "한국 언론의 북한 관련 보도에 대한 평가", 『동아시아연구논총』, 3.
윤호진(2003), "북한 핵 관련 한국 언론의 보도 방식과 논조 분석", 『아세아연구』, 46(3).
이건혁 외(2004), "수용자의 이슈 관여, 이념 극단성, 정치 참여가 미디어 분리와 불신에 미치는 영향", 『한국언론학보』, 48(4).
이영애(2003), "한국 언론의 대북관 비교연구: 양대 서해교전의 보도내용과 보도태도를 중심으로", 『북한연구학회보』, 6(2).
이완수 · 손영준(2011), "북한 핵실험 이슈에 대한 언론의 의제구성", 『한국언론정보학보』, 56.
이우승 · 영선(2006), "국내방송의 북한 관련 보도 태도에 관한 연구: KBS의 9시 종합뉴스와 남북의 창을 중심으로", 『북한연구학회보』, 10(1).
이원섭(2006), "언론의 남북문제 보도에 나타난 이데올로기적 성향과 정부 정책 평가", 『한국언론정보학보』, 35.
이원섭(2009), "수평적 정권 교체와 언론의 남북문제 보도 분석", 『동아연구』, 57.
이종석(2012a), 『통일을 보는 눈』: 왜 통일을 해야 하느냐고 묻는 이들을 위한 통일론』, 원주: 개마고원.
이종석(2012b), 『한반도 평화통일론』, 파주: 한울아카데미.
이종혁 (2015), "언론 보도에 대한 편향적 인식이 공정성 평가에 미치는 영향", 『한국언론학보』, 59(1).
이준웅(2004), "언론 매체 이용 및 해석적 틀이 통일 및 대북정책에 대한 의견에 미치는 효과", 『한국언론학보』, 48(1).
이진로(2003), "북한 관련 언론기사에 관한 정치경제학적 연구", 한국언론학회 학술대회 발표논문집.
이화행 외(2015), "통일보도, 평가, 사회심리적 변인이 통일 관련 행동의도에 미치는 영향", 『한국언론학보』, 59(1).
이효원(2012), 『판례로 보는 남북한관계』, 서울: 서울대학교출판문화원.
정재철(2002), "한국언론과 이념담론", 『한국언론학보』, 46(4).
정재철(2009), "남한 방송의 북한 보도 생산자 연구", 『한국언론정보학보』, 48.
조정아(2007), "통일교육의 쟁점과 과제", 『통일정책연구』, 16(2).
채영길(2012), "한국 언론의 정파성과 국제커뮤니케이션 연구", 『언론과학연구』, 12(4).
최종환 · 곽대섭 · 김성욱(2014), "북핵 위기의 미디어 담론 분석", 『언론학연구』, 18(2).

하승희·이민규(2012), “북한 주민 생활 실태에 관한 국내 신문보도 프레임 연구”, 『한국언론정보학보』, 58.

한동섭(2001), “북한 관련 보도에 나타난 이데올로기 지형과 실천 방식”, 『언론과학연구』, 1(2).

한완상(2013), 『한반도는 아프다』, 파주: 한울.

현혜란(2024), “북한, ‘헌법에 대한민국 철저한 적대국가 규제’ … 도로 폭파 보도”, https://www.yna.co.kr/view/AKR20241017010600504, 연합뉴스 기사, 2024.10.17.

McCombs, M. E.(2004), *Setting the agenda: the mass media and public opinion*, 정옥희 역(2012), 『아젠다 셋팅』, 파주: 엘도라도.

제4부

통일교육의 개선 방향

PEDAGOGY OF UNIFICATION EDUCATION

제1장

보이텔스바흐 합의와 학교 통일교육

Ⅰ. 서론

Ⅱ. 보이텔스바흐 합의의 주요 명제와 쟁점

Ⅲ. 학교 통일교육 관련 교육과정의 한계

Ⅳ. 보이텔스바흐 합의가 학교 통일교육에 주는 시사점

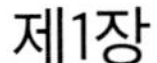

제1장

보이텔스바흐 합의와 학교 통일교육

I 서 론

정부의 대북정책은 정권 교체기마다 그 지향점을 달리해왔다. 과거 반공교육과 통일안보교육 시기에 대한 논의를 제외하더라도, 최근 20여 년간의 정권 교체 과정에서 대북정책의 변화는 극과 극을 오갔다. 김대중 정부의 대북정책을 계승·발전시키고자 한 노무현 정부의 대북정책은 '평화번영정책'이었다. "이명박 정부는 한미공조를 통한 비핵화와 개혁·개방을 통한 북한의 실질적인 변화에 초점을 두었다. 박근혜 정부는 튼튼한 안보를 바탕으로 남북 간 신뢰를 형성함으로써 남북관계를 발전시키는 한반도 신뢰프로세스를 추진하였다"(김홍수, 2014: 371-372). 문재인 정부는 평화 공존과 공동 번영을 대북 정책 비전으로 제시하였다(통일부, 2017: 14-15). 윤석열 정부는 '비핵·평화·번영의 한반도'를 통일·대북정책의 비전으로 제시하였다(국립통일교육원, 2023: 44). 이러한 대북정책의 변화는 '통일교육 지침서', '교과 교육과정' 등을 통해 통일교육 정책에 반영되었다.

대북정책의 변화는 통일교육 정책의 변화로 이어졌고, 통일교육은 그 자체로 독립변수가 되지 못했다. 교육 방향과 강조점의 수시 변화는 통일교육이 교육적 관점에서 보편성을 상실했음을 의미한다. 한편 남북관계에 대해 교사가 수업에서 한 이야기가 학부모의 민원 대상이 되기도 하고 교육과정의 취지에 맞게 통일 필요성을 설명하는 교사를 불편하게 바라보는 학생도 있다. 이러한 경험이 쌓이면 통일교육을 실행하는 교사들은 위축될 수밖에 없다.

이 장에서는 학교 통일교육을 둘러싼 제반 환경에 대한 이해, 그로 인한 문제 해결의 가능성을 독일 정치교육의 기본 원칙인 보이텔스바흐 합의에서 찾고자 한다. 1960년대 서독의 상황과 오늘날 우리 사회는 많은 점에서 닮았다. 서독 역시 분단 문제 극복을 위한 논의에서 갈등이 매우 컸다. 주 정부가 독립적으로 교육과정을 운영하던 상황에서 상대적으로 보수적인 기민당과 진보적인 사민당이 교차하여 집권하는 과정에서 교육정책의 지향점이 자주 변화되었다(장은주, 2018: 23).

기민당과 사민당 양쪽 모두 정치교육을 정치 도구로 이용하고자 했다. 독일의 정치교육은 주에 따라 사민당이 집권하는 주의 급진적인 형태와 기민당이 집권하는 주의 보수적인 형태로 다원화되었다(신봉철, 2017: 6). 이를 우려하여 1976년 보이텔스바흐라는 작은 도시에서, 바덴뷔르템베르크 주정치교육원 원장 실레(Schiele)가 발의하고 하이델베르크 대학교 교수였던 슈나이더(Schneider)가 도운 정치교육 토론회가 열렸다. 1박 2일간의 논의를 벨링(Wehling) 박사가 정리하였고 1년 뒤 단행본으로 발표하였다. 이 책의 핵심은 "정치교육의 도구화를 피하고 학생 중심의 교육 원칙을 바로잡는 것이었다"(이동기, 2018a: 63).

Ⅱ 보이텔스바흐 합의의 주요 명제와 쟁점

합의로 번역된 독일어 Konsens는 사회 구성원이 공감하는 기본적인 상식을 일컫는 말이다. 따라서 보이텔스바흐 합의는 서로 의견이 다른 사람이 양보하여 의견을 도출했다기보다 독일 사회에 널리 퍼진 정치교육의 기본 상식을 확인하고 공식화한 것(신봉철, 2017: 2-3)으로 보아야 한다. 이 합의는 학문적 내용의 일치 선언도 아니었고 법적 구속력이 있는 정치적 결정도 아니었다(이동기, 2016: 158). 정치교육의 방향이나 내용에 대한 합의가 아니라 일종의 교수·학습과 관련한 원칙에 대한 최소합의였다(신봉철, 2017: 10; 설규주, 2018: 157; 오기성, 2018: 571). 보이텔스바흐 합의의 주요 내용을 크게 3가지다.

1. 교화 금지

'교화 금지'는 '강압 금지'로도 불린다. 이는 '올바른 견해'라는 이유로 학생과 학습자들을 제압한다거나 그들의 자립적인 판단 능력을 방해하는 것은 허용되지 않는다(이동기, 2018a: 64)는 원칙이다. 이 명제는 토론회 발제문이 책으로 발간되었을 때 실레가 서문에서 밝힌 유일한 합의 내용이었다(이동기, 2016: 157). 이 원칙은 당시 정치교육에서 보수주의자들이 견지했던 정치사회화 입장과 급진주의자들이 견지했던 해방을 위한 의식화 입장 모두에 대한 거부였다. 그럼에도 서로 다른 정치적 입장을 가진 교육학자들이 동의할 수 있었던 것은 과거의 경험을 통해 교화가 갖는 위험성을 인식했기 때문이다.

교화는 부정적 의미로 사용되기도 하고 긍정적 의미로도 사용된다(김현·김정래, 2015: 211). 가르치며 감화시킨다거나, 사람의 인격과 생활을 변화시킨다는 긍정적 의미가 있다(심성보, 2018a: 269). 그러나 교화는 자율성, 개방정신, 비판적 사고 등과 같은 교육적 이상과 대조적으로 사용되는 경우가 많다. 도덕적으로 부당한 것 혹은 아주 특수한 맥락에서 허용되어야 할 필요악으로 생각되기도 한다(Baily, Carr & McCarthy, 2013: 115). 한마디로 다양성에 대한 존중을 기본으로 하는 자유민주주의 사회의 교육 원칙으로 적합하지 않다는 것이다.

교육목적의 불가피한 측면을 내세워 교화의 긍정적 의미를 부각하기도 한다. 스눅(Snook)은 교화가 교수방법으로서 또는 교육의 과정에서 배제할 수 없는 경우가 있다고 보았다. 즉, 기계적 훈련이 요구되는 교육내용 습득이나 초기 습관의 형성에서 교화가 필요하다. 또한 종교적 상황에서 대중교화(大衆教化)라는 표현처럼 권장하고 추구되어야 할 것으로 인식되기도 한다(김현·김정래, 2015: 212). 그러나 정치교육 또는 통일교육 논의와 기계적 훈련이나 종교적 상황에서의 교화는 구분해야 한다. 특정 정치적 신념이나 방향을 강조하여 대중들에게 그릇된 인식을 갖게 만드는 것, 특정 정치 지도자를 신격화하여 받들도록 하는 것 등은 반복적인 훈련을 통한 지식 습득이나 습관 형성과는 다른 문제이다.

교화 금지 명제에 제기된 문제와 쟁점은 다음과 같다. 첫째, 교화 금지가 정치교육에서 어떠한 가치관의 주입도 금지되어야 한다는 것으로 오해될 소지가 있다는 것이다(신봉철, 2017: 10). 예를 들어, '모든 인간은 존엄하다', '정직해야 한다'와 같은 기본적인 명제조차 교화의 내용이 될 수 없는 것인가 하는 문제다. 듀이는 교화—최고의 선이라도—는 너무나 쉽게 지배, 권위주의 그리고 심지어 전체주의로 유도될 수 있다면서 목적은 물론이고 수단이 도덕적으로 받아들여져야 한다고 주장하였다(심성보, 2018a: 271-272). 그러나 교화 금지가 모든 내용을 아무 제한 없이 가르칠 수 있다거나 모든 정치적 주장을 받아들어야 한다는 것을 의미하지 않는다. 관련하여 독일은 방어민주주의 국가로 나치 이후의 정치적 극단주의를 강하게 처벌하고 있다(신봉철, 2017: 10).

둘째, 교육자가 자신의 생각을 밝히는 것과 자신의 견해를 학생들에게 주입하는 것이 어떻게 다른가의 문제가 제기된다(이동기, 2018a: 70-71). 오베를레(Oberle)는 "교사의 정치 신념은 의도하지는 않더라도 계속 수업에 영향을 끼치기 때문에 자신의 입장에 대해 침묵하는 행동은 오히려 결과적으로 학습자들을 아주 교묘한 방식으로 강압할 수 있다. 개인적인 정치적 견해와 자신의 정치 참여에 대해 공개하는 것은 교사의 신뢰성 강화에 기여하는데 그것은 학습자들에게 정치적 시민의 모범으로도 의미 있게 작용할 수 있다."고 하였다(Pohl, 2018: 103-104에서 재인용). 수업 시간에 사회적으로 첨예하게 논쟁 중인 사안에 대해 학생이 교사의 입장을 물을 때 교사가 학생의 질문에 성실하게 답하는 것은 오히려 학생이 교사를 더욱 신뢰하도록 만들 수 있다. 교사로부터 자신이 존중받고 있고 대등한 대화를 나누고 있음을 이해하기 때문이다.

2. 논쟁성에 대한 요청

'논쟁성에 대한 요청'은 '논쟁성 원칙'이라 불리기도 한다. 이는 정치에서 다투는 쟁점들은 학교 수업에서도 논쟁적으로 재현되어야 한다는 말이다(이동기, 2018a: 65). 학문적으로나 정치적으로 논쟁이 되고 있는 주제들은 학교 교실에서도 제대로 소개하고 분석적으로 다루어야만 특정 이념이나 주장에 맹목적으로 빠지는 것을 막을 수 있다(이동기, 2016: 157). 사회는 학교와 분리되어 있지 않고 밀접하게 연결되어 상호작용하기 때문에 사회에서 일어나는 일들은 교육의 소재가 되고 주제가 된다. 중요한 것은 교실에서 민감할 수 있는 사회문제를 어떤 방식으로 다루는가에 있다.

논쟁성에 대한 요청 명제에 대해 제기된 쟁점은 다음과 같다. 첫째, 논쟁성에 대한 요청이 교육의 중립성을 의미하는 것인가에 대한 것이다. 논쟁성이 곧 중립성으로 이해될 수 있다는 것이다(Besand, 2017; Pohl, 2018: 102에서 재인용). 중립성은 학습자를 오히려 탈정치화 시키거나 정치적 냉소주의를 야기할 수 있다(이동기, 2018a: 71). 그러나 교육의 중립성을 지키면서도 논쟁적인 이슈를 다룰 수 있다. 예를 들어, 교사가 어떤 정치적 입장에서 학생들에게 그것만을 이해하도록 설명한다거나 학생들이 특정 입장에 대해서만 조사하여 발표하도록 하는 것 등은 중립성을 훼손한다. 반면 수업 과정에서 다양한 입장이 자율적으로 논의될 수 있는 환경을 마련한 가운데 논쟁이 이루어진다면 그것은 중립성 훼손으로 보기 어렵다. 이 과정에서 학생들은 정치문제를 자신의 문제로 인식하고 관심을 갖고 참여할 수 있게 된다.

둘째, 논쟁성에 대한 요청이 수업이나 교육 참여자들의 모든 정치적 입장을 수용해야 하는가의 문제가 제기된다(Pohl, 2018: 95). 정치교육자들은 정치교육에서 모든 입장이 다 재현될 가치가 있는 것으로 여겨져서는 안 된다는 데 이견이 없다. 무엇보다 인권을 무시하는 견해는 여타 견해들과 동등한 권리를 지닐 수 없다(Pohl, 2018: 98). 그러나 수용할 수 있는 입장과 수용할 수 없는 입장의 경계를 어떻게 구분할 것인가의 문제는 여전히 남는다. '인권을 무시하는 견해'가 하나의 기준으로 제시되긴 했지만 이 또한 기준이 명확하지 않다. 논쟁성 원칙을 교실에서 적용할 때 학생들이 보일 수 있는 반응은 매우 다양할 수 있는데 수용 여부의 결정은 교실에서 학생들과 기준에 대한 공감대를 형성해야 하는 어려운 문제이다. 교사의 전문성이 요구된다.

셋째, 교사의 역할이 수동적이라는 비판이 있다(설규주, 2018: 156). 이는 논쟁성에 대한 요청 명제의 의미를 학생들이 논쟁하고 교사는 단지 지켜보기만 해야 하는 것으로 오인하는 데서 비롯된다. 그러나 논쟁 재현 과정 자체가 매우 전문적인 활동이며 그 과정에서 교사의 역할은 매우 중요하다. 교사는 학생과 상호작용에 참여하고 논쟁점에서 벗어나지 않도록 활동을 촉진해야 하며 학생 간 상호작용이 원만하게 이루어질 수 있도록 도와야 한다. 보이텔스바흐 합의는 교사에게 학습 공간에서 학생들로 하여금 배움이 일어날 수 있도록 돕는 역할을 요청하는데 이는 매우 전문적이고 적극적인 역할이다.

넷째, 정치문화와 논쟁 참여 학생들의 역량이 갖춰져 있는가에 대한 우려가 있다. 보이텔스바흐 합의는 구성원의 성숙한 의식, 사회 내에 존재하는 건전한 토론과 합의에 의한 정치문화를 전제하고 있는데, 이것이 결여된 보이텔스바흐 합의의 수용은 매우 위험할 수 있다(신봉철, 2017: 11). 정치문화는 하루아침에 개선되지 않으며 학생들의 역량 또한 장기간 배움의 과정을 통해 형성된다. 비록 논의 과정에서 미숙함을 보이거나 잘못된 판단을 하더라도 그러한 경험을 통해 학생들은 자신의 생각과 행동을 성찰할 수 있고 성숙해지는 계기를 갖게 된다. 논쟁 참여 역량 또한 이론 학습이 아니라 수많은 참여 과정 속에서 축적된다.

3. 학습자의 이해관계 인지

'학습자의 이해관계 인지' 원칙은 '학습자 이익 상관성 원칙' 또는 '학습자 중심 원칙' 등으로 불린다. 학생들은 정치적 상황과 자신의 이해관계가 놓인 상황을 분석할 능력을 가질 수 있도록 안내되어야 하고 추상적이거나 공허한 내용을 다룰 게 아니라 배우는 사람 자신의 삶을 이해하고 분석할 수 있도록 보조해 주어야 하며 학습자의 실제 삶의 조건과 이익과 연관되는 내용이 교육 내용에 들어와야 한다(이동기, 2016: 158).

학습자의 이해관계 인지 명제에 대해 제기된 쟁점은 다음과 같다. 첫째, 보이텔스바흐 합의가 지나치게 개인주의적이라는 비판이 있다. 이 명제가 개인의 협애(狹隘)한 이익에 대한 관심으로 한정될 우려가 있고(이동기, 2018a: 71), 공동체를 전제로 한 정치교육의 본질에 부합하는지(Schiele, 2009; 안성경, 2017: 30에서 재인용)에 대한 문제제기이다. 이 점과 관련하여 합의가 부분적으로 보완되었다. 슈나이더는 학생(또는 성인)은 정치적 문제를 분석하고, 그것에 의해 영향을 받는 당사자의 입장에서 생각해 볼 뿐만 아니라, 사회 전체에 대한 공동책임을 고려하여, 자기의 이해관계에 따라 문제 해결에 어떻게 영향을 미칠 것인지 방안을 강구할 수 있도록 해야 한다(Schneider, 1987: 30; 허영식, 2018: 33에서 재인용)는 점을 강조했다. 학습자인 '나'의 관심을 끌지 못하면 배움이 일어나지 않을 수 있다. 이를 고려하면 학습자가 자기 이익의 관점에서 사고하도록 하는 것은 필요하다. 또한 다양한 입장이 논쟁의 과정에서 공유되는 가운데 자신의 이익을 존중받기 위해서 타인의 이익을 함께 존중해야 한다는 가치 또한 강조해야 한다.

둘째, 학습자의 이해관계 인지 명제가 학생들의 정치적 지식에 대한 폭을 줄일 수도 있으며, 정치적 판단의 폭을 좁힐 수도 있다는 비판이 있다(신봉철, 2017: 11). 자기 관점에서만 생각하는 훈련에 익숙해질 수 있다는 것이다. 그러나 학습자가 어떤 판단을 할 때 정치 현실을 반영하고 그와 관련한 자신의 이익에 관심을 갖는 것은 오히려 정치 참여의 계기가 될 수 있다는 점에서 유익하다는 연구도 있다(설규주, 2018: 157). 학교교육은 다양한 분야의 지식과 가치들을 전수하고자 하지만 그러한 지식과 가치가 올곧이 학생들에게 내면화되고 있다고 보기 어렵다. 다양한 민주시민교육의 주제가 학생들의 마음속에서 배움으로 남지 못하는 이유는 '나와 상관없는' 먼 이야기라는 인식이 자리 잡고 있기 때문이다. 사회 문제를 자기 문제로 인식했을 때 문제에 대한 깊이 있는 이해와 해결방안의 모색이 가능해진다.

Ⅲ 학교 통일교육 관련 교육과정의 한계

이 책의 제Ⅰ부 제3장에서 초등학교와 중학교 교육과정을 분석하면서 통일교육 내용에서의 쟁점을 제시하였다. 이 글에서는 보이텔스바흐 합의가 학교 통일교육에 갖는 시사점을 도출하기 위해 학교 통일교육 관련 교육과정의 한계를 짧게 요약하고자 한다.

1. 통일 필요성과 당위성의 강조

기성세대들은 학교생활을 통해 통일 염원 노래인 '우리의 소원'을 당연한 것으로 받아들이고 배웠다. 그러나 반공, 안보, 평화 등 교육의 지향점이 시기마다 변화했음을 고려하면 이들이 학습한 통일의 모습은 무력통일, 흡수통일, 평화통일 등이 다양하게 혼재되어 있으리라는 점을 예측해볼 수 있다. 통일을 당위적인 과제라고 배웠지만 정작 누가, 어떻게, 어떤 통일을 만들 것인가에 대해서는 관심이 부족했다.

교과교육에서 통일의 필요성과 당위성을 강조하는 전통은 지금도 계속되고 있다. 초등학교 도덕 과목은 "통일이 왜 필요할까?"를 이해하고 "통일 감수성을 함양"하여 "통일의 필요성을 설명"할 수 있어야 함을 강조한다. 또한 "통일과정과 통일 이후 사회는 어떤 모습이어야 할까?"를 이해하고 "통일을 추구하는 태도와 의지를 함양"하여 "통일과정과 통일 이후 바람직한 사회 모습을 탐색"하도록 하고 있다(교육부, 2022a: 9). 사회 과목은 "분단과 평화의 장소"와 "평화통일을 위한 노력"을 이해하도록 한다(교육부, 2022b: 11,12,18).

중학교 도덕은 "통일은 어떤 의미와 가치가 있을까?"를 지식·이해 범주에서 다루고, "평화 감수성을 길러 미래지향적인 통일을 추구하는 자세"를 갖고 "분단의 문제점을 분석하고 보편 가치에 근거하여 통일의 의미를 탐색"하도록 할 것을 제시한다(교육부, 2022a: 9). 사회 과목은 "한반도 평화와 통일 국토의 미래상"을 지식·이해 범주에서 제시하고 있다(교육부, 2022b: 11). 문제는 통일의 당위성과 필요성을 중심으로 전개되는 통일교육에 동의하지 않는 학생들의 비율이 점차 증가하고 있다는 것이다. 교육과정이 학생들의 다양한 인식을 포용하지 못하고 있다.

2. 교수·학습에서 논쟁 가능성의 차단

통일의 필요성, 통일의 방법, 통일의 모습 등은 한 가지 '올바른' 모습으로 규정하여 학생들에게 전달할 수 있는 성격의 문제가 아니다. 이러한 주제는 사회적으로 첨예한 논쟁의 대상이다. 학생들은 백지 상태나 진공 상태에 있지 않고 어떤 식으로든 통일 문제에 대한 다양한 선지식을 갖고 수업에 참여한다.

통일 상대인 북한에 대해 학생들이 갖고 있는 이미지는 매우 다양하다. 북한에 대해 호감과 비호감의 감정이 혼재되어 있고 한반도의 평화에 대한 인식 수준이 다르며 통일의 필요성에 대해서도 서로 다른 생각을 갖고 있다. 통일의 필요성을 느끼는 학생조차도 어떤 통일을 원하는지 질문하면 이 또한 상반될 수 있다. 북한에 대한 인식이 통일의 모습도 규정할 수 있기 때문이다.

한반도는 현재 평화로운가? 통일은 필요한 것인가? 필요하다면 어떻게 통일을 이루어야 하는가? 통일 후 국가의 모습은 어떠해야 하는가? 통일교육에서 다루어야 할 주제들은 학생의 입장에서 생각해보면 매우 다양한 해법이 제시될 수 있는 것으로 논쟁 가능한 것들이다. 학교가 사회의 축소판이라는 점을 떠올릴 때 위와 같이 첨예하게 논쟁적인 주제는 교실에서도 닮은꼴로 나타날 수 있다. 그러나 학교 통일교육의 교과 교육과정에서는 이러한 논쟁 가능성을 차단하고 있다.

초·중학교 교육과정의 통일교육 관련 내용에서 논쟁적인 방법을 강조하는 과목을 찾기 어렵다. 고등학교 '현대사회와 윤리' 과목에서 "통일 문제를 둘러싼 쟁점"과 "남북한 화해를 위한 개인적·국가적 노력"을 다루도록 한 것은 교실에서 논쟁 가능성을 열어둔 예외적인 내용이라 할 수 있다(교육부, 2022a: 35, 40).

자신의 생각과 다른 수업 주제가 제시되었을 때 그것에 반론을 제기하기 어렵다면 학생은 수업을 거부하거나 무관심으로 일관하기 쉽다. 자신의 신념이나 가치관과 어긋나는 내용을 일방적으로 수용하는 것을 원하지 않는다. 실제로 교사가 통일을 당위적인 문제로 전제한 가운데 수업을 하려 하면 “왜 선생님의 생각을 강요하려 하느냐?”는 불만 섞인 반응을 접하기도 한다. 이는 교육적이지 못하다.

3. 학습자의 흥미와 관심에 무관심

학교 통일교육의 목표와 내용은 정부 정책의 영향을 크게 받는다. 국가 주도의 하향식 교육과정은 교육의 자율성과 창의성을 왜곡할 뿐 아니라 교육 내용과 방법을 발전시키는 장애요인이 된다. 교육과정 편성 과정에서 학생 수준을 고려하지 못하고 정부의 당위적 입장을 대변할 가능성이 크다(김병연, 2018a: 44-46). 이는 학습자로 하여금 학습에서 주인의식을 갖기 어렵게 만든다. 학습에 대한 주인의식은 학습자 스스로 자율적으로 그리고 자신감 있고 책임감 있게 자신의 학습을 관리하고 학습의 목표와 방향을 설정해 나갈 수 있는 능력을 말한다(강인애, 1997: 21).

학생들은 통일 문제를 자신과 무관하다고 생각하는 경우가 많다. 단순히 국가 차원의 문제이거나 이산가족에게만 해당하는 문제로 생각하기도 한다. 학생이 무관심한 가운데 국가가 필요로 하는 지식을 제시하고 수용하도록 함으로써 북한과 통일 문제에 대한 이해를 높일 수는 없다. 교육과정에서 학생들이 자기 이익의 관점 혹은 학습자의 입장에서 자신의 문제로서 통일 문제를 사고하도록 장려하는 부분을 찾기 어렵다.

학습 환경을 들여다보면 북한에 대한 적대 의식이 유난히 높을 수밖에 없는 가족의 삶의 맥락이 있을 수도 있다. 분단 과정에서 북한에서 정치적, 경제적으로 피해를 입고 남한으로 이주한 실향민과 그 가족의 경우 통일 문제, 북한에 대한 인식 등에서 확고한 입장을 견지하고 있을 수 있다. 이 학생에게 당위성을 중심으로 진행되는 수업은 불편할 수밖에 없다. 학생들의 가치관은 자신의 삶의 맥락에서 갖게 된 다양한 경험 속에서 갖게 된 지평 위에서 다른 이들의 지평과 만나 상호작용 하는 가운데 아주 느리게 변화할 수 있다.

교사의 역할은 정답을 제시하는 것이 아니라 학생 스스로 인식의 구조를 쌓아갈 수 있도록 비계(飛階)를 설정하는 일이다. 따라서 학습자의 상황에 대한 진단을 토대로 국가 교육과정의 목표가 수립되어야 하고 목표에 도달하는 과정 또한 학습자의 관심과 참여 속에서 이루어져야 한다. 이를 통해 학습자는 적극적이며 자율적인 지식의 형성자가 된다. 따라서 학습 환경도 이런 적극적이고 자율적인 학습자의 생각과 지식, 그리고 능력을 적극 발휘할 수 있도록 조성해야 한다(강인애, 1997: 20).

통일교육의 경우 실천적인 동기를 형성하는 것이 매우 중요하다. 이때 실질적인 참여를 허용하지 않는 교육의 패러다임보다는 문제를 나름대로 해석하고 해결해 갈 수 있는 능력을 키울 수 있는 공간이 확보되어야 한다(전효관, 2003: 208). 교사의 지식이나 가치관을 학생에게 전수해 주는 것만으로 실천력이 담보되기 어렵다. 학습자가 자신의 문제로부터 시작해서 공동체의 문제를 함께 생각할 수 있는 힘을 길러주는 교육과정이 되어야 한다.

Ⅳ 보이텔스바흐 합의가 학교 통일교육에 주는 시사점

1. 교육과정의 실용주의적 전환 요청

1977년 보이텔스바흐 회의에 참석했던 좌파 정치교육학자 슈미더러는 사회해방 지향의 관점을 포기하지 않았지만 그것을 정치교육에 그대로 적용하면 학생들을 사회변혁을 위한 도구로 보는 위험한 함정에 빠져들 수 있음을 인정했다(이동기, 2016: 154). 보이텔스바흐 합의는 독일 정치교육의 "실용주의적 전환 또는 교육학적 회귀"[1](이동기, 2018b: 179)라 평가 받는다. 통일교육에 관심 있는 교사와 연구자들은 저마다 자신이 옳다고 생각하는 통일에 대한 관점과 북한에 대한 관점을 가지고 있다. 각 관점에서 통일관과 북한관에 대해 가치판단을 하는 것은 매우 자연스러운 일이다. 그러나 옳다고 생각하는 관점 또는 교과서에 제시된 관점만을 학생들에게 설득하려는 순간 문제는 다른 국면으로 접어들게 된다.

학교 통일교육은 전반적으로 통일의 당위성과 필요성을 전제 한 가운데 교육과정의 목표, 내용, 방법, 평가의 과정을 제시하고 있다. 그러나 통일을 해야 하는 이유는 하나의 당위적인 명제로 존재할 수 없다(전효관, 2003: 217). 학문적으로 통일의 당위성 또는 필요성을 정당화할 수 있다고 해서 그것을 학생들에게 일방적으로 설

1 잔더는 보이텔스바흐 합의를 '정치교육의 교육화(Padagogisierung der politischen Bildung)'의 결과라고 평가했다(Sander, 2009; 장은주, 2018: 25에서 재인용).

득하는 것 또한 교육적으로 바람직하지 않다. 이 과정에서 학생은 학습으로부터 소외되고 도구화될 가능성이 높다.

한반도에서 평화로운 삶을 위해 통일 당위성을 인식하는 것과 별개로 통일의 당위성을 의문에 부치는 것이 통일교육의 첫 출발점일 수 있다(전효관, 2003: 210). 교육은 잘 배운 자가 아직 못 배운 자에게 일방적으로 전해주는 것만으로 설명될 수 없다. 어떤 종류의 지식이건, 어떤 편향을 지닌 지식이건 간에 그것에 대한 진지한 성찰이 이루어지는가가 중요하다(조정아, 2007: 294-295). 당위성을 앞세운 통일교육 교육과정은 학생들로 하여금 일방적인 성찰을 요구한다. 통일에 무관심하거나 통일을 반대하는 학생에게 현재의 성취기준을 충족하는 수업은 일방적인 반성을 요구한다. 이러한 수업은 해당 학생에게 폭력적으로 인식될 수 있다.

옳은 방향이라 하더라도 한 가지 관점을 절대화하고 정부와 국민간의 원활한 의사소통 없이 일방적인 논리를 전달하는 식의 교육은 이견이나 대안적 논의의 가능성을 차단한다는 점에서 '교육적'이지 못하다(조정아, 2007: 288). 교육은 교육과정 입안자들에 의해 계획되지만 학교에서의 실행은 교육과정, 교과서, 교사, 학생을 비롯한 다양한 요소들이 상호작용 하는 가운데 전개된다. 이러한 과정에 대한 종합적인 이해를 통해 교육적 관점에서 교육과정을 실용적으로 바꾸어야 한다.

학교 통일교육 관련 교육과정의 실용주의적 전환을 위해 선행되어야 할 과제가 있다. 통일교육은 '통일교육지원법'과 '통일교육 기본 방향' 등 법률과 정부 가이드라인의 영향 아래 있다. 통일교육지원법 제2조는 통일교육을 "자유민주주의에 대한 신념과 민족공동체의식 및 건전한 안보관을 바탕으로 통일을 이룩하는 데 필요한 가치관과 태도를 기르도록 하기 위한 교육"(통일교육지원법)으로 정의하고 있다. '통일을 위한 교육'의 명제는 이 법에서 유래하고 있다. 통일에 대한 다양한 관점을 견지하고 수업에 임하는 교사와 학생, 일반 시민에게 통일을 당위적 과제로 규정하고 실시되는 통일교육은 그 당위성에도 불구하고 학교 현장과 사회에서 설득력을 얻기 어렵다(김병연, 2018b: 124). 또한 통일을 위한 교육은 그 의도와 달리 교육활동에서 교화와 주입의 가능성이 커서 학생이나 시민으로부터 의도하지 않은 거부반응을 불러일으킬 수도 있다. 분단과 통일에 대한 문제는 일방적이고 당위적으로 접근할 문제가 아니라 분단으로 인한 사회 현실을 제시하고 학생과 시민사회가 각각의 관점에서 재조명하고 성찰하는 가운데 자연스럽게 가치판단이 이루어져야 할 문제이다(김병연, 2018b: 124-125).

2. 논쟁성 재현을 통한 학습자의 참여 확대

보이텔스바흐 합의는 학문적으로나 사회적으로 논쟁이 되고 있는 주제들을 교실에서도 논쟁적으로 다뤄야 함을 제2원칙으로 제시하고 있다. 통일교육의 다양한 주제들은 사회 구성원들에게 당위적인 것으로 받아들여지지 않고 첨예한 논쟁의 대상이 되고 있다는 점에서 보이텔스바흐 합의 제2원칙의 의미를 되새겨볼 필요가 있다.

우리 사회의 통일 문제 관련 논의는 북한을 적으로 보아야 하는지 아니면 동포로 보아야 하는지의 문제에서부터 시작하여 안보의 대상인지 아니면 평화와 협력의 대상인지, 통일을 위해 민족공조가 중요한지 아니면 한미공조 등의 국제공조가 더 중요한지, 북한붕괴에 기초한 흡수통일이 당연한 것인지 아니면 북한의 연착륙과 점진적 통일론이 현실적인 것인지 등의 입장이 항상 평행선을 달려왔다(오기성, 2018: 568).

사회적으로 논쟁이 되고 있는 사안에 대하여 하나의 정답을 정해서 그것만을 옳다고 가르칠 경우 득(得)보다 실(失)이 많다. 사회에서 어떤 주제에 대해 논쟁을 벌이고 그 가운데 합의점을 찾기 위해 노력하듯이 교실에서도 대립적 입장이 갖는 논리적 타당성을 비교하고 각자의 입장에서 인식하고 있는 것들을 터놓고 이야기하는 가운데 학습자 개인의 지평을 넓혀가고 사회적 합의의 가능성을 모색해야 한다.

사회적 이슈를 교실에서 논쟁 중심으로 다루게 될 경우 얻을 수 있는 장점이 있다. 우선 특정 입장을 설득하는 수업에 비해 학습자 다수를 수업의 주인공으로 초대할 수 있다. 다양한 관점이 존중받는 수업 분위기가 형성되면 입장이 다르다는 이유로 소외받는 학생이 없다. 이 과정에서 학습자들의 관심을 높일 수 있다. 또한 논쟁에 참여하는 과정은 민주주의를 학습하는 기회가 된다. 서로 다른 입장을 경청하고 주장하는 가운데 상대방을 좀 더 이해할 수 있게 되고 자신의 입장에 대해서도 성찰할 수 있다. 그리고 자신의 논리를 세우고 타인의 견해를 경청하면서 배움이 일어나게 된다. 아울러 학교 통일교육을 둘러싼 소모적인 논쟁을 피할 수 있다. 학교 구성원들의 다양한 관점을 존중하는 가운데 이뤄지는 교육활동은 학부모의 신뢰를 얻을 수 있어 교육적 정당성을 확보할 수 있다.

통일교육의 주제들을 논쟁 중심으로 다루는 과정에서 유의할 점이 있다. 먼저 교사가 수업에서 자신의 입장을 표현할 수 있는가, 어떻게 표현해야 하는가의 문제가 있다. 논쟁 중심 수업에서 교사는 지식을 전수하는 것이 아니라 학생 간, 교사와 학생 간 지식과 가치관의 공유가 원활하게 일어날 수 있도록 돕는 촉진자의 역할을 맡게 된다. 수업에서 많은 권력을 가지고 자신의 입장을 설득하는 위치가 아니라 학생과 동등한 입장에서 교사 자신의 입장을 밝히는 것은 교육적으로 의미가 있다.

그리고 다원주의와 논쟁성 구현이라는 방식으로 모든 종류의 주장과 견해를 다 받아들일 수 있느냐의 문제가 남는다(이동기, 2016: 164). 예를 들어, 탈북자나 북한 사회에 대한 극단적인 혐오를 표현하거나 자신과 입장이 다른 사람을 인격적으로 무시하는 행동, 전쟁과 같은 폭력적인 방법을 동원하여 통일을 해야 한다는 주장 등은 허용되어서는 안 된다. 또한 사실에 기반 하지 않은 주장들도 걸러져야 한다. 이를 위해 교사는 단순히 논쟁을 참관하는 것이 아니라 논의 주제에 대한 전문 지식과 교수·학습 운영에서 역량을 갖추고 있어야 한다.

3. 통일 문제 당사자로서 학생에 대한 관점 전환

포스트모던 사회는 총체성과 보편성을 중시하던 거대담론의 시대로부터 차이에 주목하고 개별성과 다원성을 중시하는 시대로의 전환을 특징으로 하고 있다(변종헌, 2012: 177). 국가, 민족 차원의 거대담론 위주로 진행되는 통일교육은 학생들의 관심을 끌지 못하며 적극적인 참여를 기대하기 어렵다. 이 같은 사회 환경의 변화를 고려하여 학교 통일교육에서 학생에 대한 관점을 새롭게 정립해야 한다.

이를 위해 우리가 통일교육을 통해 기대하는 학생 시민의 모습이 무엇인가에 대해 근본적인 성찰이 필요하다. 국가의 통일교육 정책에 수용적이고 이해도가 높은 시민을 기르고자 함인지, 주체적인 삶의 자세를 바탕으로 통일 문제에 관심을 갖고 서로 다른 입장을 가진 사람들과 토론을 통해 합리적인 대안을 도출할 수 있는 역량을 갖추기 위함인지 성격을 분명히 해야 할 때가 되었다. 과거의 통일교육은 전자의 관점에서 전개되었다. 그러나 과거의 접근법은 유효성을 상실하고 있다. 학습자에 대한 관점의 전환이 필요한 시기이다(오기성, 2018: 582).

민주시민교육과 학교 통일교육에서 견지해야 할 새로운 학생은 정치 문제들을 분석하고, 관련된 사람들의 입장에서 생각하고 자신의 이익의 관점에서 사회 전체를 위한 공동 책임을 고려하면서 문제해결에 영향을 줄 수 있을 수단과 방법을 찾을 수 있는 능력을 갖추어야 한다(Schneider, 2009: 30; 심성보, 2018a: 258에서 재인용). 사회 문제를 자신의 문제임과 동시에 공동체 문제로 받아들이고 해결을 위한 합리적인 방안을 찾아야 할 필요성을 공유해야 한다. 보이텔스바흐 합의의 학습자 이해관계 인지의 원칙은 통일교육 활성화에 시사점을 준다.

학교 통일교육의 내실화를 위해서는 학생들이 통일교육에서 주인의식을 갖도록 해야 한다. 학습에 대한 주인의식을 갖게 되면 학습자 스스로 자율적으로 그리고 자신감 있고 책임감 있게 자신의 학습을 관리하고 학습의 목표와 방향을 설정해 나갈 수 있다(강인애, 1997: 21). 자율성을 갖춘 학생은 자신의 삶을 어떻게 살아갈 것인가에 대해서 좋은 정보를 기반으로 삼아 잘 생각하여 판단하고 이에 따라 행동한다(Brighouse, 2006; Baily, Carr & McCarthy, 2013: 117에서 재인용). 학습자의 자율성을 존중한다는 것은 정치교육과 교화를 구분하는 것은 물론이고, 학습의 내용 선정 역시 지식이나 학문 중심이 아닌 학습자의 생활환경을 중심으로 한다는 것이다(김미경, 2011; 오기성, 2018: 570에서 재인용).

학생들은 교사의 압력이나 영향력에서 벗어나 자기 자신의 사회관을 구성하고 끊임없이 재구성할 권리를 가져야 한다(Violas, 심성보 역, 1987; 심성보, 2018a: 270-271에서 재인용). 이를 위해 교육과정 편성에 학생의 특성과 요구가 반영될 수 있는 제도적 장치를 마련해야 한다. 이 과정에서 교사는 더 이상 그저 '가르치는 자'가 아니고 학생들과의 대화 속에서 자신도 배우는 자가 된다. 학생들도 그들대로 배우는 가운데 가르치는 자가 된다. 이로써 그들은 서로 연결 되어 모두가 함께 성장하는 '과정'에 책임을 진다(Freire, 1995: 92). 통일교육과 같이 상황이 가변적이고 실제적인 문제로 존재하는 경우 절대적인 진리를 추구하는 대신 상황을 이해하고 이에 대처할 수 있는 식으로 교육이 변화하는 것은 필수적이다. 이처럼 지식의 과제가 실제적이고 상황적이라고 할 때 교사와 학습자의 관계 역시도 조언자와 주체의 관계로 변화하는 것이 바람직하다(우창구, 1998; 전효관, 2003: 207에서 재인용).

참고문헌

강인애(1997), 『왜 구성주의인가? 정보화시대와 학습자중심의 교육환경』, 서울: 문음사.

교육부(2022a), 교육부 고시 제2022-33호 『도덕과 교육과정』, 세종: 교육부.

교육부(2022b), 교육부 고시 제2022-33호 『사회과 교육과정』, 세종: 교육부.

국립통일교육원(2023), 『2023 통일교육 기본 방향』, 서울: 국립통일교육원.

김병연(2018a), "학교 통일교육의 잠재적 교육과정에 대한 연구", 서울대학교대학원 박사학위논문.

김병연(2018b), "통일교육지원법의 쟁점과 개정 방안 연구", 『도덕윤리과교육연구』, 58.

김현·김정래(2015), "교화의 교육적 가능성", 『교육철학』, 56.

김홍수(2014), "박근혜 정부 학교 통일교육의 특징과 해결과제-노무현, 이명박 정부와의 비교를 중심으로". 『동양문화연구』, 17.

변종헌(2012), "청소년의 통일의식과 학교 통일교육의 진화", 『윤리교육연구』, 29.

설규주(2018), "민주시민교육을 위한 보이텔스바흐 합의의 관점에서 살펴본 2015 개정 사회과 교육과정", 『시민교육연구』, 50(3).

심성보(2018a), "사람다움과 시민다움의 조화를 통한 '민주적' 시민교육의 모색 - 보이텔스바흐 합의와 크릭 보고서를 중심으로-", 『윤리교육연구』, 47.

심성보(2018b), "보이텔스바흐 합의 정신 풍부화를 위한 보완적 논의", 심성보 외(2018), 『보이텔스바흐 합의와 민주시민교육』, 북멘토: 서울.

신봉철(2017), "보이텔스바흐 합의가 한국 교육계에 주는 시사점", 『통일교육연구』, 14(2).

안성경(2017), "교육에서 정치적 중립성이란 무엇인가?-독일 바이텔스바흐 합의의 함의", 『법과인권교육연구』, 10(1).

오기성(2018), "학교 통일교육의 사회적 합의를 위한 탐색", 『교육문화연구』, 24(5).

이동기(2018a), "보이텔스바흐로 가는길: '최소합의'로 갈등 극복하기", 심성보 외(2018), 『보이텔스바흐 합의와 민주시민교육』, 북멘토: 서울.

이동기(2018b), "한국판 보이텔스바흐 합의를 위한 10개의 테제", 심성보 외(2018), 『보이텔스바흐 합의와 민주시민교육』, 북멘토: 서울.

이동기(2016), "정치 갈등 극복의 교육 원칙", 『역사교육연구』, (26).

전효관(2003), "소프트해진 통일교육, 그 쟁점과 위상", 『현대북한연구』, 6(2).

장은주(2018), "민주시민교육의 필요성과 보이텔스바흐 합의", 심성보 외(2018), 『보이텔스바흐 합의와 민주시민교육』, 북멘토: 서울.
조정아(2007), "통일교육의 쟁점과 과제", 『통일정책연구』, 16(2).
허영식(2018), "보이텔스바흐 합의에 관한 담론과 함의", 『융합사회와 공공정책』, 11(4).
Baily, R., Barrow, R., Carr, D. & McCarthy, C., eds., 이지헌 역(2013), 『교육철학2: 가치와 철학』, 서울: 학지사.
Carr. D., 손봉호·김해성 역(1997), 『인성교육론』, 서울: 교육과학사.
Freire, P.(1970), *Pedagogy of the oppressed*, 성찬성 역(1995), 『페다고지-억눌린 자를 위한 교육』, 서울: 한마당.
Pohl, K.(2018), "독일의 보이텔스바흐 합의: 등장과 수용 그리고 논쟁", 심성보 외(2018), 『보이텔스바흐 합의와 민주시민교육』, 북멘토: 서울.

제2장

인지발달 이론과 학교 통일교육

Ⅰ. 서론

Ⅱ. 피아제와 비고츠키의 인지발달 이론

Ⅲ. 통일교육 관련 교육과정 성취 기준과 학생들의 통일, 북한 인식

Ⅳ. 통일교육 교수·학습에서 개선 방향

제2장

인지발달 이론과 학교 통일교육

I 서론

이 글에서는 인지발달 이론이 학교 통일교육의 교수·학습에 주는 시사점을 제시하고자 한다. 인지발달 이론은 학습자가 자신을 둘러싼 주변 환경과 상호작용하는 가운데 앎을 발달시켜 간다고 전제한다. 통일교육에서 남북관계는 학습자의 주요한 주변 환경 중 하나인데 남북관계의 속성이 변화하고 있다.

'남북관계 발전에 관한 법률'은 남북관계를 "국가 간의 관계가 아닌 통일을 지향하는 과정에서 잠정적으로 형성되는 특수관계"로 규정하고 있다(제3조 제1항). 이러한 공감대하에 남북 간 거래는 국가 간 거래가 아니라 민족 내부의 거래로 인식해 왔다. 남북관계를 외교부가 아닌 통일부에서 맡는 것, 남북 교류 시 출국, 입국이 아니라 출경, 입경이라는 표현을 쓰는 것, 상호 간 호칭을 남측, 북측 등으로 부르는 것 등은 이러한 정신에 따른 것이었다. 같은 맥락에서 통일은 언젠가 이뤄야 할 당위적인 과제로 인식되었고 그 배경에서 통일교육이 실시되었다.

최근 남북관계의 특수성에 관한 공감대는 사라지고 적대적 두 국가관계로 전환되고 있다. 2023년 12월 김정은 국무위원장은 노동당 중앙위원회 9차 전원회의 후 "북남관계는 더 이상 동족관계, 동질관계가 아닌 적대적인 두 국가관계, 전쟁 중에 있는 교전국 관계로 완전히 고착됐다"고 말했다(조선중앙통신, 2023; 윤정훈, 2023에서 재인용). 이후 북한은 대남 기구를 정리하기 시작했고, 남한에서도 대표적인 통일운동 단체인 조국통일범민족연합 남측본부가 해산을 선언하는 등 변화를 맞고 있다(고은희, 2024). 남한의 대북전단과 북한의 오물풍선이 상징하듯 남북관계의 긴장과 갈등이 고조되고 있다.

남북관계의 거시적인 변화는 통일교육 환경의 변화로 이어져 학교 통일교육에 어려움을 준다. 학교 교육은 학교 안에서만 이뤄지지 않는다. 학생들은 교사와 주변 학생들과 상호작용하는 것은 물론 남북관계의 변화와 같은 통일교육 환경과 일상적으로 상호작용하면서 자신의 관점을 형성해 간다. 통일교육 환경의 변화와 너불어 학생들의 통일, 북한 인식의 변화를 면밀하게 관찰해야 통일교육의 목표를 실용적으로 수립할 수 있고 교수·학습을 효과적으로 진행할 수 있다.

인지(cognition)는 '알게 되다, 인식하다, 배우다, 발견하다'를 의미하는 라틴어 cognosco에서 유래했다(라틴어 사전). 개인은 인지를 통해 지식을 획득하고 문제를 해결하며 미래를 설계한다(권형자, 2006: 30-31). 학습자에게 인지발달은 주어진 정보를 지각하고 이해하여 평가할 수 있는 지적 능력을 습득하는 사고의 과정이다. 인지발달에 관한 이론 중 교육과정 분야에 가장 큰 영향을 준 것은 피아제(Piaget)와 비고츠키(Vygotsky)의 이론이다(Lawton, D. et al., 1978/1984: 84). 이 글에서는 피아제와 비고츠키의 인지발달 이론의 관점의 현재 학교 통일교육을 평가하고 교수·학습의 개선 방향을 제안할 것이다.

Ⅱ 피아제와 비고츠키의 인지발달 이론

1. 피아제의 인지발달 이론

피아제의 인지발달 이론을 이해하기 위한 핵심 개념은 도식(scheme[1]), 조직(organization), 적응(adaptation), 동화(assimilation), 조절(accommodation), 평형(equilibrium) 등이다.

도식은 개인이 형성한 외부의 정보에 대한 정신적 표상, 사고체계 또는 행동유형을 보여주는 인지적 이해의 틀이자 구조이다(임성택 외, 2023: 178-179). 예를 들어,

1 피아제는 불어로 schéme와 schéma라는 두 용어를 구별하고 있는데, schéme는 '행동과 조작을 반복 가능하게 하고 일반화할 수 있게 하는 구조'의 의미로 사용하고 schéma는 '특정한 행동이나 조작 결과 단순화된 표상, 이미지'의 의미로 사용한다. 피아제가 말하는 스키마는 전자, schéme의 의미이다(Piaget, 2011/2020: 63).

담요 위에 있는 장난감을 잡기 위해 담요를 끌어당기는 것을 학습한 아동[2]은 담요 위에 있는 다른 것을 잡기 위해 담요를 끌어당길 수 있게 된다(Piaget, 2011/2020: 63). 이때 아동은 관련된 지식의 구조를 이해하고 있다. 이처럼 도식이란 유사한 환경에서 나타나는 많은 행동의 공통 구조를 말한다(Boden, 1994/1999: 74-75).

한편 모든 생명체는 두 가지 기본이 되는 성향 또는 불변하는 기능(invariant functions)을 물려받는데, 조직과 적응이 그것이다(Ginsburg & Opper, 1984: 32). 조직이란 모든 생명체가 신체적인 과정이든 심리적인 과정이든 그 과정들을 통합된 체제로 조직해가는 성향을 뜻한다. 물고기의 아가미, 순환기관 또는 체온 기제 등이 통합적으로 조직되어 협응(coordination)함으로써 물속에서 기능하는 것은 신체적 과정의 예가 된다. 심리적인 측면에서도 조직하려는 경향이 있다. 세상의 많은 것들과 상호작용하면서 개인은 심리적 구조를 통합된 체제로 만들려고 한다(Ginsburg & Opper, 1984: 32-33).

적응은 유기체의 기본적 경향성으로 동화와 조절이라는 두 과정으로 이루어져 있다. 이들은 서로 보완적 과정이다(Ginsburg & Opper, 1984: 34). 동화는 새로운 대상을 이미 가지고 있는 도식 속에 받아들이는 인지과정이고, 조절은 기존 도식으로 새로운 대상을 받아들이기 어려울 때, 이미 가지고 있는 도식을 바꾸는 인지과정이다. 동화와 조절을 통해 인지과정은 새로운 평형 상태에 도달한다(임성택 외, 2023: 179-180).

피아제는 동화와 조절의 균형 상태를 평형이라고 불렀다. 불평형은 자신의 예상이 경험적으로 확인되지 않을 때 발생하는 인지적 갈등상태를 의미한다. 이러한 불평형은 아동에게 평형을 추구하도록 동기를 부여한다(Wadsworth, 1996; 정창우, 2001: 2에서 재인용). 인간은 끊임없이 새로운 환경에 노출되며, 새로운 환경은 인간을 인지적 갈등이 유발되는 불평형 상태로 만든다. 이러한 불평형 상태를 줄이기 위해 동화와 조절을 통해 새로운 평형 상태를 추구하며 이 과정에서 인지발달이 이뤄진다. 이때 유기체가 일관성 있는 체계를 형성하도록 통합하는 조직화를 통해 새로운 도식을 형성하게 된다. 인간의 도식은 적응과 조직을 통해 끊임없이 형성되고 확장된다(임성택 외, 2023: 180).

---

2 참고한 문헌에서는 인지발달의 주체를 아동, 학생, 학습자 등 다양한 용어로 표기하고 있다. 이 글은 연구 범위가 학교 교육활동이므로 가급적 학습자로 용어를 통일하고 문맥에 따라 필요한 경우 원문의 용어를 그대로 인용했음을 밝힌다.

피아제는 이러한 기제를 통해 인지발달 단계를 감각운동기, 전조작기, 구체적 조작기, 형식적 조작기로 구분하였다. 교육은 형식적 조작기로의 인지발달을 돕는 과정이라 할 수 있다. 형식적 조작기에는 추상적인 개념에 대한 논리적 사고인 추상적 사고가 가능하고, 가설 연역적 추론과 조합적 사고가 가능하다(임성택 외, 2023: 186). 모든 아동은 정확히 같은 순서대로 이 단계들을 거치며, 각 단계는 이선 난세에서의 성취를 바탕으로 진전되기 때문에 어느 한 단계도 뛰어넘을 수 없다. 다만 아동이 각 단계에 들어서거나 다음 단계로 이동하는 연령에는 개인차가 있다(이신동 외, 2011: 40).

2. 비고츠키의 인지발달 이론

비고츠키는 인지발달이 부모, 친구, 교사와의 상호작용 등 사회관계 속에서 이루어진다고 보고, 사회·문화적 관점에서 그 영향력을 강조했다. 그는 인간의 활동이 문화적 환경 속에서 일어나므로 환경과 분리하여 이해될 수 없다고 믿었다(임성택 외, 2023: 190). 비고츠키의 인지발달 이론을 이해하기 위한 핵심 개념은 근접발달영역(zone of proximal development), 비계(scaffolding), 내면화(internalization) 등이다.

아동의 학습은 그들이 학교에 입학하기 전부터 시작된다(Vygotsky, 1978/2009: 130). 예를 들어, 학생들은 학교에서 산수를 배우기 전에 이미 가정에서 부모님이나 형제로부터 더하기, 빼기와 같은 것을 배우고 학교에 온다. 학교에 다니는 중에도 이러한 상호작용은 지속된다.

비고츠키는 발달이란 사회적으로 공유되는 활동이 아동에 의해 내면화되고 인지발달의 한 부분이 된다고 보았다. 개인에게는 어떤 과제를 혼자 수행할 수 있는 실제적 발달 수준과 타인의 도움을 받을 때 수행할 수 있는 잠재적 발달 수준에 차이가 존재한다(임성택 외, 2023: 191). 근접발달영역은 실제적 발달 수준과 잠재적 발달 수준 사이의 거리다(Vygotsky, 1978/2009: 134). 따라서 교육은 학습자의 근접발달영역 창출에 초점을 두어야 한다(신주연, 2022: 167). 타인과 상호작용하는 가운데 근접발달영역으로 실제적 발달 수준을 확장함으로써 다양한 내적 발달이 가능하다. 교수자는 학습자의 실제 발달 수준과 근접 발달 영역을 관찰하고 잠재적 발달 영역을 예상하면서 교수·학습을 계획해야 한다.

근접발달영역 개념은 지식이 사회적 상호작용을 통해 구성된다는 사회적 구성주의의 핵심 원칙을 설명해 준다. 가장 효과적인 사회적 상호작용의 유형은 보다 능숙한 사람의 안내를 통해 공동으로 문제를 해결하는 것이다. 이때 학습자를 도와줄 수 있는 사람은 부모, 교사, 동료 학생이 될 수 있다(Rogoff, 1990; 이신동 외, 2011: 251에서 재인용).

실제적 발달 수준에서 잠재적 발달 수준으로 도약하기 위해서 적절한 비계가 설정되어야 한다. 비계는 건축할 때 높은 곳에서 일할 수 있도록 만든 임시 가설물로, 비고츠키는 학습에 도움을 주는 형태를 은유적으로 비계로 표현했다(신주연, 2022: 168). 버크(Berk)와 윈슬러(Winsler)는 효과적인 비계 설정을 위한 구성요소와 목표를 다음과 같이 제시하였다(Berk & Winsler, 1995; 이신동 외, 2011: 55-57에서 재인용). 첫째, 흥미 있고 의미 있는 협동적 문제해결 활동에 학습자의 참여가 필요하다. 둘째, 상호주관성을 학습할 수 있어야 한다. 이는 어떤 과제나 활동을 시작할 때 서로 다르게 이해하고 있던 두 사람이 공유된 이해(shared understanding)에 도달하는 과정을 말한다. 셋째, 학습자와 상호작용하는 성인은 온정적이고 반응적이어야 한다. 성인이 온정적이고 반응적일 때 과제나 활동에 대한 학습자의 주의집중과 도전 태도는 최대화될 수 있다. 넷째, 발달 수준을 고려한 적절한 언어 활용이 필요하다. 다섯째, 학습자를 근접발달영역에 머물게 해야 한다. 적절하고 도전적인 수준의 과제를 제공하고 학습자의 현재 필요와 능력에 맞도록 성인의 개입 정도를 조절해야 한다. 여섯째, 자기조절을 훈련하도록 해야 한다. 학습자가 가능한 한 많은 공동 활동을 조정하게 해야 한다.

비고츠키는 외적 작용의 내적 재구성을 '내면화'라 불렀다(Vygotsky, 1978/2009: 89). 내면화는 학습자의 외부 세계와 내부 세계를 연결하는 역할을 함으로써 인지발달을 일으키는 중요한 기제이다(Vygotsky, 1978/2009: 91). 내면화는 사회적 상호작용과 언어적 교류를 통해 받아들인 지식을 자기 내면의 사고체계에 통합하는 과정이다. 사람들 사이의 과정이 개인 내적 과정으로 변화하는 것은 일련의 긴 발달 과정의 결과다(Vygotsky, 1978/2009: 90).

비고츠키는 인간의 정신과정을 초등정신기능과 고등정신기능으로 나누어 설명하였다. 초등정신기능은 환경으로부터의 자극에 의하여 완전히 그리고 직접적으로 결정된다. 그러나 고등정신기능은 스스로 만들어낸 자극이다. 즉, 행동의 직접적인 원인이 되는 인위적 자극을 만들고 사용하는 것이 고등정신기능의 특징이다(Vygotsky, 1978/2009: 62). 고등정신기능은 지적인 활동을 유발하고 매개하기 위해 언어나 다른 문화적 도구들을 사용하는 것으로 매개된 지각, 의도된 주의집중, 의도된 기억, 논리적 사고 등을 포함한다(한지영, 2008; 송지성·이성애, 2012: 219에서 재인용). 비고츠키에게 있어 교육의 목적은 초등정신기능에서 고등정신기능으로의 발달을 도모하는 활동이다.

비고츠키는 문화적 도구가 인지발달에 매우 중요한 역할을 한다고 믿었다. 문화적 도구에는 사회 구성원이 의사소통하고, 생각하고, 문제를 해결하며 지식의 창출을 가능하게 하는 컴퓨터, 인터넷 등 기술적 도구와 수, 수학체계, 부호, 언어와 같은 기호와 상징적 체계인 심리적 도구가 포함된다. 비고츠키는 문제해결이나 추론과 같은 인간의 고등정신과정이 심리적 도구에 의해 매개되며, 언어와 같은 심리적 도구의 사용에 숙달함으로써 고등사고와 문제해결이 가능해진다고 하였다(임성택 외, 2023: 193).

3. 피아제와 비고츠키의 인지발달 이론 비교

피아제와 비고츠키의 인지발달 이론은 구성주의 관점에 해당한다는 점에서 공통적이다. 이들은 인지발달을 아동과 환경 간 상호작용의 결과물로 보고 인지발달 과정에서 아동의 능동적인 역할을 중요하게 고려한다. 그리고 인지발달을 양적 변화가 아닌 질적 변화로 인정하며 개인과 환경과의 밀접한 관련성을 강조한다(송지성·이성애, 2012: 220). 그러나 피아제와 비고츠키의 인지발달 이론은 〈표 1〉과 같이 여러 면에서 차이가 있다(이신동 외, 2011: 60; 임성택 외, 2023: 197의 내용을 재구성).

표 1 피아제와 비고츠키 인지발달 이론 비교(이신동 외, 2011: 60; 임성택 외, 2023: 197)

피아제	항목	비고츠키
물리적, 생물학적 요인	발달에서 강조점	사회문화 환경
개인 스스로 주변 세계와 상호작용	지식의 구성	성인이나 유능한 또래와의 상호작용
인지발달은 모든 사회문화에서 동일한 양상(보편성)	문화적 요인의 영향	인지발달은 각 사회 문화마다 다양하게 나타남(특수성)

인지 갈등 혹은 불평형→조절→평형	인지발달 과정	사회적 상호작용을 통한 내면화
발달이 학습에 선행	학습과 발달의 관계	학습이 발달을 주도함
이미 출현한 아동의 인지능력을 정교화함	교육의 역할	아동에게 사회문화적 도구 사용 방법을 가르침

피아제는 개인의 인지발달을 설명하면서 생물학적이고 물리적인 요인을 강조했고 개인 스스로 주변 세계와 상호작용하는 가운데 발달이 일어난다고 보았다. 따라서 인지발달은 사회문화와 상관없이 보편적이고 불변하는 성격을 지닌다. 인지발달이 일어나는 과정은 인지 갈등이나 불평형을 마주했을 때 아동이 조절을 통해 평형 상태를 찾아가는 과정에서 나타난다. 피아제는 발달이 학습에 선행하며 교육은 이미 출현한 아동의 인지능력을 정교화하는 역할을 한다고 보았다.

비고츠키는 아동의 인지발달은 사회문화적인 환경과 상호작용하는 가운데 나타난다고 보았다. 따라서 지식의 구성을 위해 성인이나 유능한 또래와의 상호작용이 중요하다고 보았으며 인지발달은 사회적 상호작용을 통한 내면화를 통해 이뤄지며 사회문화적 맥락에 따라 다양하게 나타날 수 있다고 보았다. 비고츠키는 교육을 통해 아동에게 문화적 도구 사용 방법을 가르침으로써 인지발달에 중추적인 역할을 할 수 있다고 보았다. 그는 학습을 통해 발달을 끌어낼 수 있다고 보았다.

4. 인지발달 이론이 학교 교육에 주는 시사점

피아제와 비고츠키의 인지발달 이론이 한국의 학교 교육, 나아가 통일교육에 주는 시사점은 무엇인가? 두 이론이 공통으로 지향하는 바를 중심으로 시사점을 제시할 수 있고, 아울러, 인지발달에 관한 피아제와 비고츠키의 핵심 개념이 학교 교육에 주는 시사점을 각각 제시할 수 있다.

첫째, 피아제와 비고츠키의 이론은 모두 구성주의 학습 이론에 해당한다. 이들은 학습자를 지식을 구성하는 능동적인 존재로 파악하고, 발달이 환경과의 역동적인 상호작용을 통해 이루어지는 것으로 보았다(임성택 외, 2023: 197). 피아제는 자발적이고 능동적인 학습자에 대한 관점을 명료하게 제시하고 아동 스스로 지식을 구성한다는 점을 강조한다(이신동 외, 2011: 51). 비고츠키 역시 학습자가 사회문화적 텍스트와 주체적으로 상호작용하는 가운데 근접발달영역을 확장함으로써 인지발달이 가능하다고 본다. 따라서 교사는 학습자의 독특한 구성적 관점을 존중하면서 지식의 공동 구성자로 이해해야 하고, 학생들의 눈을 통한 학습이 중요함을 인식해야 한다(정창우, 2001: 12). 학습자를 지식의 전수 대상이 아니라 능동적이고 적극적으로 주변 세계를 탐색하며 지식을 스스로 발견, 구성할 수 있는 주체임을 일관되게 견지해야 한다.

둘째, 피아제와 비고츠키는 모두 학습자의 인지발달 수준에 맞는 교수·학습을 강조한다. 피아제에 의하면, 아동의 각 발달단계와 인지발달 수준에 맞추어 교육과정이 계열화되어야 하며, 교사는 학습자의 현재 인지발달 수준을 이해하고 적절하게 교육자료와 활동을 구성하고 개발해야 한다(이신동 외, 2011: 51-52). 비고츠키 역시 학습자의 실제 발달 수준과 잠재적 발달 수준을 파악하여 학습자가 근접발달영역에 머물면서 학습하도록 학습 내용과 방법을 제시할 것을 강조한다. 즉, 교사는 학습자에게 현재의 능력을 넘어서는 과제를 부여하고 조언과 도움을 줌으로써 그들의 지적 발달을 촉진해야 한다(이종철, 2012: 88). 교실 수업 상황에 적용해보면 교수·학습 활동이 온전히 학습자 개인의 주도적인 활동만으로 이뤄지는 것은 바람직하지 않고 교사의 적절한 개입이 필요하며 모둠 활동을 구성할 때도 발달 수준이 다른 학생들을 같은 모둠으로 구성함으로써 그 속에서 배움이 일어날 수 있는 환경을 만들어야 한다.

셋째, 교수·학습 활동은 학습자 중심적이며 탐구와 발견 지향적으로 이루어져야 한다(이신동 외, 2011: 249). 피아제는 학습자의 능동적 탐구 및 발견 능력을 높일 것을 강조한다(임성택 외, 2023: 188). 비고츠키는 아동의 고차원적인 정신적 기능의 발달 및 전달을 촉진하기 위해 지도학습(instructed learning), 교사와 어른들의 도움에 의한 조력 학습(assisted learning), 또래들과의 협력학습 환경이 필요함을 강조한다(Woolfolk, 2013; 임성택 외, 2023: 197에서 재인용). 교사는 학습자가 물리적 경험과 사회적 경험을 가능한 한 많이 할 수 있도록 기회를 제공해 주어야 하며 학습자 자신이 학습경험을 선택할 수 있도록 허용해야 한다(이종철, 2012: 80).

넷째, 수업 내용과 환경을 통해 인지적 갈등을 경험하도록 구성해야 한다(김대현, 2011: 65). 피아제의 관점을 따르면, 수업 내용이나 환경은 학습자의 인지발달 단계를 과도하게 넘어서지 않는 약간 높은 수준이어야 한다(임성택 외, 2023: 189; 이신동 외, 2011: 52). 학습자의 인지구조에 쉽게 동화되는 익숙한 내용이 아니면서도 동시에 학습자 수준에서 상호작용을 통해 조절 가능하여 평형에 이를 수 있어야 한다. 인지적 불평형을 일으키기 위해 학습자의 구성적 활동의 밑바탕에 깔려 있는 근본적인 가정 혹은 추론과 충돌을 일으킬 수 있는 문제를 비판적으로 제기하고 학습자 간의 사회적 상호 작용과 협력 기회를 많이 제공해야 한다(정창우, 2001: 12). 예를 들어, 학습자의 인지발달 단계에서 내린 판단에 대해 학습자의 스키마를 조절할 수 있도록 비판적인 물음을 제기할 수 있어야 하고 발달단계가 다른 또래 혹은 교사와의 상호작용을 통해 인지적 갈등 경험을 제공해야 한다.

다섯째, 학습자가 잠재적 발달 수준에 도달할 수 있도록 교사는 적절한 비계를 설정하고 제시해야 한다. 교사는 수업 장면에서 시범을 보여주기, 소리내어 생각하기, 질문하기, 수업자료 조절하기, 난이도 조절하기, 힌트와 단서를 제공하기, 오류 교정하기, 피드백 제공하기 등과 같은 구체적인 비계를 적극적으로 활용해야 한다(이신동 외, 2011: 61). 에겐(Eggen)과 카우착(Kauchak)은 비계의 유형으로 모델링, 사고의 언어화, 질문하기, 수업자료를 조절하기, 힌트와 단서를 제공하기 등을 제시하였다(Eggen & Kauchak, 2004; 이신동 외, 2011: 57에서 재인용). 모델링은 교사가 시범을 보임으로써 학습자의 발달을 도울 수 있다는 것이고, 사고의 언어화는 교사가 학습자를 대상으로 칠판에 문제를 풀 때 자신의 생각을 소리내어 말함으로써 학생들의 이해를 돕는 것이 해당한다. 질문하기는 중요한 시점에 관련 질문을 던짐으로써 문제를 더 쉽게 이해할 수 있도록 하는 것과 같다.

Ⅲ 통일교육 관련 교육과정 성취 기준과 학생들의 통일, 북한 인식

1. 통일교육 관련 교육과정 성취 기준

교과 교육과정에서 통일교육 내용을 주요하게 다루는 교과는 도덕과와 사회과다. 2022 개정 교육과정에서 초등학교와 중학교의 공통 과목은 '도덕'과 '사회'다. 고등학교 사회과군의 경우 공통 과목은 '통합사회 1, 2', '한국사 1, 2'와 같이 고교학점제와 연동하여 학기 단위 편제로 분권되었다. 선택 과목은 일반선택 과목 4개, 진로선택 과목 9개, 융합선택 과목 6개 등 총 19과목으로 편제되었다. 이전 교육과정에 비해 7개 과목이 늘었다(교육부, 2022c: 26; 교육부, 2015: 17).

2022 개정 도덕과 교육과정에서는 초·중학교 공통 과목 '도덕'과 고등학교 선택 과목인 '현대사회와 윤리'에서 〈표 2〉와 같이 관련 성취 기준을 확인할 수 있다. 초등학교 '도덕'의 성취 기준은 '통일의 필요성', '통일 감수성', '바람직한 통일 방향 모색', '통일과정과 통일 이후의 모습' 등을 주요 내용으로 한다(교육부, 2022a: 13).

중학교 '도덕'은 성취 기준이 1개다. 이전 교육과정에 있었던 '북한 이해' 관련 성취 기준은 사라졌고, 통일 관련 성취 기준에 '북한에 대한 이해를 바탕으로'라는 수식어가 반영되었다. 주요 내용은 '분단의 문제점 분석', '통일의 의미 재구성', '바람직한 남북관계 및 통일의 방향 탐색' 등이다(교육부, 2022a: 17).

고등학교 '현대사회와 윤리'의 주요 내용은 '한반도의 통일과 평화에 관한 쟁점', '남북한 화해를 위한 개인적·국가적 노력'이다(교육부, 2022a: 40). 초등학교와 중학교에서 통일의 의미와 필요성, 방향을 강조하는 것과 달리 고등학교에서는 관련 쟁점과 남북한 화해에 초점을 두고 있다.

표 2 도덕과 교육과정의 통일교육 관련 성취 기준(교육부, 2022a)

학교급 (학년군)	과목명	성취 기준
초등학교 (3~4)	도덕	[4도03-03] 통일의 필요성을 이해하고, 통일 감수성을 길러 바람직한 통일의 방향을 모색한다.
초등학교 (5~6)	도덕	[6도03-03] 통일과 정과 통일 이후 사회의 여러 가지 상황을 예상하고 바람직한 통일과정과 통일 국가의 사회상을 제시한다.
중학교	도덕	[9도03-03] 북한에 대한 이해를 바탕으로 분단의 문제점을 분석하고, 도덕적 가치에 기초하여 통일의 의미를 재구성함으로써 바람직한 남북관계 및 통일의 방향을 제안할 수 있다.
고등학교	현대 사회와 윤리	[12현윤06-02] 한반도의 통일과 평화에 관한 쟁점을 객관적으로 이해하고, 보편적인 윤리적 가치를 바탕으로 남북한의 화해를 위한 개인적·국가적 노력을 구체적으로 제시할 수 있다.

2022 개정 사회과 교육과정에서는 공통 과목인 초·중학교 '사회'와 고등학교 공통 과목인 '통합사회 2', '한국사 2', 선택 과목인 '한국지리 탐구', '국제관계의 이해', '세계시민과 지리'에서 〈표 3〉과 같이 성취 기준을 확인할 수 있다. 이전 교육과정과 비교해 보면, 더 다양한 과목에서 관련 내용을 다루고 있다.

초등학교 '사회'는 5~6학년군에서 '6·25 전쟁의 영향', '평화통일을 위해 할 수 있는 일' 등을 다룬다(교육부, 2022b: 33). '지리' 영역에서 '분단으로 나타난 문제점', '분단과 관련된 장소를 평화의 장소로 만들려는 노력' 등을 성취 기준에 새롭게 담은 것이 눈에 띈다.

중학교 '사회'는 '지리' 영역에서 '북한의 자연환경과 인문환경의 특징 탐색', '분단이 일상생활에 미친 영향', '접경지역의 다양한 모습 이해', '한반도 평화의 중요성', '한반도 평화와 통일 환경 속에서 국토의 미래 구상' 등을 주요 내용으로 성취 기준 3개가 제시되었다.

고등학교 '통합사회 2'는 '남북 분단 상황 분석', '세계 평화에 기여할 수 있는 방안'을 주요 내용으로 제시하고 있다(교육부, 2022b: 119). '한국사 2'는 '6·25 전쟁과 분단의 고착화 과정', '한반도 분단을 극복하고 평화를 실현하기 위한 방안 모색' 등을 주요 내용으로 2개의 성취 기준을 제시하고 있다(교육부, 2022b: 100-101).

'한국지리 탐구'는 '북한의 지리적 특징과 당면 과제 이해', '남북협력 가능성 모색', '한반도 주변 국경과 접경지역 분석', '동아시아 지역 발전과 평화·공존을 위한 지정학적 전략' 등을 다루고 있다(교육부, 2022b: 175). 신설된 '국제관계의 이해'는 '우리나라가 당면한 평화와 안전의 문제', '평화와 안전을 도모할 구체적 방안'(교육부, 2022b: 245)을, '세계시민과 지리' 과목에서는 '지정학적 분쟁 조사', '세계 평화와 정의의 기여할 방안 탐구 및 실천'을 주요 내용으로 성취 기준을 제시하였다(교육부, 2022b: 136).

교육과정에 제시된 통일교육 성취 기준은 학습자의 인지발달 수준을 고려한 것으로 볼 수 없다. 예를 들어, 교육과정의 '교수·학습 방법'에서 '학생의 발달 수준'을 고려할 것과 같은 방향을 제시하지만(교육부, 2022a: 20), 내용 체계, 성취 기준 해설, 성취 기준 적용 시 고려 사항 등에서 각 성취 기준이 어떤 발달단계를 고려하여 제시된 것인지 근거가 제시되지 않는다.

특히, 성취 기준은 초등학교 학생들에게 '통일의 필요성', '바람직한 통일 방향 모색', '평화통일을 위한 노력' 등을 다룰 것을 제시하고 있는데, 이는 초등학생의 관심 범위를 벗어나 매우 추상적이고 학생의 삶과 너무 먼 이야기일 수밖에 없다. 국가 수준의 관점에서 사고하기 어려운 초등학교나 중학교 학생을 대상으로 한 교육에서는 분단되어 있는 남한과 북한이 오랜 기간 공통의 역사, 문화를 공유하고 있고 분단으로 인해 일상에서 불편함이 지속해서 발생하고 있고 그것이 자기 삶에도 영향을 미친다는 사실을 알아차리도록 하는 데 초점을 둘 필요가 있다.

표 3 사회과 교육과정의 통일교육 관련 성취 기준(교육부, 2022b)

학교급(학년군)	과목명	성취 기준
초등학교(5~6)	사회	[6사06-02] 8·15 광복과 6·25 전쟁이 사회와 생활에 미친 영향을 파악한다.
		[6사07-01] 분단으로 나타난 문제점과 분단과 관련된 장소를 평화의 장소로 만들려는 노력 등을 알아보고, 평화통일을 위해 우리가 할 수 있는 일을 탐색한다.
중학교	사회	[9사(지리)11-01] 다양한 지리 정보와 매체를 활용하여 북한의 자연환경과 인문환경의 특징을 탐색한다.
		[9사(지리)11-02] 분단이 우리의 일상생활에 미친 영향을 살펴보고, 분리와 연결의 공간으로서 접경지역의 다양한 모습을 세계 여러 지역의 사례를 통해 비교한다.
		[9사(지리)11-03] 세계시민의 관점에서 한반도 평화의 중요성을 논의하고, 한반도 평화와 통일 환경 속에서 우리의 삶과 국토의 미래를 구상한다.
고등학교	통합사회2	[10통사2-04-03] 남북 분단과 동아시아의 역사 갈등 상황을 분석하고, 이를 토대로 우리나라가 세계 평화에 기여할 수 있는 방안을 제안한다.
	한국사2	[10한사2-02-02] 6·25 전쟁과 분단의 고착화 과정을 국내외의 정세 변화와 연관하여 이해한다. [10한사2-03-03] 한반도 분단과 동아시아의 갈등을 극복하고 평화를 실현하기 위한 방안을 모색한다.
	한국지리탐구	[12한탐05-01] 북한의 지리적 특징과 당면과제에 대한 이해를 바탕으로 남북협력의 가능성을 모색한다. [12한탐05-02] 한반도를 둘러싼 국가 간 경계와 접경지역을 분석하고, 동아시아 지역의 발전과 평화·공존을 위한 지정학적 전략을 토론한다.

	국제 관계의 이해	[12국관03-03] 역동적인 국제 관계 속에서 우리나라가 당면한 평화와 안전의 문제를 파악하고, 평화와 안전을 도모할 수 있는 구체적인 방안에 대하여 토론한다.
	세계 시민과 지리	[12세지04-03] 다양한 지정학적 분쟁을 국제 정세의 변화와 관련지어 조사하고, 세계 평화와 정의에 기여할 수 있는 방안을 찾아 실천한다.

이어지는 글에서 밝히겠지만, 통일에 회의적이거나 반대하는 입장을 가진 학생이 과반 가까이 되는 상황에서 통일의 필요성, 통일의 과정, 통일 이후의 모습 등을 중심으로 설정한 성취 기준은 다수의 학생을 통일 문제 논의의 장에서 의도치 않게 배제하는 결과를 초래한다. 통일 문제에 대해 잠정적으로 가치판단을 내리고 있는 학생들에게 일방의 관점이 반영된 방향을 제시함으로써 학습에의 흥미를 떨어뜨리고 심지어 교육과정 및 교과서에 근거한 수업이 학부모 민원 등을 계기로 사회적 논란으로 이어지기도 한다.

2. 통일, 북한 인식을 통한 학생들의 발달 수준 추론

인지발달 이론이 주는 가장 중요한 시사점은 교육 목표, 내용, 방법이 학습자의 인지발달 수준에 적절해야 한다는 것이다. 학습자의 실제적 발달 수준을 정확하게 파악하고 그에 맞는 비계를 설정해야 하며, 인지적 갈등 상황을 경험할 수 있는 교수·학습 활동 계획을 수립해야 한다. 그러나 현재까지 통일교육 관련하여 학습자들의 실제적 발달 수준을 연구한 논문이 없다. 인지이론의 관점에서 통일교육 방향을 제시한 사례를 찾기 어렵다.

학생들이 북한, 통일, 남북관계에 대해 이미 가지고 있는 인식 수준은 인지발달 이론의 관점에서 도식에 해당한다. 관련한 주제로 학생들의 발달 수준을 측정한 연구가 없는 상황에서 국립통일교육원의 '학교 통일교육 실태조사' 결과를 통해 추론해볼 수 있다. 관련 문제들을 학생들이 어떻게 받아들이고 있는가를 확인함으로써 효과적인 통일교육 교수·학습 계획을 세울 근거를 찾아볼 수 있다.

Ⅱ부의 1장 '학생들의 북한, 통일, 통일교육 인식'에서 국립통일교육원의 학교 통일교육 실태조사 결과를 통해 학생들의 인식을 전반적으로 살펴보았다. 핵심 내용을 중심으로 요약하면 다음과 같다.

학생들은 남북 분단 상황이 자기 삶에 영향을 주는가에 대해 민감하게 반응하지 않았다. 응답한 학생의 1/3 정도만이 분단 상황이 자기 삶에 영향을 미친다고 답하였다. 한편, 남북관계의 평화 정도에 대해 과반의 학생은 남북관계가 평화롭지 않다고 인식하고 있다. 통일교육 또는 평화교육을 위한 동기유발이 가능한 상황이라 볼 수 있지만 분단과 자기 삶의 관계에 대해서는 깊이 인식하지 못하고 있다.

통일에 대한 관심 정도에서 절반에 가까운 학생이 통일에 관심이 있다고 응답한 반면, 과반의 학생들은 보통 또는 관심이 없다고 답하였다. 학교급이 높을수록 관심 있다는 응답률은 낮고 관심 없다는 응답률은 높다. 다수의 학생이 통일에 대해 관심이 없다고 답하는 현실에서 세심한 배려 없이 '통일 필요성'을 우선하여 강조하는 교육과정은 설 자리가 점점 좁아지고 있다. 통일을 떠올릴 때 드는 감정에 대해 다수의 학생은 별다른 감정을 느끼지 못하고 있다. 일부 학생은 통일 연관 감정으로 불안하다거나 화가 난다고 답하고 있다. 통일 필요성에 대해서는 필요하다는 응답이 50% 미만이었다. 필요하지 않다는 응답은 첫 조사 이후 10여 년이 흐른 상황에서 두 배 가까이 증가하였다.

북한 인식에서도 '경계해야 하는 대상', '협력해야 하는 대상', '적대적인 대상', '도와줘야 하는 대상' 등의 순으로 답하였는데 시간이 흐를수록 적대적이거나 경계심을 가져야 할 대상으로서 북한을 인식하는 학생들이 증가하고 있다. 역동적으로 변화하는 북한 인식에도 일관성 있게 유지될 수 있는 통일교육의 목표, 내용, 방법으로의 변화가 필요하다.

북한에 대한 이해 정도에서는 절반 가까운 학생들이 어느 정도 알고 있다고 인식하고 있으나 과반의 학생들은 보통 또는 잘 모르고 있다고 답하였다. 그러나 북한의 군사위협으로 인한 군사적 충돌 혹은 분쟁 가능성에 대해 다수의 학생은 심각하게 인지하고 있음을 나타낸다. 북한을 잘 알지도 못하고 위협적인 세력으로 인식하고 있는 상황을 고려하여 교육과정과 교과서를 개발해야 한다.

Ⅳ 통일교육의 교수·학습에서 개선 방향

피아제의 인지발달 이론을 통일교육에 적용하면 다음과 같이 이해할 수 있다. 학생들은 통일 문제, 북한 이해 등과 관련하여 다양한 지식의 구조, 즉 도식을 형성하고 있다. 남북관계는 남한의 대북 정책, 북한의 행위, 국제 정세 등과 복잡하게 연동되어 변화하고 있다. 학생들은 이러한 사회현상과 상호작용할 뿐만 아니라 교육과정에 따른 교과서, 교사, 다른 학생 등과 상호작용하면서 인지적 갈등 상황을 경험하고 동화와 조절의 과정을 거쳐 통일 문제와 북한, 남북관계 등에 대한 새로운 이해, 즉 평형 상태에 이른다.

비고츠키의 인지발달 이론을 통일교육에 적용하는 과정도 다음과 같이 설명할 수 있다. 통일 문제, 북한 이해 등에 관한 인지에서 학생들의 실제적 발달 수준은 각각 다르다. 실제적 발달 수준에 따라 도달 가능한 잠재적 발달 수준이 설정되므로 근접발달영역 또한 다를 수밖에 없다. 교사는 가르치고자 하는 통일교육의 목표, 내용 등과 관련하여 학생들의 인지발달 수준이 실제로 어떠한가를 관찰하고 도달 가능한 목표로서 잠재적 발달 수준을 설정하고 적절한 비계를 설정하여 교수·학습 계획을 세워야 한다. 근접발달영역에서 다루기 적절한 주제와 소재를 활용하고 발달 수준에 맞는 적절한 언어를 사용하며 도달 가능한 도전적인 과제를 비계로 제시해야 한다. 교사의 조력학습 또는 보다 높은 발달 수준을 보이는 또래 학생들과의 협력학습 등을 통해 받아들인 새로운 지식을 내면화할 수 있도록 해야 한다. 이때 학생들이 친숙한 인터넷 포털, 유튜브, SNS 등 문화적 도구를 적극 활용하는 것도 도움이 된다.

인지발달 이론이 학교 통일교육에 주는 시사점을 요약하면 다음과 같다. 첫째, 학습자를 지식의 공동 구성자로서 능동적인 주체로 인식해야 한다. 둘째, 교육과정에서 강조하는 주요 내용이 학습자의 인지발달 수준에 적절하고 비계 설정이 가능해야 한다. 셋째, 수업 내용과 환경이 인지적 갈등 상황을 경험하도록 구성되고 성인이나 또래와의 상호작용을 통한 배움이 가능해야 한다.

인지발달 이론에 따르면 학습자를 바라보는 관점이 매우 중요하다. 전통적인 교수·학습에서는 학습자를 교사의 가르침을 수동적으로 받아들이는 존재로 바라보는 관점이 익숙했고 지금도 많은 수업에서 이러한 관점이 강하다. 통일 문제, 북한 이해, 남북관계의 변화 방향 등은 한국 사회에서 매우 첨예하게 논쟁적인 사안이고 학생들 또한 실제적 발달 수준에 있어 다양한 인식을 내면화한 상태에서 교실 수업에 참여한다. 비록 논리적이거나 일관되지 않더라도 자신만의 도식 또는 실제적 발달 수준을 갖고 있다.

실태조사 결과는 조사 대상 학생 중 과반이 통일의 필요성에 동의하지 않고 있음을 알려준다. 특히 학교급이 높을수록 통일 필요성에 동의하지 않는 비율이 높다. 그런데 초등학교와 중학교 교육과정의 통일교육 성취 기준은 '통일의 필요성', '통일의 의미', '평화통일을 위해 할 수 있는 일' 등을 핵심적으로 다룬다. 이러한 성취 기준 내용 요소는 통일을 궁극적인 목표로 설정하고 그 방향만을 바람직한 것으로 전제한다. 이로 인해 상당수 학생은 지나치게 인지적 갈등 상황을 맞이하여 동화와 조절에 어려움을 겪을 수 있다. 이는 실제적 발달 수준을 고려하지 못하고 잠재적 발달 수준을 지나치게 높게 설정하여 나타나는 문제다. 올라야 할 계단이 너무 높게 설계된 것이다.

이러한 문제를 해결하기 위해 학생들의 실제적 발달 수준과 근접발달영역을 고려하여 학습 목표를 적정화해야 한다. 통일 필요성에 관한 교과서 서술을 강의 위주로 설명하는 것이 아니라 통일 문제를 둘러싼 우리 사회의 다양한 주의 주장과 그것에 대한 학생들의 견해를 듣는 활동을 비계로 삼아야 한다. 협력학습을 통해 통일 필요성에 찬성하는 논리와 반대하는 논리를 조사하고 토의, 토론 등의 과정을 거쳐 각자 새롭게 지식의 구조를 형성하고 내면화하도록 해야 한다. 다양한 발달 수준을 보이는 학습자들이 자신의 이야기를 나누는 상호작용을 하거나 새로운 관점을 함께 학습하는 경험을 주체적으로 실행할 수 있도록 해야 한다.

통일 필요성에 대한 논의를 제외하면 2022 개정 교육과정의 통일교육 관련 성취 기준은 대부분 학생들의 인지발달 수준을 고려할 때 도전적인 것으로 보인다. 실태조사 결과 대다수 학생이 남북관계가 평화롭지 않다고 여기고 있고 북한에 대해서도 다양한 인식을 보여주고 있다. 분단 상황에 대한 성찰과 남북관계의 변화 방향에 대한 탐색을 다룬 교육과정 성취 기준은 이러한 학습자의 실제적 발달 수준을 고려한 것으로 평가할 수 있다.

예를 들어, 도덕과 교육과정의 '분단의 문제점 분석', '바람직한 남북관계', '한반도 통일과 평화에 관한 쟁점', 사회과 교육과정의 '남북 분단 상황 분석', '분단과 관련된 장소를 평화의 장소로 만들려는 노력', '분단이 일상생활에 미친 영향', '남북 협력 가능성 모색', '한반도 주변 국경과 접경지역 분석', '동아시아 지역 발전과 평화·공존을 위한 지정학적 전략' 등의 내용 요소는 학습자가 주체적으로 참여하여 조사하고 토의하는 활동으로 교수·학습 설계가 가능하다.

그러나 분단, 남북관계, 한반도 통일과 평화, 분단 관련 장소, 남북협력 등을 교실에서 학습 주제로 활용하기 위해서는 비고츠키가 강조한 비계 설정에 좀 더 많은 관심을 기울일 필요가 있다. 상기한 주제들을 학생 눈높이에서 자기 삶과 연계지어 다루는 것은 매우 어려운 일이다. 자칫하면 교과서에 서술된 내용을 설명하고 시험을 위한 내용 암기에 그칠 가능성이 크다. 이는 미래 역량 함양이라는 교육과정 설계의 근본 취지에 부합하지 않는다.

학생들이 관련 주제에 대해 인지적 갈등 상황에 직면하도록 해야 한다. 분단 문제, 남북관계의 현실 등을 다룰 때는 분단의 아픔을 다룬 그림책, 소설, 만화, 영화 등의 문화적 도구를 학생들의 인지발달 수준을 고려하여 비계로 활용할 수 있다. 분단 관련 장소를 다룰 때는 학생들이 살고 있어 친숙한 지역사회에서 조사 활동을 진행할 수 있다. 남북협력을 주제로 다룰 때는 남북교류협력의 역사와 현황에 대한 정부의 공신력 있는 통계자료, 남북협력의 경험을 다룬 책, 인터넷 기사 등을 비계로 충분히 제시해야 한다. 학생들이 이러한 주제를 자발적으로 탐구하는 방법을 안내하여 학습 흥미와 동기를 부여하고 다양한 측면에서 인지적 갈등 상황을 경험할 수 있도록 해야 한다.

무엇보다 중요한 것은 학생들이 활동에 참여할 수 있는 충분한 시간을 보장하는 것이다. 초·중학교에서는 프로젝트 학습을 통해 학생들에게 친숙한 세부 주제를 제시하고 협력적 탐구 활동을 할 수 있도록 교수·학습이 설계될 필요가 있고 고등학교의 경우 학기말 수업량 유연화 프로그램 등과 연계하여 다양한 심화 탐구 주제를 제시한다면 학생들이 자발적으로 깊이 있게 탐구활동에 참여할 수 있다.

마지막으로 언급할 것은 통일교육의 교수·학습 방법의 다양화이다. 실태조사 결과, 교사와 학생 모두 동영상 시청이나 강의(설명식 교육) 중심으로 통일교육이 이뤄지고 있다고 답했다. 이러한 방법은 교사가 주도하는 수업이기 쉽고, 학습자가 주도적으로 텍스트, 교사, 학생 등과 상호작용하는 것을 어렵게 만든다. 인지발달 이론의 관점에서 효과적으로 교육목표에 이르기 위해서는 프로젝트 수업, 토의·토론식 수업, 협력학습 등 학생 간, 교사와 학생 간 상호작용이 활발하게 전개될 수 있는 교수·학습 방법을 다양하게 적용할 필요가 있다. 교수·학습 방법은 교육목표 및 내용과 밀접하게 연계되어 있다. 따라서 교육과정 전반에서 이러한 방향이 반영될 수 있도록 목표와 내용이 설정되어야 한다.

참고문헌

고은희(2024), “북측 ‘대남 기구’ 정리에…범민련 남측본부도 해산키로”, https://news.kbs.co.kr/news/pc/view/view.do?ncd=7879767, KBS기사 2024.1.31.

교육부(2022a), 교육부 고시 제2022-33호『도덕과 교육과정』, 세종: 교육부.

교육부(2022b), 교육부 고시 제2022-33호『사회과 교육과정』, 세종: 교육부.

교육부(2022c), 교육부 고시 제2022-33호『초·중등학교 교육과정 총론』, 세종: 교육부.

국가법령정보센터, https://www.law.go.kr/, 검색어: 남북관계 발전에 관한 법률.

국립통일교육원(2023),『2023년도 학교 통일교육 실태조사 결과보고서』, 서울: 국립통일교육원.

권형자(2006),『교육심리학』, 서울: 태영출판사.

김대현(2011),『교육과정의 이해』, 서울: 학지사.

송지성·이성애(2012), “인지발달적 상호작용이 유아 디자인교육에 미치는 영향: 피아제와 비고츠키의 인지발달이론을 중심으로”,『한국디자인문화학회지』.

신주연(2022), “비고츠키 인지발달이론을 적용한 매체연기 교육방법론 고찰”,『한국엔터테인먼트산업학회논문지』, 16(6).

오미영·노석준(2017), “비고츠키의 근접발달영역이론을 적용한 초등학교 수학과 교수·학습 방법 및 모형 개발”,『예술인문사회 융합 멀티미디어 논문지』, 7(5).

윤정훈(2023), “김정은, ‘전쟁 언제든지 날 수 있어…통일전선부 정리’”, https://www.edaily.co.kr/news/read?newsId=01348086635844096&mediaCodeNo=257, 2023.12.31.

이신동·최병연·고영남(2011),『최신교육심리학』, 서울: 학지사.

이종철(2012),『교육심리학 개설』, 파주: 정민사.

이희행·심규철(2012), “사고력 신장을 위한 구조화된 발문 전략의 개발 및 활용”,『생물교육』, 40(2).

임성택·이금주·홍송이(2023),『학교학습을 위한 교육심리학』, 서울: 박영스토리.

정창우(2001), “피아제와 비고츠키 이론의 도덕 교육적 함의에 관한 연구”,『도덕윤리과교육』, 13.

통일부 통일교육원(2014),『2014년 학교 통일교육 실태조사 결과보고서』, 서울: 통일교육원.

Boden, M.(1994), *Jean Piaget*, 서창렬 역(1999),『피아제』, 서울: 시공사.

Ginsburg, H. P. & Opper, S., *Piaget’s theory of intellectual development*. 김억환 역(1984),

『피아제의 지적 발달론』, 서울: 성원사.
Lawton, D. et al.(1978), *Theory and Practice of Curriculum Studies*, 이귀윤 역(1984). 『교육과정 연구의 이론과 실제』, 서울: 교육과학사.
Vygotsky, L. S.(1978), *Mind in Society*, 정회옥 역(2009), 『마인드 인 소사이어티』, 서울: 학이시습.
Piaget, J.(2011), *L'épistémologie génétique*, 홍진곤 역(2020), 『장 피아제의 발생적 인식론』, 서울: ㈜신한출판미디어.

제5부

통일교육 프로그램의 적용

PEDAGOGY OF UNIFICATION EDUCATION

제1장

학교 자율 교육과정 통일교육 프로그램

Ⅰ. 서론

Ⅱ. 수업량 유연화에 따른 학교 자율 교육과정

Ⅲ. 남북교역 탐구를 주제로 한 프로젝트형 통일교육

Ⅳ. 남북교역을 주제로 한 통일교육 프로그램

Ⅴ. 결론

제1장

학교 자율 교육과정 통일교육 프로그램

I 서론

2018년에는 남북 정상회담이 세 차례 열렸고 싱가포르에서 북미 정상회담이 있었다. 2019년에는 베트남 하노이에서 북미정상 회담이 있었고 이어 판문점에서 남북미 정상이 함께 만나는 일이 벌어지기도 하였다. 그러나 이후 북미관계, 남북관계는 다시 경색 국면에 접어들어 지금에 이르고 있다. 북한의 미사일 발사, 북한과 주변국의 군사적 긴장 등을 다룬 뉴스가 다시 우리 학생들의 일상에 반복적으로 전해지고 있다.

2023년 학교 통일교육 실태조사 결과는 얼어붙은 남북관계가 학생들에게 어떻게 영향을 미쳤는가를 잘 보여준다. 북한을 협력대상이라 응답한 학생은 32.1%로 2022년보다 6.6%p 감소했고, 경계대상이라는 응답은 43.5%로 5.4%p 증가했으며, 적대 대상이라는 응답 또한 12.5%로 1.6%p 증가했다(국립통일교육원, 2023: 116). 남북관계의 평화 정도에 대해 '평화롭다'는 단지 10.6%에 머물렀고, '평화롭지 않다'는 56.0%에 이르렀다(국립통일교육원, 2023: 134). 통일의 필요성에 대해 '필요하다'는 응답은 49.8%로 2022년보다 7.8%p 감소했고, '필요없다'는 응답은 38.9%로 7.2%p 증가하였다(국립통일교육원, 2023: 148). 이는 학교 현장에서 학생들의 공감 속에 통일교육이 이루어지기 어려운 조건이 강화되고 있음을 의미한다.

한편 학교교육은 학생들의 자기 주도성과 역량 함양을 지속해서 강조하고 있다(교육부, 2015: 2; 교육부, 2022a: 6). 특히 융합적 역량을 강조하고 있는데, 2022 개정 교육과정은 "다양한 전문 분야의 지식, 기술, 경험을 융합적으로 활용하여 새로운 것을 창출하는 창의적 사고 역량"을 핵심 역량 중 하나로 제시하였고, 고등학교 목표에서도 "다양한 분야의 지식과 경험을 융합하여 창의적으로 문제를 해결하고, 새로운 상황에 능동적으로 대처하는 능력"을 기를 것을 강조하고 있다. 교수·학습과 관련하여 "교과 내 영역 간, 교과 간 내용 연계성을 고려하여 수업을 설계하고 지도함으로써 학생들이 융합적으로 사고하고 창의적으로 문제를 해결하는 능력을 함양"하도록 하였고, 고등학교 선택 과목으로 다양한 융합 선택 과목을 새롭게 신설했다(교육부, 2022a: 6, 7, 10, 23).

오늘날 사회문제가 복잡해짐에 따라 단일 학문으로 현대의 복잡한 사회현상을 진단하고 관련하여 제기되는 다양한 문제를 해결하기 어렵다는 점을 고려할 때, 학문 간 융합을 통해 문제 해결의 실마리를 마련하는 것이 자연스럽게 받아들여지고 있다(홍병선, 2016: 13). 그동안 학교교육을 돌아보면 교육 내용을 세분하여 학문 분과별로 교과와 교과목을 개설하고 독립적으로 교과 내용을 가르치고 학습해온 측면이 있다. 이제는 학생들이 살아갈 미래를 준비하는 과정에서 배운 내용을 삶의 문제 해결에 융합적으로 적용할 수 있는 역량을 고민하며 교수·학습을 설계해야 한다. 교육과정을 통해 습득한 다양한 교과 지식과 도서, 논문, 인터넷 자료 등을 조사하여 수집한 자료를 분석하는 과정은 문해력 향상에 기여할 수 있다. 또한 스스로 선택한 주제와 관련하여 다양한 영역을 탐구하는 과정에서 자기 주도적으로 학습하는 경험을 체험할 수 있으며 이 과정에서 배움이 일어나고 학생들이 자신의 진로와 연계하여 고민을 심화할 수도 있다.

이 글에서는 고등학교에서 통일교육이 가능한 공간을 탐색하여 학생들이 주도적으로 참여할 수 있는 교수·학습 프로그램의 모델을 제시하고자 한다. 이를 위해 Ⅱ장에서는 수업량 유연화에 따른 학교 자율 교육과정의 도입 취지와 통일교육의 적용 가능성을 탐색하고 수업량 유연화 프로그램에 적용 가능한 주제로 남북교역의 의미를 밝히고자 한다. Ⅲ장에서는 통일교육의 개선을 위한 교수·학습 원리로서 구성주의 접근이 필요함을 제안하고 역량 함양에 관한 선행연구를 분석하여 통일교육에서 관심 두고 길러야 할 역량에 대해 논의하고자 한다. Ⅳ장에서는 남북교역을 주제로 한 통일교육 프로그램의 개요와 구체적인 내용을 제시할 것이다.

Ⅱ 수업량 유연화에 따른 학교 자율 교육과정

학교 교육과정은 교육부가 고시하는 교육과정 총론과 교과별 교육과정에 따라 운영된다. 2022 개정 고등학교 교육과정에서 공통 과목과 선택 과목에서 통일교육 관련 성취기준의 비중이 전반적으로 줄었고, 선택 과목이 과거보다 매우 다양해졌음에도 통일교육 관련 내용요소를 다루는 과목은 증가하지 않았다. 이 점에서 통일교육을 위한 공간은 실질적으로 축소되었다. 이를 보완하기 위해 고교학점제 도입과 맞물려 2022 개정 교육과정에서 새롭게 도입된 수업량 유연화에 따른 학교 자율 교육과정에서 통일교육의 적용 가능성을 검토하는 것은 의미가 있다.

교육부는 2022 개정 교육과정 총론 주요 사항을 발표하면서 학기당 17(16+1)회 수업을 16회로 전환하고, 여분의 수업량을 활용하여 다양한 프로그램을 자율적 운영하도록 하였다(교육부, 2021: 28). 17회 중 1회의 수업은 각 학교에서 학교의 특성이나 학생들의 교육적 요구를 고려하여 해당 교과목 또는 타 교과목 융합형의 프로젝트 수업, 보충수업, 동아리 활동 연계 수업, 과제 탐구 수업 등의 프로그램을 통해 자율적 교육과정으로 운영할 수 있다(교육부, 2022c: 3). 단위 학교에서 자율적으로 교육과정을 운영할 수 있는 여지가 생긴 것이다.

학교 자율 교육과정의 유형으로 진로집중형, 학습몰입형, 보충수업형, 동아리형, 프로젝트형 등이 있다. 진로집중형은 고등학교 1학년을 대상으로 진로집중학기제 운영 시간에 진로 설계 및 체험을 하는 것이다. 학습몰입형은 교과목별 심화 이론, 과제 탐구 등 심층적 학습 시간을 운영하는 것이다. 보충수업형은 학습 결손, 학습 수준 미흡 학생을 대상으로 보충수업을 진행하는 것이다. 동아리형은 학습동아리와 연계하여 교과목에 관한 학생 주도적 학습 시간을 운영하는 것이다. 프로젝트형은 교과목 융합학습 등 주제 중심의 프로젝트 수업, 직업 체험 프로젝트 등을 운영하는 것이다(교육부, 2022c: 4).

남북교역에 대한 탐구를 중심으로 한 통일교육 프로그램은 프로젝트형 교육과정에 해당한다. 남북교역의 역사와 현황을 통계자료를 분석함으로써 이해하고 그 과정에서 남한과 북한 지역 사람들의 사회 변화를 탐구할 수 있다. 미래에 남북교역 프로젝트를 기획함으로써 지역에 대한 이해와 북한에 대한 이해를 넓힐 수 있다. 이를 위해 역사, 지리, 윤리, 일반사회, 수학 등 다양한 교과목의 융합학습이 가능하다. 학생들은 교과 활동, 비교과 활동을 통해 익힌 다양한 지식을 남북 분단으로 인해 공간이 단절된 현실에 적용하고 융합적으로 탐구하여 분단 극복의 필요성을 이해함으로써 자신의 진로를 능동적으로 탐색할 수 있다.

이러한 수업 운영은 학생들의 진학과 진로 준비에 실질적인 도움을 줄 수 있다는 점에서 실행 가능성이 크다. 자율 교육과정 운영 결과, 교사가 관찰한 것을 바탕으로 학생의 성취 수준 도달 정도와 학습 활동 참여도 등 특기할 만한 사항을 학교생활기록부에 기록할 수 있다(교육부, 2022d: 124). '과목별 세부능력 및 특기사항'에는 '교과목별 학생참여형 수업 및 수업과 연계된 수행평가 등에서 관찰한 내용'을, '개인별 세부능력 및 특기사항'에는 '특정 과목의 세부능력 및 특기사항으로 한정하기 어려운 경우' 작성하도록 하고 있다(교육부, 2022d: 124). 다양한 교과 지식을 융합적으로 탐구하는 프로젝트형 과제에 해당하는 이 프로그램은 다양한 분야의 지식과 더불어 한반도의 분단 현실과 미래의 한반도, 자신의 진로를 연관지어 탐구할 수 있는 자료이며, 이러한 탐구활동의 결과를 학교생활기록부에 서술함으로써 학생들의 탐구 역량을 확인할 수 있는 유용한 참고자료가 될 수 있다.

Ⅲ 남북교역 탐구를 주제로 한 프로젝트형 통일교육

1. 역량 함양을 위한 교수·학습 원리로서 구성주의

가. 통일교육의 목표로서 역량 함양

OECD 2030 프로젝트는 혁신적인 해결책을 찾기 위해 질문하고 다른 사람과 협력하고 주어진 틀에서 벗어나 새로운 가치를 창출할 수 있는 능력, 상호의존적인 세계에서 모순되거나 양립할 수 없는 것처럼 보이는 논리와 요구의 균형을 조절할 수 있는 능력, 자기 행동에 책임을 질 수 있는 능력 등 변혁적 역량을 강조하였다(OECD, 2019: 5-7). 2015 개정 교육과정은 자기관리 역량, 지식정보처리 역량, 창의적 사고 역량, 심미적 감성 역량, 의사소통 역량, 공동체 역량 등을 강조하였고(교육부, 2015: 2), 2022 개정 교육과정에서도 의사소통 역량을 협력적 의사소통 역량으로 수정한 것을 제외하면 여섯 가지 역량을 공통으로 강조하고 있다(교육부, 2022b: 6).

통일교육을 통해 추구해야 할 역량은 무엇인가? 교육과정에서 역량 함양이 강조되는 가운데 연구자들은 〈표 1〉과 같이 통일교육 또는 평화·통일교육 분야에서 함양해야 할 역량이 무엇인가에 대해 논의해 왔다. 오기성은 평화·통일 감수성 역량, 평화문화 형성 역량, 평화·통일 탐구 역량, 통일평화 구축 역량 등(2019: 115-118)을, 이대훈은 비판적 사고력, 상호의존 능력, 관계 맺기 능력, 민주적 평화적 소통 능력, 갈등 분석과 조정 능력, 평화구축 능력 등(2019: 211)을 제안하였다.

표 1 통일교육(또는 평화·통일교육)의 핵심 역량

오기성(2019)	이대훈(2019)	함규진 외(2019)	김상범 외(2020)
평화·통일 감수성 평화문화 형성 평화·통일 탐구 통일평화 구축	비판적 사고 상호의존 관계 맺기 민주적 평화적 소통 갈등 분석과 조정 평화구축	평화지향 시민적 소통 비판적 탐구	평화 감수성 통일 탐구 민주적·평화적 소통 평화·통일 실천

함규진 등은 오기성(2019), 이대훈(2019) 등의 선행연구를 바탕으로 교육부 정책연구를 수행하면서 통일교육이 지향할 역량으로 평화지향 역량, 시민적 소통 역량, 비판적 탐구 역량을 제시하였다(함규진 외, 2019: 11-13). 평화지향 역량은 일상에서 표명된 또는 은폐된 비평화적 요소를 간파하고, 그러한 비평화적 요소의 존재, 폭력적 방식의 문제 해결 패턴을 불편해하며, 관용이나 인정, 공감, 연민 등으로 타인과의 관계 속에서 평화지향적인 상호작용을 강화하고, 그럼으로써 진정 항구적이고 지속가능한 안보를 보장하려 하는 역량이다. 시민적 소통 역량은 평화지향 역량을 가진 개인이 사회 속에서, 타인과의 관계에서 시민으로서의 주체성과 합리성을 갖추고, 문제를 대화, 토론, 타협, 협력 등을 통해 해결하려 하며, 갈등의 편재성은 인정하되 그 관리와 전환을 모색하며, 그리하여 공동체의 회복 또는 확장을 추구할 수 있는 역량이다. 비판적 탐구 역량은 통일과 한반도 평화를 주제로 할 때, 위의 두 가지 역량을 효과적으로 계발·발휘하기 위해 분단 과정, 분단 상황, 다양한 안보 문제, 남북한의 현황, 통일국가의 사회상(미래) 등을 이해하고, 이를 다시 글로벌 차원에서, 또한 인문·사회·자연·예술 등 전학문적 차원에서 융합적으로 이해할 수 있는 역량이다.

한국교육과정평가원의 연구원이 중심이 된 학교 평화·통일교육의 핵심 역량에 관한 연구에서는 평화 감수성 역량, 통일 탐구 역량, 민주적·평화적 소통 역량, 평화·통일 실천 역량 등을 제시하였다(김상범 외, 2020: 10). 평화 감수성 역량은 남북 분단 상황과 관련된 비평화적 구조와 요소들에 대한 민감성을 바탕으로, 상호 이해와 존중, 관용, 다양성 인정 등을 내면화하여 한반도 평화의 가치를 공감할 수 있는 능력을 의미한다. 통일 탐구 역량은 객관적 사실에 근거한 북한 이해와 남북 분단의 영향에 대한 이해, 개인적 차원에서 세계적 차원까지 한반도의 평화와 통일이 갖는 의미 및 미래상을 탐색할 수 있는 능력이다. 민주적·평화적 소통 역량은 남북 분단 상황과 통일에 대해 다양한 관점을 가진 개인이나 집단과 대화, 토론, 타협, 협력을 통해 소통하고 갈등을 평화적으로 조정하고 해결할 수 있는 능력을 의미한다. 평화 · 통일 실천 역량은 일상생활에서 평화적으로 문제를 해결하고 한반도 평화와 통일을 위한 과정에 적극적으로 참여함으로써 더 나은 공동체를 만드는 데 기여할 수 있는 능력을 의미한다.

통일교육의 역량에 대한 논의를 종합하면, 평화의 문화를 형성하여 평화로운 통일을 지향해야 하고, 이를 위해 남북관계의 상호의존성을 이해하고 갈등 분석, 관계 맺기, 의사소통 역량을 길러야 하며, 평화와 통일 문제를 비판적으로 탐구하여 평화와 통일을 실천할 수 있는 능력을 길러야 한다.

나. 교수·학습 원리로서 구성주의

역량 함양을 위한 교수·학습 원리로서 구성주의적 접근이 필요하다. 피아제에 의하면 인간의 지적 발달은 유기체인 인간이 자신의 환경과 끊임없는 상호작용을 통하여 이루어지는 하나의 적응 과정이다(박병기·추병완, 1996: 202). 학습자가 태어날 때부터 지식을 알고 태어나는 것이 아니고, 외부에 존재하는 객관적 지식이 모든 학습자에게 동일하게 인지될 수도 없다. 학습과 그 결과로서 지식은 다양한 변수가 상호작용하는 가운데 구성된다. 피아제는 도덕성을 발달시키기 위해 권위에 의한 주입보다는 아동이 능동적으로 도덕원리를 구성할 수 있도록 도와야 한다고 강조했다(정창우, 2013: 183). 피아제는 학습자를 조건화를 통해서 학습하는 피조물로 여긴 것이 아니라 스스로 자극을 추구하는 능동적인 존재로 간주하였다(박병기·추병완, 1996: 203).

비고츠키는 인간의 학습은 아동이 주변 사람들의 지적인 생활 속으로 성장해 들어가게 하는 특수한 사회적 속성과 과정을 전제한다고 보았다. 아동은 자신만의 근접 발달 영역(zone of proximal development)을 가지고 있는데, 근접 발달 영역은 실제적 발달 수준과 잠재적 발달 수준 사이의 거리다. 잠재적 발달 수준은 성인의 안내 혹은 더 능력 있는 또래들과의 협동을 통한 문제 해결에 의해 결정된다(Vygotsky, 1978: 134-137). 학습자인 아동의 발달은 동일한 출발선에서 동일하게 일어나는 것이 아니라 각자 서로 다른 근접 발달 영역에서 다양한 변수와의 상호작용 가운데 발달해 간다(김병연, 2023: 50). 우리나라는 제6차 교육과정 개정부터 구성주의적 원리를 기반으로 교육과정을 설계하고 있다(박정, 2019: 422). 구성주의에 기반한 교수·학습은 지식이 경험으로부터 구성되고, 학습은 지식에 대한 개인의 해석이며, 학습은 경험에 기초하여 의미가 발달하는 활동적인 과정이라 본다. 또한 학습은 다양한 관점의 협상 과정으로 협동적이며, 현실적인 구조에서 일어난다(Merrill, 1992; 박선미, 1998: 344에서 재인용).

지금까지의 통일교육은 구성주의적 접근과는 거리가 멀었다. 헌법과 통일교육지원법으로 대표되는 법률에 근거를 두고 통일부와 교육부는 통일교육 지침 및 교육과정을 제시해왔으며 학교와 교사는 이러한 가이드라인에 충실하게 통일의 필요성에 대한 인식을 높이고 북한 사회에 대한 이해를 높이는 데 주력해왔다. 이 과정에서 기본 방향에 동의하지 않는 교사는 통일교육을 부담스럽게 여기게 되었고 학생들 또한 수업에 흥미를 느끼지 못하고 수업 내용에 불편함을 공공연하게 드러내기도 한다.

교사는 학생들의 학습을 돕는 조력자가 될 필요가 있다. 교사가 말하는 내용을 단순히 듣고, 들은 것을 반복하는 것이 아니라, 학생 스스로 의미를 발견하게 하여 이끌어 주어야 한다(박병기·추병완, 1996: 234). 통일교육에서 구성주의적 관점을 적용한다는 것은 교수·학습과 평가에서 학생의 자기 주도성을 보다 강조한다는 의미이다. 우리는 통일교육 관련 가이드라인을 학생들에게 설명한다고 해서 그것을 학생들이 온전히 수용하지 않는다는 것을 익히 알고 있다. 남북관계를 중심으로 벌어지는 다양한 문제를 학생들이 자신의 삶과의 연계하여 이해하고 관심 두고 해결하기 위한 의지를 가질 때 비로소 통일교육이 목표한 바에 근접한다고 할 수 있다. 이를 위해 하나의 사건이나 현상을 바라볼 때 다양한 의미와 관점이 있을 수 있고 학생들 또한 자기 삶의 경험과 융합하여 새롭게 인식의 폭을 넓혀 간다는 점을 함께 공유하고 전제해야 한다.

2. 프로젝트형 탐구활동 주제로서 남북교역

수업 중에 금강산 관광, 개성 관광의 경험을 이야기하면 학생들은 매우 신기하게 바라본다. 2024년 기준 고등학생은 대부분 2000년대 후반에 태어났는데 이들은 1945년 일제 강점기로부터 해방된 대한민국의 역사와 금강산 관광이나 개성 관광을 그 연장선에서 이해하고 사고할 가능성이 크다. 이들은 남북 간 인적, 물적 교류와 협력의 경험보다 긴장과 대결의 남북관계를 익숙하게 보아왔고 그러한 경험에 근거하여 북한, 남북관계, 통일 문제에 대한 가치관을 형성하고 있다. 이들에게 통일의 필요성과 북한 사회에 대한 이해를 주제로 수업을 기획하는 것은 너무나 추상적이고 어려울 수밖에 없다.

통일 문제가 점점 학생들의 삶과 멀어져가고 있는 상황에서 수업을 통해 학생들이 남북교역의 역사와 전개 과정, 자신이 사는 지역에서의 남북교역의 경험 등을 탐구하고 새로운 교류 협력 프로젝트를 기획해 보도록 하는 것은 통일교육에 구체성을 더해 학생 삶과 관련지음으로써 교육 효과를 높일 수 있다.

남북 간 교류 협력은 분단 이후 1960년대까지 거의 이루어지지 못하였다. 1970년대 들어 대한적십자사가 1971년 8월 남북적십자회담을 제의한 이후 1973년 남북조절위원회를 통해 경제인 및 물자교류 제의가 이루어졌고, 북한적십자사의 수재 물자 지원을 계기로 1984년 11월에 남북경제회담이 열렸다. 1988년 7월, 「민족자존과 통일번영을 위한 특별선언」을 발표하고 후속 조치로 1988년 10월 남북한 간 교역을 허용하는 「대북경제개방조치」를 취하였고, 1989년 6월, 「남북교류협력에 관한 기본지침」을 준비하여, 1990년 8월에는 「남북교류협력에관한법률(교류협력법)」, 「남북협력기금법」 등 관련 법령이 제정됨으로써 남북교류협력이 안정적으로 이루어질 수 있도록 하는 제도적 기반을 마련하였다(통일부, 2023).

남북교류는 인적, 물적 측면에서 정치, 경제, 군사, 사회, 문화 등 다양한 분야에서 이루어져 왔기에 이를 탐구하는 것은 남북관계의 과거와 현재를 통합적으로 이해하고 미래에 대한 관심을 높이는 계기가 된다. 여행을 주제로 인적 교류의 과거와 현재를 탐구할 수도 있고, 정치와 군사 분야에서 남북 간 회담과 결과의 이행을 주제로 탐구할 수도 있다. 이 글에서는 남북교역을 주제로 학생들이 프로젝트형으로 탐구할 수 있는 모델을 개발하여 제시하고자 한다. 남북교류의 역사에서 남북교역은 신뢰할 만한 정부 통계자료가 풍부하다. 학생들의 이해를 도울 수 있는 다양한 소재가 등장하므로 탐구활동의 동기를 부여할 수 있다.

남북 간 상품교역이 시작된 1990년대 초반에는 교역 규모가 연간 1천만 달러에 불과했으나 2007년에는 약 17억 9천 달러에 이를 정도로 성장하였다. 그러나 2008년 7월, 금강산 관광객 피격사건에 따른 금강산 관광 중단 조치 및 2010년 5월, 천안함 피격사건에 따른 5·24 조치의 시행으로 남북관계는 크게 경색되었다.

북한에서 반입된 농림축산물 금액은 2006년 이후 급격하게 증가하여 2008년 7,450만 달러에 이르렀지만, 이후 농림축산물 반입은 급격히 감소하여 2010년 이후에는 반입액이 1,000만 달러에도 미치지 못하였다. 북한산 농림산물 반입 품목은 매년 30~40개 정도인데, 이 중 10만 달러 이상 규모로 반입되는 품목은 고사리, 표고, 기타버섯, 기타채소, 호도, 송이, 들깨, 대두, 팥, 호박 등이었다. 2000년대 초반에 북한에서 주로 반입되는 품목은 고사리, 들깨, 한약재, 각종 과실, 궐련, 표고버섯, 송이버섯 등이며, 2000년대 후반에 주로 반입되는 품목은 마늘, 고사리, 표고버섯, 송이버섯, 각종 채소류 등이었다(문한필 외, 2020: 154-155).

학생들과 남북교역의 역사와 현실을 구체적으로 탐구하기 위해 정부 기관 홈페이지를 활용하는 것이 유용하다. 남북교류협력시스템 홈페이지[1]에서는 남북교역 품목별 통계를 특정 기간별, 품목별, 반출 반입별 등 다양한 측면에서 분석하고 시각화할 수 있다. 학생들이 품목별 통계 페이지에서 관심 가는 품목과 기간을 정하여 그 품목의 반출입 통계를 표 또는 그래프로 내려받을 수 있다. 관세청 수출입 무역통계 홈페이지[2]에서도 남북교역에서 품목별 교역 순위를 확인할 수 있다. 홈페이지에 접속한 다음 '무역통계 조회→남북교역 통계→품목별 반출입 실적'에서 조회 기간별 남북교역에서 품목별 순위를 검색할 수 있다. 아울러, '지역별 반출입 실적'에

1 https://www.tongtong.go.kr/unikoreaWeb/ui/pblc/guidance/dta/popup/ATHDWTradeDwPrdlstP.do

2 https://unipass.customs.go.kr/ets/index.do

서는 학생들이 거주하고 있는 지역을 중심으로 반출입 실적 통계를 확인할 수 있다. 이 홈페이지에서는 2000년부터 통계자료 검색이 가능하다.

새로운 남북교역 프로젝트를 기획하는 데 도움이 되는 자료가 있다. 정부 기관 운영 홈페이지에서 남북의 지역별 특산물을 확인할 수 있다. 농촌진흥청에서 운영하는 농업정보포털 '농사로' 홈페이지[3]를 활용하면 남한의 지역별 특산물을 확인할 수 있다. 특히 지역에서 브랜드화하여 홍보하는 상품을 확인할 수 있다. '생활문화→지역농산물'에서 지역특산물과 지역브랜드 검색이 가능하다. 예를 들어, 지역특산물에서 경상남도 산청군을 검색하면 벌꿀, 녹차, 딸기, 양파, 곶감 등을 확인할 수 있고 지역브랜드에서 전라남도 함평군의 브랜드를 검색하면 나비랑여문쌀, 나비햇살미, 함평천지 등의 브랜드를 확인할 수 있다. 북한의 지역별 특산물을 국가지식포털 '북한지역정보넷' 홈페이지[4]에서 검색할 수 있다. 홈페이지의 '자연지리정보관→특산물'을 선택하면 행정구역별로 농축산물이나 수산물 현황을 확인할 수 있다. 예를 들어, 특산물 중 수산물을 검색하면 황해남도 옹진군의 '옹진참김', 함경남도 이원군의 '밥조개'(가리비) 등 다양한 지역별 수산물을 확인할 수 있다.

학생들은 다양한 산업 분야에서 남북 간 우위를 비교해보고 남북이 함께 상생하고 자신이 사는 지역의 경제를 발전시키기 위해 교류와 협력을 할 수 있는 품목과 상품을 선정하고, 아울러 북한 지역에서 우위를 점하고 있는 상품과 서비스를 탐구할 수 있다. 남북관계에 관한 법과 정치, 경제, 사회·문화 등 사회 교과군 전반의 지식을 융합적으로 탐구할 수 있다. 신뢰할 수 있는 정보를 판별하고 정리하는 과정은 자연스럽게 미디어 리터러시로 이어지고, 지역의 기후 환경, 경제적 조건 등에 대한 관심을 높일 수 있으며 남북관계 개선이 주는 긍정적인 효과를 간접 체험할 수 있어 통일 및 남북통합에 관한 교육으로서 의미를 지닌다.

---

3 https://www.nongsaro.go.kr

4 http://www.cybernk.net

Ⅳ 남북교역을 주제로 한 통일교육 프로그램

1. 프로그램의 개요

이 프로그램은 고등학교에서 학기 말에 자율적으로 편성 가능한 수업량 유연화에 따른 자율 교육과정에 적용할 것을 염두에 두고 개발되었다.

가. 수업 구성

학기 말 상황을 고려하여 〈표 2〉와 같이 총 3차시에 걸쳐 프로그램을 진행하는 것으로 계획하였다. 다만, 차시별로 활용 가능한 학습 활동은 비교적 풍부하게 담아 여건에 따라 1차시를 2~3시간에 걸쳐 진행할 수도 있다.

표 2 차시별 남북교역에 관한 통일교육 프로그램 내용

1차시		2차시		3차시
남북교역에 관해 통합적 탐구하기	→	남북교역이 사회에 미친 영향 분석하기	→	지역의 남북교역 프로젝트 기획안 작성, 발표, 평가하기

1차시 주제는 남북교역에 관한 통합적 탐구, 2차시는 남북교역이 사회에 미친 영향 분석하기, 3차시는 지역의 남북교역 프로젝트 기안하고 발표 및 평가하기이다. 1, 2차시는 핵심 질문에 따라 내용적인 부분을 학습하고, 3차시에서 학생들이 스스로 주제를 선정하고 자료를 조사하고 분석한 후 미래지향적인 탐구 보고서를 작성하도록 설계하였다. 교사가 수업을 수월하게 진행하고 학생이 자기 주도적 학습을 깊이 있게 할 수 있도록 수업 과정안 및 학생 활동지에는 다양한 자료를 QR코드, URL 등으로 제시하였다.

나. 주요 활동

차시별 주요 활동은 〈표 3〉과 같다.

표 3 차시별(단계별) 주요 활동

차시	주요 활동
1	• 남과 북이 서로 교역하면 좋을 농산물 상상하기 • 남북 간 교역량, 교역 물품에 대한 통계자료 조사하고 그래프로 시각화하기 • 그래프에서 남북교역 변화에 영향을 준 사건 조사하기
2	• 남북교역이 활발하던 시기의 관련 신문 기사, 뉴스 영상 검색하기 • 남한 사회에서 정치, 경제, 사회, 문화, 군사 등 분야별 변화의 특징 조사하기 • 남북교역 재개 시 남한 사회의 변화 예상해보기
3	• 자신의 지역에서 남북이 함께 분업 가능한 상품, 서비스의 종류 조사하기 • 남북교역 물품, 서비스를 선정하고 교역 활성화 프로젝트 기획하기 • 남북교역 프로젝트 기획안을 발표하고 다른 친구의 발표를 듣고 평가하기

1차시에는 학생들이 남과 북이 서로 교역하면 좋을 농산물을 상상하는 것으로 수업이 시작된다. 이어서 남북 간 교역량, 교역 물품에 대한 통계자료를 조사하고 관심 분야를 선정하여 그래프로 시각화한 다음 그래프에서 특징적인 시기에 남북교역 변화에 영향을 준 사건을 조사하고 발표한다.

2차시에는 남북교역이 활발하던 시기의 신문 기사, 뉴스 영상 등을 검색하여 남한 사회 내에서 정치, 경제, 사회, 문화, 군사 등 다양한 분야에서 변화의 특징을 조사하여 향후 남북교역이 다시 시작되었을 때 예상되는 변화를 추론해 보도록 하였다.

3차시는 자신의 지역에서 남북이 함께 분업 가능한 상품, 서비스의 종류를 조사하고, 실제로 남북교역이 이루어지는 상황을 상상하면서 남북교역 물품, 서비스를 선정하고 교역 활성화 프로젝트를 기획한 다음 함께 나누는 시간으로 설정하였다.

3차시 또는 3단계에 걸쳐 진행되는 프로그램을 통해 학생들은 남북교역의 역사와 현황을 시간적, 공간적 측면에서 살펴볼 수 있고 인터넷 검색을 통해 통계자료를 분석하고 시각화하여 남북관계의 주요 사건과 연관 지어 탐구하는 과정에서 미디어 리터러시 교육을 할 수 있다. 또한 남북교역의 활성화, 일시적 단절, 재개, 단절이 남한 사회에서 시민의 삶에 미친 사회적, 윤리적 측면의 영향을 함께 탐구할 수 있다.

프로그램을 진행하면서 교사는 다음과 같은 점에 유의해야 한다. 첫째, 학생들이 일상에서 경험할 수 있고 관심과 흥미가 있는 동기 유발 자료를 제시하여 자발적으로 탐구할 수 있는 분위기를 조성해야 한다. 둘째, 그동안 배운 다양한 과목의 교수·학습 내용과 자신의 진로 희망 등을 융합적으로 사고할 수 있도록 지속해서 안내한다. 셋째, 조사한 자료에 한계가 있을 수 있음을 설명하고 이를 보완하기 위해 다양한 경로를 통해 자료를 수집하고 검증할 수 있도록 한다. 넷째, 사회현상은 단순한 인과관계가 아니라 복잡한 여러 요인에 의해 상호 영향을 주고받는 과정에서 발생하는 것임을 성찰할 수 있도록 한다.

다. 수업 결과의 활용

수업량 유연화에 따른 자율적 교육과정 프로그램이 학생들로 하여금 참여 동기를 유발할 수 있는 가장 큰 제도적 배경은 대입 전형에서 중요하게 관찰되는 학교생활기록부에 관련 내용을 서술할 수 있다는 점이다. 학교생활기록부에는 '과목별 세부능력 및 특기사항'을 기록하는 공간과 '개인별 세부능력 및 특기사항'을 기록하는 공간이 있는데, 전자는 대부분 수업 시간 활동 기록으로 내용이 확보되지만, 후자의 경우 마땅한 내용이 없어 빈 칸으로 남아 있는 경우가 많았다. 남북교역을 주제로 한 프로젝트 수업은 특정 교과로 한정하기 어려운 주제에 해당하여 '개인별 세부능력 및 특기사항'에 활동 내용을 기록할 수 있고 이는 교사와 학생, 모두에게 매력적인 활동으로 다가갈 수 있다. 교사는 학생 활동 과정을 관찰하여 다음과 같이 학교생활기록부에 기록할 수 있다.

> 수업량 유연화에 따른 학교 자율 교육과정 프로그램으로 '우리 지역 남북교역 프로젝트 기획안 만들기' 활동에 참여함. 시기별 남북교역의 품목과 교역량 변화를 조사하고 과거에 지역에서 남북교류 사업으로 '통일딸기' 시범 재배가 이루어졌다는 사례를 발견하고 북한에서 경쟁력이 있을 지역의 교역 상품으로 딸기를 선정하여 탐구함. 딸기가 겨울철 난방이 필요한 하우스에서 재배된다는 점을 고려할 때 북한에서 겨울철 딸기 재배가 어려워 반출 상품으로 경쟁력이 있음을 근거로 제시함. 북한에서 지역으로 반입해 오면 좋을 특산물로 가리비, 꽃게 등 각종 어패류를 제시함. 북한의 해산물이 남한보다 상대적으로 저렴함을 통계자료를 통해 제시하고 자신이 거주하는 산간 지역에 반입되면 경쟁력이 있음을 근거로 제시함. 안정적인 남

북교역 재개를 위해 남북한 주민의 상호 신뢰, 남북 간 정치·군사적 긴장 해소, 상호 방문 활성화로 교역 중단의 가능성을 줄일 필요가 있음을 발표함.

2. 차시별 프로그램

가. 1차시: 남북교역의 역사에 대한 탐구

학습 목표	• 남북교역의 변화를 통합적 관점에서 조사하여 발표할 수 있다. • 남북교역의 변화를 초래한 원인을 분석하여 제시할 수 있다.
핵심 질문	• 시간적, 공간적, 경제적 관점에서 남북 간 교역은 어떻게 변화해 왔을까요? • 변화를 초래한 사건을 사회적, 윤리적 관점에서 어떻게 평가할 수 있을까요?
학습 단계	교수·학습 과정
도입	**수업 열기** • 남과 북이 서로 교역하면 좋을 농산물 상상하기 - 남한에 '없거나', '부족한', 북한에 '없거나', '부족한' 농산물 상상하기 - 그렇게 상상한 이유를 지리적 특성과 연관 지어 설명하기
활동 1	**남북교역 사례 조사하기** • 북한산 농산물, 남한산 농산물이 각각 남한과 북한에서 판매된 사례 조사하기 - 판매된 농산물, 관련 기사 내용, 새롭게 알게 된 사실, 기사의 출처 검증하기 - 조사한 내용을 조리 있게 발표하기
활동 2	**남북교역 통계자료 조사 및 분석하기** • 남북교류협력시스템의 남북교역 품목별 통계 웹페이지에서 반출과 반입이 많은 품목을 조사하여 그 이유 찾기 ※ 참고: 남북교류협력시스템 홈페이지(https://www.tongtong.go.kr/unikoreaWeb/ui/pblc/guidance/dta/popup/ATHDWTradeDwPrdlstP.do) • 관심 가는 품목 한 가지를 선정, 품목 코드, 품명, 해설 등을 정리하기 • 선정한 품목에 대한 반입, 반출 현황을 그래프로 만들기 • 반출, 반입에서 큰 변화가 생긴 해를 찾아 남북교역에 영향을 준 사건 조사하기
활동 3	**남북교역을 뒷받침하는 제도 조사하기** • 남한과 북한 간 교역을 가능하게 만든 법, 규정, 제도 조사하기 - 법, 규정, 제도의 명칭을 적고 시행의 목적 또는 내용 요약하기
정리	**수업 마무리 활동** • 남북교역이 활발했을 때 남북 주민들이 상대를 어떻게 생각했을지 상상하기 • 수업을 마무리하며 가장 기억에 남는 점이나 느낀 점과 그 이유 생각해보기 • 자기 생각을 효과적으로 표현하고 조리 있게 발표하여 전달하기

남북교역은 어떻게 변화해 왔을까요?

1 남한과 북한에 각각 '없거나', '부족해서' 서로 교류하면 좋을 농산물은 어떤 것이 있을지 상상해서 적어 봅시다.

구분	남한	북한
없거나 부족한 농산물		
그렇게 상상한 이유		

2 북한에서 생산된 농산물이 남한에서 판매된 사례, 또는 남한에서 생산된 농산물이 북한에서 판매된 사례가 있는지 뉴스 기사를 검색한 후 정리해 봅시다.

구분	남한으로 온 북한산 농산물	북한으로 간 남한산 농산물
농산물		
기사 내용 요약		
새롭게 알게 된 사실		
기사의 출처	• 게재 일자: • 기사명: • 신문사명:	• 게재 일자: • 기사명: • 신문사명:

※ 〈검색 방법 tip!〉

뉴스검색 사이트(https://www.bigkinds.or.kr/)에서 기간을 설정(예. 1993년 1월 1일~ 2006년 12월 31일)하고 연관된 검색어(예. 남한, 북한, 가리비, 꽃게, 딸기, 표고버섯, 고사리 등)를 입력합니다.

3 통일부에서 운영 중인 남북교류협력시스템 홈페이지에 접속하여 다음 과제를 순서대로 작성해 봅시다.

가. 1988년부터 현재까지 기간을 설정하고 '검색'한 결과에서 북한으로 많이 '반출'된 품목과 남한으로 많이 '반입'된 품목을 각각 한 가지씩 찾고 그 이유를 조사해 봅시다.

반출이 더 많은 품목	이유 추론하기
	• •

반입이 더 많은 품목	이유 추론하기
	• •

※ 반출(搬出)은 '물건을 어떤 곳으로 운반하여 들어낸다'는 뜻으로, 남한에서 북한으로 물건이 이동하는 것을 의미합니다. 반입(搬入)은 '다른 곳에서 운반하여 들여온다'는 뜻으로, 북한에서 남한으로 물건이 이동하는 것을 의미합니다. 한 나라의 물품이나 상품을 다른 나라에 팔아 내보내는 것을 수출이라고 합니다. 북한과의 교역에서 수출, 수입 대신 반출, 반입을 쓰는 이유는 남한과 북한의 관계를 일반적인 국가 간 관계가 아니라 통일을 지향하는 과정에서 잠정적으로 형성된 특수관계로 보기 때문입니다.

나. '코드검색', 'HS 분류표'에서 관심 가는 품목을 한 가지 선택하여 다음 표를 작성해 봅시다.

품목코드	품명	해설 요약
예. 제72호	예. 철강	예. 선철, 합금철, 철광석을 직접 환원하여 제조한 철제품과 그 밖의 해면질의 철제품 등

※ HS코드는 '국제 상품 분류체계에 따라 대외 무역거래 상품을 분류한 코드'를 의미합니다.

다. 기간을 1988년부터 현재까지 설정하고 '나'에서 선택한 품목코드를 체크 한 다음, 반입과 반출 현황을 각각 꺾은선 그래프로 생성하여 학습지에 옮겨 봅시다.

금
액
단
위
(1000$)

1990 1995 2000 2005 2010 2015 2020 (연도)

라. 그래프에서 반입, 반출, 또는 반입과 반출의 총합에서 큰 변화가 생긴 해를 찾아 그 원인을 조사하여 적어 봅시다.

연도	변화 내용	원인 분석	근거자료 출처
예. 2007	예. 반입과 반출이 모두 증가	예. 북한 미사일 발사, 핵 실험 등으로 인한 남북긴장이 조금씩 해소되고 남북관계가 진전됨 • •	예. 영남일보 (2007.12.27.). 남북교역[17]

※ 〈분석 방법 tip!〉

뉴스검색 사이트(https://www.bigkinds.or.kr/)에서 해당 기간을 설정하고 연관된 검색어(예. 북한, 반입, 반출, 증가 또는 감소, 선택한 물품명 등)를 입력합니다.

4 남북교류협력시스템(안내서비스→법과제도)에서 남북교역을 가능하게 만드는 법, 규정, 제도 등을 한 가지씩 조사해 봅시다.

구분	명칭	시행의 목적 또는 구체적인 내용
법률		
규정		
제도		

※ 참고: 남북교류협력시스템→안내서비스→법과제도 홈페이지[18]

5 https://www.bigkinds.or.kr/v2/news/newsDetailView.do?newsId=01500801.20071227163010002

6 https://www.tongtong.go.kr/unikoreaWeb/ui/pblc/guidance/dta/PGDDTDtaBbsLawSystem.

5 남한 사람들이 북한산 고사리, 조개 등을, 북한 사람들이 남한산 감귤, 쌀 등을 일상생활에서 손쉽게 접했을 때 서로에 대해 어떻게 생각했을지 적어 봅시다.

과거 북한 농산물을 시장에서 구입한 남한 할머니는 북한에 대해 (　　　　　)한 생각을 했을 것이다. 왜냐하면, (　　　　　　　　　　　　　　)이기 때문이다.
더불어 남한 농산물을 접한 북한 사람은 남한에 대해 (　　　　　)한 생각을 했을 것이다. 왜냐하면, (　　　　　　　　　　　　　　)이기 때문이다.

6 수업에 참여하면서 가장 기억에 남거나 느낀 점을 쓰고 그 이유를 적어 봅시다.

기억에 남거나 느낀 점	이유

do?tabNumber=1

나. 2차시: 남북관계의 변화와 남북교역의 관계 탐구

학습 목표	•남북교역이 사회 각 분야에 미친 영향을 조사하여 말할 수 있다. •남북교역 재개 시 예상되는 사회 변화를 분야별로 추론할 수 있다.
핵심 질문	•교역이 정치, 경제, 사회, 문화, 군사 분야 등에 미친 영향은 무엇일까요? •남북 간 관계 개선으로 교역이 재개된다면 어떤 변화가 예상되나요?
학습 단계	교수·학습 과정
도입	**수업 열기** •2010년 조개구이집 집단폐업 관련 뉴스 기사 탐구하기 - 천안함 사건과 5·24 조치의 관계 파악하기 - 5·24 조치와 조개구이집 집단폐업의 관계 이해하기 - 5·24 조치로 인해 영향을 받은 개인, 집단 조사하기 - 국가의 행위로 인한 개인 피해에 대한 책임의 범위에 대해 토의하기
활동 1	**연도별 남북교역 추이 분석하기** •그래프의 수치 변화에 담긴 의미 파악하기 •관심 가는 시기의 특성, 남북관계 관련 사건 등을 연관 지어 사고하기 - 복수의 경로를 통해 확인하여 자료의 신뢰성과 타당성 검증하기
활동 2	**남북교역 실행과 중단이 우리 사회에 미친 영향 탐구하기** •남북교역이 활발했던 해와 중단된 해를 각각 선정하기 •뉴스 기사 검색 사이트 빅카인즈[7]에서 해당 시기 '남북관계', '남북경협' 등을 다룬 기사 찾아보기 •기사에 드러난 남북교역의 영향을 정치, 경제, 군사, 사회, 문화 측면에서 분석하기 - 복수의 경로를 통해 확인하여 자료의 신뢰성과 타당성 검증하기
활동 3	**남북교역 재개 시 우리 사회의 변화 예상해보기** •남북교역 재개를 가정할 때 남한과 북한의 경쟁력 있는 품목 조사하기 •교역 재개로 인해 예상되는 남한 사회의 변화 상상해 보기
정리	**수업 마무리 활동** •소감 발표하기 •다음 차시 주제 알아보기

7 https://www.kinds.or.kr

수업량 유연화 프로그램 2차시

남북관계의 변화와 남북교역은 어떤 관계가 있을까요?

1 아래 뉴스 기사를 읽고 과제를 작성해 봅시다.

- 기사명: '남북경협 파탄'에 피눈물…"모든 걸 잃었다, 길을 열어달라"
- 언론사명: 한겨레 신문
- 보도일자: 2017년 1월 1일
- 기사 링크: https://www.hani.co.kr/arti/politics/defense/776938.html

가. 기사에서 언급된 '5 · 24 조치'를 조사하여 정리해 봅시다.

핵심 내용	
배경	
참고자료 출처	

나. 5 · 24 조치의 파급 효과 또는 영향을 조사하여 비주얼씽킹으로 표현해 봅시다.

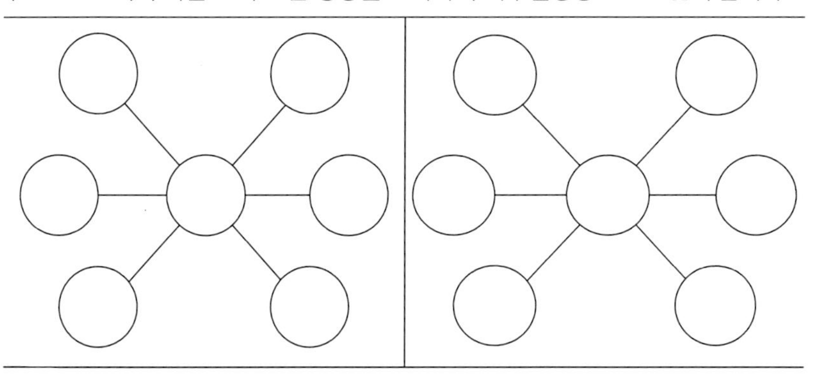

※ 〈작성 방법 tip!〉

'긍정적 효과'와 '부정적 영향'을 가운데 원에 각각 적습니다. 뉴스검색 사이트(https://www.bigkinds.or.kr/)에서 2010년 5월 이후 1~2년 간 기간을 설정하고 연관된 검색어(예. 5 · 24 조치, 효과, 영향 등)를 입력해 봅시다.

다. 남북관계가 나빠져 기사의 주인공과 같이 피해 본 사람에게 국가가 져야 할 책임의 범위는 어떠해야 할까요? 아래 선택지 중 하나를 선택하고 그 이유를 써봅시다.

- 국가의 책임 범위

① 사업가가 위험성을 알고 자발적으로 선택한 것이므로 책임지지 않아도 된다.
② 사업가가 지금까지 투자한 금액만큼 손실을 보전해 주어야 한다.
③ 사업가가 투자한 금액과 향후 예상되는 수익 일부를 함께 보상해야 한다.
④ 기타(   )

└→ 국가가 기사의 주인공에게 져야 할 책임은 (   )이라고 생각한다.
왜냐하면 (   )이기 때문이다.

2 다음 그래프[8]는 1988년 남북교역이 시작된 이후 북한에서 남한으로 반입, 남한에서 북한으로 반출된 물품의 총액을 나타낸 것입니다. 그래프의 수치 변화에서 관심이 가는 연도를 선택하여 당시 남북관계 변화와 연관 지어 탐구해 봅시다.

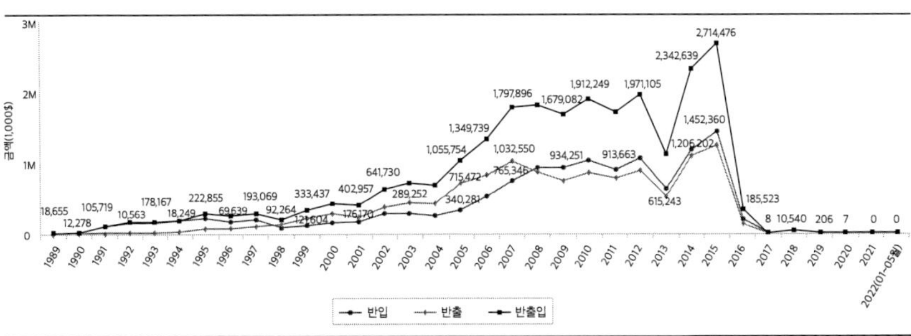

구분	내용
연도	
선택한 이유	
그해 또는 전해 남북관계 주요 사건	
사건과 남북교역의 관계 추론	
자료 출처	

※ 〈자료 검색 tip!〉

통일부 북한정보포털[9]에서 선택한 시기에 있었던 남북관계 주요 사건을 찾은 다음 그 사건과 남북교류의 변화를 추론합니다.

8 남북교류협력시스템(https://www.tongtong.go.kr/unikoreaWeb/ui/pblc/guidance/dta/popup/ATHDWTradeDwYmP.do)에서 1989년부터 2022년까지 남북교역 통계를 추출하여 시각화함.

9 https://nkinfo.unikorea.go.kr/nkp/theme/nkChronology.do

3 남북교역이 활발하게 전개된 시기와 중단된 시기의 뉴스 기사를 검색하여 정치, 경제, 사회문화, 군사 등 여러 영역의 상황과 남북교역의 관계를 조사해 봅시다.

구분	남북교역이 활발했던 시기	남북교역이 중단된 시기
시기		
선택 영역 (　　) 예. 경제		
자료 출처		

4 남북교역이 재개된다면 남북에서 각각 경쟁력 있는 품목은 어떤 것일지 상상해 봅시다. 남과 북의 기후조건, 지질환경, 기술 발전 등의 차이를 함께 생각해 봅시다.

구분	남한	북한
경쟁력 있는 교역 품목		
그렇게 생각한 이유		

5 북한에서 생산된 농산물, 공산품, 광물, 건축 자재 등이 남한 사회에 반입되어 일상에서 사용될 때 예상되는 남한 사회의 변화는 어떤 것이 있을지 생각해 봅시다.

반입품목과 예상되는 변화 모습	• • •

다. 3차시: 지역별 남북교역 프로젝트 기획

학습 목표	• 지역의 남북교역 상품, 서비스 등을 발굴하여 교역 방안을 제시할 수 있다. • 남북교역 프로젝트 기획안에 대한 발표를 듣고 평가할 수 있다.
핵심 질문	• 우리 지역의 남북교역 상품, 서비스, 생산요소는 무엇일까요? • 지속 가능한 남북교역을 위해 필요한 조건은 무엇일까요?
학습 단계	교수·학습 과정
도입	**수업 열기** • 1, 2차시 수업을 떠올리며 과거 남북교역의 실패 원인 찾아보기 - 남북교역 실패의 원인에 대해 브레인스토밍하기 - 남북교역 재개를 위한 제도와 환경조건 탐구하기
활동 1	**우리 지역에서 경쟁력 있는 남북교역 기획안 작성하기** • 북한에서 경쟁력이 있을 만한 우리 지역 상품, 서비스 조사하기 - 과거 교역 사례, 구체적인 품목, 그 품목이 경쟁력이 있다고 여긴 이유, 구체적인 교역 방안 등을 포함하여 작성하기 • 지금 우리 지역에서 경쟁력이 있을 만한 북한의 상품, 서비스 조사하기 - 구체적인 품목, 그 품목이 경쟁력이 있다고 여긴 이유, 구체적인 교역 방안 등을 포함하여 작성하기 ※ 작성 분량: 보고서 3쪽 내외 또는 PPT 자료 10쪽 내외
활동 2	**새로운 남북교역 프로젝트 기획안 발표 및 평가하기** • 우리 지역 남북교역 프로젝트 기획안의 평가 기준 세우기 예> - 우리 지역과 북한 지역을 구체적으로 제시하였는가? - 선정한 지역의 상품, 서비스가 갖는 경쟁력을 제대로 제시하였는가? - 제시한 남북교역 방안이 실현 가능성이 있는가? - 자신의 진로와 연결 지어 기획안을 작성하였는가? - 친구들이 이해하기 쉽도록 내용을 정리하고 발표하였는가? • 남북교역 기획안 발표 및 평가하기 ※ 발표 내용: 작성한 내용 발표(5분 내외), 질의응답 및 평가(3분 내외)
정리	**수업 마무리 활동** • 자신이 작성하고 발표한 기획안에 대한 성찰 글쓰기 • 탐구 활동에 참여한 소감 나누기

우리 지역의 남북교역 프로젝트, 어떤 것이 가능할까요?

1 현재 남북교역은 거의 이루어지지 않고 있습니다. 지난 시간까지 나눈 이야기를 떠올리며 남북교역의 중단 원인과 해결방안을 비주얼씽킹으로 표현해 봅시다.

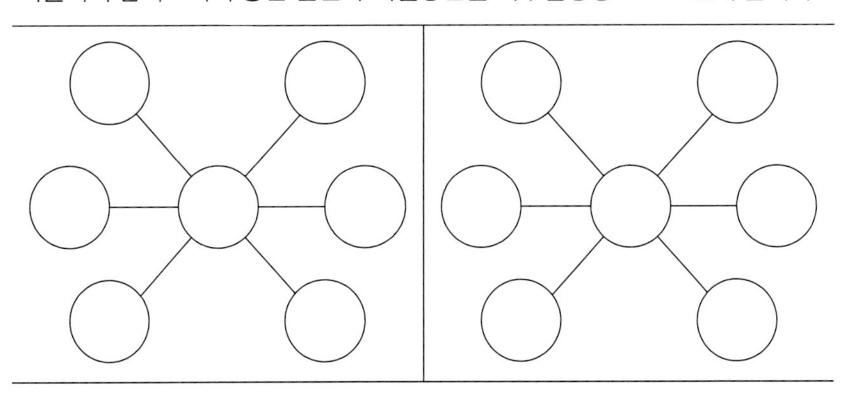

※ 〈작성 방법 tip!〉
'중단 원인'과 '해결방안'을 가운데 원에 각각 적습니다. 교역이 중단된 다양한 원인을 떠올려 보고 그러한 문제를 해결할 방안, 즉 제도와 환경조건 등의 변화 방향을 적어 봅시다.

2 북한과 교역할 때 경쟁력이 있을 만한 우리 지역의 특별 상품과 서비스는 어떤 것이 있을까요? 아울러, 북한에서 우리 지역으로 가져왔을 때 경쟁력이 있을 만한 품목은 어떤 것이 있을까요? 우리 지역과 북한 지역의 남북교역 프로젝트 기획안을 작성해 봅시다.

◇ 활동 기간: 202○년 ○월 ○일(　)~○월 ○일(　)

◇ 활동 주제: 1, 2차시에서 탐구한 내용을 바탕으로 북한과 교역할 수 있는 우리 지역의 상품과 서비스, 우리 지역에 필요한 북한의 상품과 서비스 교역 방안

◇ 산출물 형식: 기획안 보고서(3쪽 내외) 또는 PPT 자료(10쪽 내외)

◇ 기획안에 포함할 내용

- 북한에서 경쟁력이 있을 만한 우리 지역의 상품, 서비스 조사하기
  - 우리 지역의 과거 교역 사례
  - 구체적인 품목 선정
  - 그 품목이 경쟁력이 있다고 생각한 이유

- 지금 우리 지역에서 경쟁력이 있을 만한 북한의 상품, 서비스 조사하기
  - 구체적인 품목 선정
  - 그 품목이 경쟁력이 있다고 생각한 이유

- 교역 활성화를 위한 방안

◇ 작성 조건

- 1학기 교과 수업 시간에 배운 내용을 두 가지 이상 연계하여 설명해 보세요.
- 기획한 프로젝트가 자신의 진로, 미래 삶과 어떤 관련이 있을지 설명해 보세요.

3 남북교역 프로젝트 기획안 발표에 앞서 기획안을 평가하기 위한 기준을 세워 봅시다.

평가 기준	보충 설명
예. 선정한 우리 지역의 상품이 북한에서 희소성을 갖는가?	예. 한쪽에서 부족하거나 없는 상품과 서비스를 교류할 때 서로 도움이 될 뿐만 아니라 교역이 활발하게 이루어지기 때문이다.
•	
•	

※ 〈작성 방법 tip!〉

생각나는 기준을 먼저 적고 그것이 필요한 이유를 보충 설명합니다. 이후 다른 친구들의 발표를 듣고 새로운 내용을 추가해도 좋습니다.

4 자신이 준비한 기획안을 발표하고 다른 사람의 발표에서 인상적인 내용을 기록해 봅시다.

◇ 발표 일시: ○월 ○일 (   )교시

◇ 발표 시간: 5분 내외

◇ 인상적인 발표 내용

발표자	발표 내용 요약	나의 평가

5 수업을 마치며 마무리하는 글을 다음과 같이 작성해 봅시다.

남북교역 프로젝트 기획 수업에 참여하면서

나는 ____

한 생각을 하게 되었다.

왜냐하면, ____

____하기 때문이다.

Ⅴ 결론

이 글에서는 고등학교에서 실질적으로 통일교육이 가능한 공간을 탐색하여 학생들이 다양한 지식을 융합적으로 활용하여 주도적으로 참여할 수 있는 교수·학습 프로그램의 모델을 제시하였다. 프로그램에서는 그동안 통일교육 논의가 갖는 추상성, 즉 학생들의 삶과 거리가 먼 통일교육 내용의 한계를 극복하기 위해 다음을 시도하였다.

첫째, 남북관계의 역사에서 교역에 집중함으로써 역사적 사실에 기반한 탐구를 진행하도록 하였다. 탐구 과정에서 남북관계가 학생의 삶과 밀접하게 관련이 있음을 확인할 수 있도록 하였다. 둘째, 학생들이 자신이 거주하는 지역을 잘 이해하고 교류 대상으로서 북한 지역을 함께 탐구하여 상호 협력 가능한 교류 협력 모델을 탐구하도록 기획하였다. 셋째, 학생들이 내용을 조사한 후 정리하고 발표하는 학생참여 중심 프로젝트 학습으로 설계하였다. 이를 통해 학생들의 관심사를 반영한 교류 협력 프로젝트 기획안을 작성할 수 있도록 활동지를 구성하였다.

프로그램에 참여하면서 학생들은 직접 자료를 조사하며 교과 지식을 확장하고 체계적으로 분석, 탐구함으로써 지식정보처리 역량과 창의적 사고 역량 등을 키울 수 있다. 또한 질문과 탐구 중심의 활동을 통해 분단과 통일 문제를 자신의 삶 속에서 생각해보는 기회를 가질 수 있을 뿐만 아니라 미래 진로를 탐색할 수 있다. 학교자율 교육과정은 적용 초기 단계로 학교마다 프로그램 운영 내용과 형식이 다양하다. 학기 초 프로그램 계획 수립 단계에서 적용가능한 다양한 주제를 발굴하여 적용 사례를 제시할 필요가 있다. 정치, 경제, 외교 등 관련 분야 진로를 희망하는 학생들이 관심을 가질 수 있도록 안내할 필요가 있다.

참고문헌

관세청, https://unipass.customs.go.kr/ets/index.do/, 검색어: 수출입무역통계.

교육부(2015), 교육부 고시 제2015-74호『초·중등 교육과정 총론』, 세종: 교육부.

교육부(2021), "2022 개정 교육과정 총론 주요 사항(시안)", 세종: 교육부.

교육부(2022a), 교육부 고시 제2022-33호『초·중등학교 교육과정 총론』, 세종: 교육부.

교육부(2022b), 교육부 고시 제2022-33호『고등학교 교육과정』, 세종: 교육부.

교육부(2022c),『수업량 유연화에 따른 학교 자율적 교육과정 운영 사례집』, 세종: 교육부.

교육부(2022d),『2022학년도 학교생활기록부 기재요령(고등학교)』, 세종: 교육부.

국가지식포털 북한지역정보넷, http://www.cybernk.net/.

국립통일교육원(2023),『2023년도 학교 통일교육 실태조사 결과 보고서』. 서울: 국립통일교육원.

김병연(2023), "고등학교 도덕과 진로 선택 과목의 과정 중심 수행평가 모델 개발-[고전과 윤리]를 중심으로", 도덕윤리과교육, 78.

남북교류협력시스템 https://www.tongtong.go.kr/unikoreaWeb/ui/pblc/guidance/dta/popup/ATHDWTradeDwPrdlstP.do/.

남북교류협력 관련 법과 제도, https://www.tongtong.go.kr/unikoreaWeb/ui/pblc/guidance/dta/PGDDTDtaBbsLawSystem.do?tabNumber=1/.

농촌진흥청 농업정보포털, https://www.nongsaro.go.kr/.

뉴스 검색, https://www.bigkinds.or.kr/.

김상범·김현미·이상아·김태환(2020),『학교 평화·통일교육의 개념, 핵심 역량, 목표 정립』, 진천: 한국교육과정평가원.

문한필·임채환·김영훈(2020), "북한 농림축산물 비교우위 분석을 통한 남북농업협력 가능성 모색",『통일연구』, 24(1).

박병기·추병완(1996),『윤리학과 도덕교육』, 서울: 인간사랑.

오기성(2019), "통일환경 및 통일의식 변화에 따른 교육의 과제: 평화·통일교육의 핵심 역량 중심 접근", 통일부·교육부(2019),『제7회 통일교육주간 평화·통일교육 컨퍼런스 프로그램북』.

이대훈(2019), "평화역량과 평화교육의 적용", 통일부·교육부(2019),『제7회 통일교육주간 평화·통일교육 컨퍼런스 프로그램북』.

정창우(2013),『도덕과 교육의 이론과 쟁점』, 서울: 도서출판 울력.

최영진·강성·김병연·노곤·이지원(2022), 『공간으로 분단의 일상성 읽기 중등 수업편』, 진천: 한국교육개발원.
통일부 북한정보포털, https://nkinfo.unikorea.go.kr/nkp/theme/nkChronology.do/.
통일부 https://www.unikorea.go.kr/
한겨레신문, "'남북경협 파탄'에 피눈물…"모든 걸 잃었다, 길을 열어달라"" https://www.hani.co.kr/arti/politics/defense/776938.html/, 2019.10.19.
함규진·김동창·김병연·박대훈·김대훈(2019), 『평화·통일교육 역량 함양을 위한 교과 교육과정 재구조화 탐색 연구』, 세종: 교육부.
홍병선(2016), "현행 융합교육에 대한 진단과 융합역량 제고 방안", 『교양교육연구』, 10(4).
OECD(2019), *OECD Future of Education and Skills 2030 Conceptual learning framework TRNASFORMATIVE COMPETENCIES FOR 2030*, (Paris: OECD).
Vygotsky, L. S.(1978), *Mind in Society*, 정회옥 역(2009), 『마인드 인 소사이어티』, 서울: 학이시습.

제2장

화해교육과 평화교육 관점으로 본 한국전쟁

Ⅰ. 서론

Ⅱ. 화해교육과 평화교육

Ⅲ. 한국전쟁에 관한 학교 교육 분석

Ⅳ. 화해교육과 평화교육 관점에서 개선 방향

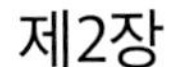

제2장

화해교육과 평화교육 관점으로 본 한국전쟁

I 서론

1945년 제정된 유엔 헌장 서문에는 “두 번이나 말할 수 없는 슬픔을 인류에 가져온 전쟁의 불행에서 다음 세대를 구할 것”을 결성의 첫째 이유로 제시하고, 이를 위해 “관용을 실천하고 선량한 이웃으로 상호 평화롭게 함께 생활하며, 국제평화와 안전을 유지하기 위하여 힘을 합하며, 공동이익을 위한 때 외에는 무력을 사용하지 아니한다.”고 결의하였음을 밝히고 있다(UN, 2022).

인간의 역사를 전쟁의 역사에 견주어 설명할 만큼 전쟁은 빈번했다. 2015년에는 세계 193개국의 지도자들이 전쟁을 비롯한 기근, 가뭄, 전염병, 빈곤과 같은 일들이 언제 어디서나 발생할 수 있음을 공유하고 UN 차원의 지속가능발전 목표를 제시하였다(UNDP, 2015: 3). OECD는 2018년 제시한 ‘교육 2030 프로젝트’(OECD Education 2030)에서 전쟁과 테러의 위협이 고조되고 있음을 경고하였다(OECD, 2018: 3). 러시아의 우크라이나 침공, 이스라엘의 팔레스타인 가자지구 침공 등 전쟁과 분쟁은 계속되고 있다. 한반도에서도 소극적 의미의 평화가 유지되고 있지만, 남북으로 분단되어 대화와 갈등을 반복해 왔기에 전쟁 가능성이 크다. 일제 강점기 후 전후 냉전 구조에 의해 분단된 한반도는 현재까지 정치적·군사적 대치 상황에 놓여 있다. 이 상황은 여전히 군사적 충돌의 위험성이 있고 전쟁 발발 가능성을 안고 살아갈 수밖에 없는 상황이다(APCEIU, 2020: 4).

UNESCO는 평화롭고 지속 가능한 공존을 위협하는 전쟁, 폭력, 불의, 불평등의 근본 원인과 자신의 생각과 행동을 비판적으로 성찰하는 능력을 기를 것을 강조하고 있다(APCEIU, 2019: 3). 과거의 전쟁을 성찰하고 발생 가능한 미래의 전쟁을 방지하기 위한 교육적 노력은 보편적인 과제다. 그러나 남북관계는 분단체제의 정치적 대립 속에서 외집단에 대한 적대감을 해당 공동체의 지배적 정체성과 감정으로 발전시켜 편견과 불신을 재생산하는 고질 갈등(intractable conflict)의 전형을 보여주고 있다(허지영, 2021: 75).

남북 간 화해를 어렵게 만들고 고질 갈등을 형성한 근원적인 배경으로 한국전쟁을 들 수 있다. 남과 북에 각기 다른 정부가 수립되고 3년여에 걸쳐 전쟁을 치렀고 이후 갈등과 대립이 지속하는 가운데 분단이 고착화하였다. 분단이 길어지면서 분단 상태에서의 삶을 평화로운 일상으로 여기거나, 북한에 대한 이질감과 적대감을 느끼는 이들도 많다.

전쟁을 어떻게 명명하느냐 하는 문제는 전쟁의 기원과 책임, 그리고 전후처리 등을 보는 시각과 직결된다(차승주, 2011: 103). 한국전쟁은 명칭을 부여하는 이의 관점을 반영하여 '6·25 전쟁', '조국해방전쟁', '한국전쟁' 등 다양한 이름으로 불린다. 하나의 사건을 두고 다양한 명칭이 있다는 것은 그 사건의 성격과 개념 규정에서 서로 다른 시각이 경쟁하고 있음을 의미한다.

교과서에서는 '6·25 전쟁'을 공식 용어로 사용하고 있다. 북한에서는 미국과 이승만 정부의 침략을 막기 위한 전쟁이었다고 주장하면서 '조국보위전쟁' 또는 '조국해방전쟁'이라는 표현을 사용한다(차승주, 2011: 104). 교육부 자료에서는 한국전쟁과 6·25 전쟁을 병행 표기하기도 하고(교육부 외, 2019), 국립통일교육원 자료에서는 6·25 전쟁을 주로 사용하지만, 일부 자료는 한국전쟁으로 표기하고 있다(황인표 외, 2017). 국가보훈처 발행 영문 버전 교육자료인 'War History Activity Book'은 부제로 'The Korean War'를 사용하고 있다(국가보훈처, 2022).

'한국전쟁'이란 명칭에 대해서도 논란이 있다. 국제적으로 사용되는 명칭인 'Korean War'에서 'Korea'는 North Korea와 South Korea를 포괄하는 의미이지만, 이를 번역한 '한국'이라는 말은 일반적으로 대한민국, 즉 남한을 가리킨다. 따라서 '한국전쟁'이란 용어는 '남한전쟁'과도 같은 내포를 지니게 되며, '한국이 일으킨 전쟁'과 같이 전쟁 주체가 모호해지거나, 전쟁 책임이 전도되어 이해될 수 있다(차승주, 2011: 105).

남한에서 공식적으로 사용하는 '6·25 전쟁'은 전쟁 발발의 책임이 북한에 있음을 강조하기 위한 남한 중심 사고가 반영되어 있고 전쟁의 명칭에 전쟁 발생 일자를 표기하는 것도 보편적이지는 않다. 어떤 명칭을 선택하더라도 1950년에 이 땅에서 일어난 전쟁을 온전히 표현하는 데 어려움이 있다. 이 글에서는 Korean War의 번역어로 한국전쟁이란 명칭을 사용하고, 원문을 인용하는 경우와 같이 상황에 따라 '6·25 전쟁'을 혼용하고자 한다.

이 글에서는 화해교육과 평화교육 관점에서 한국전쟁에 관한 교육 방안을 제시할 것이다. 학교교육을 통해 한국전쟁에 관한 교육의 개선 과제를 도출하기 위해 화해교육과 평화교육에 대해 살펴볼 것이다. 이어 교과 교육과정과 정부 기관에서 발행한 계기교육 자료를 중심으로 한국전쟁에 관한 교육 현황을 분석하고 의의와 한계를 제시할 것이다. 이를 토대로 미래에 남북관계를 새롭게 구성해 갈 학생들의 마음에 화해와 평화의 문화를 형성하기 위한 개선 방향을 제시할 것이다.

Ⅱ 화해교육과 평화교육

1. 화해교육 접근

남북 간 갈등은 다층구조를 띤 고질 갈등의 성격을 지니고 있다. 근본적으로 갈등 당사자인 남북한 양자 관계의 문제이지만 동시에 한반도를 둘러싼 관련국들의 이해관계가 얽힌 국제관계의 문제이기도 하다. 또한, 남북한 각 사회의 갈등 구조와 갈등 문화 그리고 국민이 형성하고 발전시킨 혐오와 적대감 같은 감정 요인을 포함하는 사회·문화적 수준의 문제이기도 하다(허지영, 2021: 82).

화해의 의미는 최소주의 화해와 최대주의 화해로 나누어 살펴볼 수 있다. 최소주의 화해는 제도적 수정과 정치적 협상에 관한 것으로 개인과 사회 집단의 관계 회복보다는 정치적 신뢰, 권리의 회복, 법치의 준수를 둘러싼 제도적 과정에 관심이 있다(강혁민, 2021: 43). 최소주의 이론가들은 경합적 관점에서 갈등을 인간사회의 영속적 특징으로 본다. 이들은 완전한 화해 및 관계 회복의 불가능성을 인정하고 갈등 해결보다는 협상을 통해 필연적으로 존재하는 적대적 긴장성을 줄여나가는 것이 화해의 목적이라고 해석한다(강혁민, 2021: 43). 즉, 정치지도자 간의 의사결정을 통해 직접적 폭력을 차단하고 소극적 평화를 이루는 것을 중요하게 여긴다.

최대주의 화해는 갈등 당사자 사이에 깨진 관계성을 회복하는 사회·심리적 차원의 화해를 의미한다(강혁민, 2021: 39). 최대주의 화해 이론가들은 정치·제도적 측면에서 거시적인 노력과 함께 미시적 측면에서 사람들의 마음에 생긴 균열을 메우고 상처를 치유하는 것에 관심을 둔다. 갈등의 잔재가 사회 전반에 뿌리 깊게 남아 있으므로 사회적 불안 요소들을 근본적으로 치유하지 않으면 갈등은 다시 재발할 수 있다. 이러한 점에서 최대주의 화해의 중심 과제인 관계 회복은 갈등의 대상자인 타자 혹은 외집단에 대한 선입견이나 편견을 극복하는 일이며 자아와 내집단의 배타적 행위와 믿음을 극복하는 일이다(강혁민, 2021: 44).

화해는 모순적인 것처럼 보이면서도 사실상 상호 의존적인 발상과 힘을 연결하는 역설 위에 세워진다. 레더락(Lederach)에 따르면, 화해는 다음과 같은 세 가지 역설을 다룬다. 첫째, 화해는 전반적으로 고통스러운 과거를 털어놓는다는 점과 상호 의존적이며 장기적인 미래를 추구한다는 점에서 역설적이다(Lederach, 1997/2012: 58). 남북 간 화해는 과거 서로를 향해 행했던 폭력에 대한 성찰을 요구함과 동시에 긴장과 갈등 관계를 극복하고 보다 나은 미래를 지향한다. 둘째, 화해는 진실과 자비가 만날 수 있는 공간을 제공한다. 진실을 밝히고 새롭게 형성할 관계의 유효성과 포용성의 측면에서 과거에 일어났던 일을 넘어설 수 있는 공간이다(Lederach, 1997/2012: 59). 과거의 진실을 밝히는 것은 응보적 정의의 관점을 초월하여 용서와 화해로 나아가기 위한 과정이다. 셋째, 화해는 정의와 평화의 관점에서 잘못을 수정하면서 동시에 서로 연결된 공동의 미래를 그릴 수 있는 시간과 공간을 제공해야 한다(Lederach, 1997/2012: 59). 화해는 자신의 행위를 정의롭고 평화를 위한 것이었다고 합리화하고 상대방을 악마화하지 않았는지 성찰하고 동시에 공동의 미래를 고민하는 과정이다.

강혁민은 갈등을 최대주의 화해로 전환하기 위한 과제를 다음과 같이 제시하였다. 첫째, 내러티브 진실과 회복적 정의이다. 내러티브 진실은 '가해자 대 피해자'라는 이분법으로 진실을 규명하여 갈등을 지속하는 사법적 진실의 한계를 극복하고 모두가 피해자이자 가해자라는 전환적 내러티브 생산에 기여한다(강혁민, 2021: 48). 따라서 한국전쟁의 결과 모두가 피해자라는 사실에 공감하는 내러티브를 생산하는 것이 중요하다. 회복적 정의는 가해자 대 피해자라는 정형화된 접근법을 지양하고 상호 만남과 대화를 통해 회복의 공동체를 추구한다(강혁민, 2021: 49).

둘째, 남과 북은 서로를 윤리적으로 인식하고 상호 신뢰를 회복해야 한다. 화해공동체는 필연적으로 남과 북이라는 내집단과 외집단 간의 상호의존 관계를 전제하는데, 이것은 화해가 한 집단의 일방적인 선언이 아니라 쌍방향적 상호작용이기 때문이다(강혁민, 2021: 49). 대등한 존재로 상대방을 인정할 때 신뢰를 쌓아갈 수 있다. 신뢰는 상호 인식의 조건이자 결과라 할 수 있다. 타자를 온전한 인격체를 가진 상대로 인정하고 함께 살아가야 할 구성원으로 인식할 때 신뢰가 회복될 수 있다.

셋째, 남북 간 화해를 위해 정치적 사과와 용서가 필요하다. 사과는 자신의 잘못을 인정하는 상징적인 의미이자 상대방에게 용서를 구하는 행위이며, 용서란 피해 사실에 대한 보복이나 원한 감정을 중지하겠다는 적극적 선언이다(강혁민, 2021: 52). 정치지도자들이 화해를 위해 행하는 정치적 행위는 교육적으로 의미가 있다.

예를 들어, 2018년 4월 27일 판문점에서 남과 북의 정상이 만나 서로를 존중하는 가운데 대화를 이어 판문점 선언이 발표되는 것을 보면서 시민들의 마음에 자리잡고 있던 북에 대한 경계심이 조금씩 누게 되는 것을 볼 수 있었다. 한 걸음 더 나아가 정치지도자들이 공식적인 자리에서 공개적으로 사과를 표명하는 일은 최대주의 화해를 위한 출발점이 될 수 있다.

넷째, 남과 북이 서로를 악마화하는 기억 작업이 아니라 공동체적 기억으로 전환할 필요가 있다. 기억은 과거의 사건을 기록하는 것뿐만 아니라 기억된 과거를 바탕으로 현재를 해석하고 미래의 행위를 제시하는 교훈이 된다. 같은 행위를 다시 반복하지 않기 위해서는 갈등 관계에 있는 사회 구성원들은 공동체적 기념 혹은 추모라는 반성적 작업을 거쳐야 한다(강혁민, 2021: 52). 내집단과 외집단으로 경계를 세운 가운데 형성된 기억은 상대에 대한 혐오감과 적대감을 유지하고 강화하는 역할을 한다. 개인과 집단은 공동으로 기억된 과거를 바탕으로 정체성을 확립하고 그로써 내집단의 결속을 공고히 할 수 있다(강혁민, 2021: 52).

2. 평화교육 접근

전쟁은 비평화적 상태의 가장 대표적이고 참혹한 예다. 평화교육 연구자들은 평화교육에서 다뤄야 할 주요 내용 중 하나로 전쟁에 관한 교육을 강조했다(Hicks, 1993: 30; Harris & Morrison, 2003: 32; 정영수, 1993: 190). 20세기는 역사상 전쟁의 피해가 가장 컸던 시기이며 두 차례의 세계대전을 겪고 불과 5년 후 우리는 한국전쟁을 겪었다. 전쟁 문제를 교육에서 다루는 일은 한반도 구성원 모두의 평화를 위해 매우 중요하다.

학교에서 전쟁을 다뤄온 방식에 대해 평화교육 연구자들의 평가는 긍정적이지 못하다. 인간의 역사에서 갈등과 전쟁이 일상적으로 벌어지면서 공동체의 보존을 위하여 갈등 관리와 전쟁 준비를 위한 교육을 우선시하였다(Danesh, 2008: 55). 인류의 시작 이래 계속해서 받아 온 끊임없는 전쟁 교육으로 인해 평화교육은 어렵다(Salomon ed, 2022: 55). 전쟁에 대한 명시적, 잠재적인 교육 활동은 전쟁을 어쩔 수 없는 것으로 여기게 하거나 정당화하는 사회적 풍토를 자연스럽게 학생들에게 전달해 온 측면이 있다.

한편 사회 구성원 대다수가 전쟁을 경험하지 못한 상황에서 오늘날 학생들에게 전쟁은 폭력의 문제가 아니라 게임에서나 벌어지는 이야기로 인식되기도 한다. 학생들에게 전쟁은 뉴스나 교육 내용이기보다 '오락'으로서 대중매체를 통해 전달된다. 오락 소재로서 전쟁은 대개 흥미진진하고 용감하며 영웅적인 측면만을 비추고, 어두운 실상을 감춘다(Hicks, 1993: 140).

야우드(Yarwood)와 웨버(Weaver)는 학교에서 전쟁에 관해 배워야 하는 이유를 다음과 같이 제시하였다. 첫째, 전쟁이 학생들의 미래를 좌우할 수 있으므로 전쟁과 관련한 여러 문제를 토론할 필요가 있다. 둘째, 전쟁에 관한 문제는 논란의 여지가 많고 복잡하므로 학교와 같이 체계적으로 지식과 정보를 접할 수 있는 공간에서 토론해야 한다. 셋째, 전쟁이 미치는 영향이 왜, 어떻게, 언제 있었는지를 이해하는 것은 민주주의 사회에서 필수적 기술인 '정치 문해' 과정이다. 넷째, 전쟁에 관한 연구는 우리 자신의 편견이나 선악에 대한 감정 등을 살펴볼 기회를 제공함과 동시에 개인적 도덕심을 발달시키도록 해준다. 다섯째, 전쟁은 고정관념이나 속죄양 만들기의 위험성에 대한 극단적인 예가 된다. 여섯째, 대량 학살 무기가 점점 발달하고 있는 상황에서 미래의 전쟁을 막고자 한다면 그 기본적인 태도부터 변화시켜야 한다(Hicks, 1993: 139).

평화교육 연구자들은 전쟁에 관한 교육에서 다음을 강조한다. 첫째, 전쟁의 대가를 중점적으로 가르쳐야 한다(Hicks, 1993: 137). 전쟁으로 인해 초래되는 참혹한 결과에 초점을 맞추어야 한다. 전쟁이 초래한 인류의 참혹상에 초점을 맞추면 생명에 대한 인간의 무관심과 무감각을 각성시키게 된다(정영수, 1993: 189). 주변에서 전쟁으로 인해 육체적·정신적 고통을 받은 사람, 또는 가족을 잃은 사람들은 없는지, 전쟁이 희생자와 가족의 삶에 어떠한 영향을 주고 있는지, 전쟁의 경험은 일반인들에게 어떠한 대가를 치르게 하는지와 같은 질문을 할 수 있다(Hicks, 1993: 32; 박보영, 1998: 39).

둘째, 전쟁이 인간의 심리에 미치는 영향을 성찰할 수 있도록 해야 한다. 일반적으로 범죄행위가 될 수 있는 행동이 전쟁에서 적을 향해 행해지면 도덕적으로 인정된다. 외부의 적은 내부 구성원들이 소속감을 느끼고 협력하게 만든다. 또한, 타집단을 '비인간화'하는 경향이 있어, 적을 인간이 아니라 증오나 수치심, 욕구불만 등을 집중시킬 수 있는 하나의 대상물로 만들어 버린다(Hicks, 1993: 135). 학습자는 전쟁과 관련한 심리적 과정을 성찰할 수 있어야 한다.

셋째, 전쟁을 신화로 여기는 현실에 대해 과감하게 문제를 제기해야 한다. 전쟁은 현실의 문제이며, 그 결과는 상상을 초월하는 것이라는 점을 명확하게 전달해야 한다. 전쟁을 신화로 만들기 위한 시도는 현실적인 자료로 대체되어야 한다(Salomon ed, 2002: 57). 학생 개인과 가족의 삶을 파괴하는 비평화의 문제임을 구체적인 사례를 통해 이해할 수 있어야 한다.

넷째, 학생들의 발달단계에 맞는 평화교육을 적용해야 한다. 평화교육은 연령과 상황에 따라 신중하고 융통성 있게 접근되어야 한다(고병헌, 2003: 114). 학생의 인지발달단계를 고려해야 할 뿐만 아니라 정서적으로 수용가능한 방식이어야 한다. 예를 들어, 초등학생에게 감당하기 어려운 잔인한 전쟁 관련 영상을 보여주면서 전쟁에 대한 부정적인 인식을 심어주려 하고자 한다면, 의도한 교육적 효과보다 심리적인 거부감이나 정신적인 상처를 남길 수도 있다(김병연, 2011: 53).

Ⅲ 한국전쟁에 관한 학교 교육 분석

1. 교육 현황

한국전쟁에 관한 학교 교육은 국가 수준의 교과 교육과정 및 창의적 체험활동을 통해 이루어진다. 초등 '사회', 중학교 '역사', 고등학교 '한국사' 등에서 한국전쟁을 직접 수업 소재로 다루고 있다. 창의적 체험활동은 학교 자체 계획에 의해 운영되는데 교육부, 국립통일교육원, 국가보훈처 등 정부 기관이 제작한 계기교육 자료를 5월 통일교육 주간, 6월 호국보훈의 달 행사 등에서 활용하고 있다.

교육과정에서 한국전쟁을 다루고 있는 교과목과 핵심개념, 성취기준은 〈표 1〉, 〈표 2〉와 같다. 2015 개정 교육과정에서 관련 내용은 다음과 같다.

표 1 한국전쟁 관련 2015 개정 교육과정 성취기준

학교급	교과목	핵심개념	성취기준
초등학교	사회	대한민국의 발전	6·25 전쟁의 원인과 과정을 이해하고, 그 피해상과 영향을 탐구한다.
중학교	역사	현대 세계의 전개	대한민국의 수립과 6·25 전쟁의 전개 과정을 파악한다.
고등학교	한국사	대한민국의 발전과 현대 세계의 변화	8·15 광복 이후 전개된 대한민국의 수립 과정을 파악하고, 6·25 전쟁의 발발 배경 및 전개 과정과 전후 복구 노력을 살펴본다.
고등학교	동아시아사	오늘날의 동아시아	제2차 세계 대전의 전후 처리 과정을 알아보고, 동아시아에서 냉전의 심화·해체 과정과 그 영향을 분석한다.

초등학교 '사회'는 '전쟁의 원인과 과정, 피해상과 영향'을 다루도록 하고 있다(교육부, 2018: 42). 중학교 '역사'는 '전쟁의 전개 과정 파악'을 강조하고 있다(교육부, 2018: 112). 고등학교 '한국사'는 '전쟁의 발발 배경 및 전개 과정과 전후 복구 노력'을 다루도록 하고 있다(교육부, 2018: 151). 초중고 '사회', '역사(한국사)' 과목의 성취기준은 전쟁의 원인과 전개 과정을 공통으로 강조하고 있음을 알 수 있다. 고등학교 '동아시아사'는 성취기준에서 한국전쟁을 직접 언급하지는 않았지만, '제2차 세계대전 전후 처리와 냉전 체제' 영역에서 학습 요소로 6·25 전쟁을 포함하고 있다(교육

부, 2018: 203).

2022 개정 교육과정에서 한국전쟁 관련 교육과정 성취기준은 다음과 같다.

표 2 한국전쟁 관련 2022 개정 교육과정 성취기준

학교급	교과목	영역	성취기준
초등학교	사회	식민 통치와 저항, 전쟁이 바꾼 사회와 생활	8·15 광복과 6·25 전쟁이 사회와 생활에 미친 영향을 파악한다.
중학교	역사	현대 세계의 전개와 과제	냉전의 전개와 제3 세계 등장의 상관관계를 이해하고, 냉전 이후 국제 질서의 변화를 분석한다.
고등학교	한국사	대한민국의 발전	6·25 전쟁과 분단의 고착화 과정을 국내외의 정세 변화와 연관하여 이해한다.
	국제 관계의 이해	평화와 안전의 보장	인류가 직면한 평화와 안전의 상황을 다각적으로 조사한다.
	여행 지리	성찰과 공존을 위한 여행	평화, 전쟁, 재난의 상징이 새겨진 지역에 대한 직간접적인 여행을 체험하고 이를 바탕으로 인권, 정의, 인류의 공존을 둘러싼 구조적 문제를 비판적으로 탐구한다.
	역사로 탐구하는 현대 세계	냉전과 열전	냉전 시기 열전의 전개 양상을 찾아보고, 전쟁 당사국의 전쟁 경험을 비교한다.

초등학교 '사회'는 '6·25 전쟁이 사회와 생활에 미친 영향'을 다루도록 하고 있다(교육부, 2022: 33). 중학교 '역사'는 '6·25 전쟁과 이후 한반도의 정치적 상황을 국제적 안목에서 이해'하도록 하고 있다(교육부, 2022: 82). 고등학교 '한국사'는 '6·25 전쟁과 분단의 고착화 과정'을 다루고 있다(교육부, 2022: 100). 초중고 '사회', '역사(한국사)' 과목의 성취기준은 전쟁의 과정과 그것이 미친 영향을 중심으로 다루고 있다.

2022 개정 교육과정은 일반 선택, 진로 선택, 융합 선택 등 선택 과목의 유형을 다양화하였다. 따라서 고등학교 사회과군의 다양한 선택 과목에서 한국전쟁을 직간접적으로 다루고 있으며 평화, 인권, 정의의 관점이 강조되었다. '국제관계의 이해' 과목은 성취기준에서 한국전쟁을 직접 언급하지는 않았지만, 인류가 직면한 평화와 안전의 상황을 조사하도록 하고 있다(교육부, 2022: 245). '여행지리' 과목은 평화,

전쟁 등의 상징이 새겨진 지역에 대한 직간접적인 여행을 체험하고 인권, 정의, 인류의 공존을 둘러싼 구조적 문제를 비판적으로 탐구하도록 하고 있다(교육부, 2022: 258). '역사로 탐구하는 현대 세계' 과목은 냉전 시기 열전의 전개 양상을 조사하도록 하고 있다(교육부, 2022: 266).

한국전쟁을 교육 소재로 다룬 정부 기관 교육자료는 교육부가 운영하는 통통평화학교, 국립통일교육원, 국가보훈처 홈페이지 검색을 통해 2015 개정 교육과정 발표 이후 발행된 자료를 살펴보았다. 분석한 교재 목록은 〈표 3〉과 같다.

교육부의 '교과 교육과정과 연계한 통일교육'은 고등학교 '통합사회'의 '남북 분단과 국제 사회의 평화', '생활과 윤리'의 '통일의 쟁점' 영역과 연계할 수 있는 교육자료로 제작되었는데 '6·25 전쟁의 배경과 통일의 필요성'을 제시하고 있다. 전쟁과 관련한 자료는 전쟁의 전개 과정을 제시하고 있다(교육부, 2019: 24~26). 교육부, 세종특별자치시교육청, 한국교육개발원이 함께 개발한 '평화·통일교육 교수-학습 자료 '역사''는 평화의 관점에서 교사들이 전쟁을 어떻게 다루어야 하는지 제시하고 있다. 일반적으로 역사과 교과서에서 한국전쟁을 다루는 방식과 달리, 국가, 마을, 개인, 문화의 측면에서 전쟁을 재조명하고 평화 감수성과 평화 능력을 기르기 위한 수업 활동을 제시하였다(교육부, 2019: 5).

표 3 한국전쟁 관련 정부 기관 발행 계기교육 자료

발행기관	발행연도	교재명	학교급
교육부	2019	교과 교육과정과 연계한 통일교육	고
교육부 외	2019	평화·통일교육 교수-학습 자료 '역사'	중·고
국립통일교육원	2017	통일아, 안녕!	초
국립통일교육원	2017	한반도의 오늘과 통일(초등 5~6학년용)	초
국립통일교육원	2017	한반도의 오늘과 통일(중학생용)	중
국가보훈처	2016	6·25 전쟁 이야기 (War History Activity Book: The Korean War)	·
국가보훈처	2019	우리가 알아야 할 보훈기념일	·
국가보훈처	2020	NIE 독립 호국 민주	·

국립통일교육원의 초등학생용 교재 '통일아 안녕'은 '4. 왜 한반도가 둘로 갈라지

게 되었나요?'라는 제목의 단원에서 한반도의 광복, 38도선 분단, 대한민국의 탄생, 한국전쟁 등을 다루고 있다(황인표 외, 2017: 62~69). 초등학교 고학년용으로 개발한 '한반도의 오늘과 통일(초등 5~6학년용)' 교재에서도 'I. 분단의 고통, 아물지 않은 상처' 단원에서 한국전쟁을 다루고 있다. 이 자료에서는 한국전쟁이 우리에게 남긴 과제로 '섬나라 아닌 섬나라가 되었지요.', '남북 간의 차이가 커졌어요.', '이산가족의 아픔을 달랠 길이 없어요.', '국방비를 지출해야 해요.', '긴장과 갈등, 대화와 협력이 반복되고 있어요.'와 같이 분단의 상처와 어려움을 제시함으로써 통일의 필요성을 간접적으로 제시하고 있다(황인표 외, 2018: 9~11). 같은 제목으로 개발된 중학생용 교재는 분단의 원인, 분단의 과정, 분단의 영향 등을 제시하였다(김국현 외, 2017: 4~15).

국가보훈처가 발행한 6·25 전쟁 영문 가이드북 'War History Activity Book: The Korean War'는 한국전쟁 소개, 전쟁의 전개 과정, 참전 UN군 현황, 전쟁 영웅, 한국전쟁에 사용된 군함, 탱크, 전투기 소개, 전쟁 기간 인명 피해, 전쟁 이후 한국의 변화 등을 다루고 있다(국가보훈처, 2022). 국가보훈처의 '우리가 알아야 할 보훈기념일'은 전쟁의 시작과 이후 전개 과정을 간략히 소개하고, 전쟁 당시 3대 전투인 다부동 전투, 인천상륙작전, 장진호 전투 등을 소개하고 있다. 아울러, 6·25 전쟁 관련 기념시설로 전쟁기념관, 칠곡호국평화기념관, 다부동전적기념관 등을 소개하고 있다(국가보훈처, 2022: 46~51). 'NIE 독립 호국 민주'에서도 6·25 전쟁 당시 3대 전투로 장진호 전투, 인천상륙작전, 다부동 전투를 소개하고 있다(국가보훈처, 2022: 46~47).

2. 교육의 의의

한국전쟁에 관한 교육의 의의는 다음과 같다. 먼저, 역사적 사실을 중심으로 초·중·고 교육과정에서 전쟁의 시작과 전개 과정을 거시적 관점에서 충실하게 전달하고 있다.

교과서와 계기교육 자료의 서술은 전쟁 전개 과정을 일목요연하게 설명한다. 전쟁으로 인한 결과와 고통을 겪었던 피해 현황을 개괄적으로 설명하고 있다는 점도 공통적인 특징이다. 그러나 전쟁의 문제가 학생 자신의 문제가 될 수도 있음을 이해하고 역사적 사실이 주는 교훈을 자기 삶의 관점에서 깊이 숙고하도록 돕는 데 한계가 있어 보인다. 한국전쟁의 경험을 책에서만 접하는 학생들에게 전쟁의 발발, 전개 과정, 영향과 결과 등을 중심으로 무미건조하게 서술되고 이를 이해하는 데 머무르는 경우가 많다. 2022 개정 교육과정에서 이러한 문제의 개선 가능성이 엿보인다. 향후 발행될 교과서 분석을 통해 확인할 수 있을 것이다.

다음으로, 전쟁으로 인한 피해를 정신적, 물질적 측면에서 이해할 수 있도록 안내하고 있다. 전쟁 당시 피란민들의 생활상을 소개하거나(석병배 외, 2019: 147) 국토 황폐화 및 산업시설 파괴, 인명 피해, 고아와 이산가족의 발생 개요를 소개하고 있다.

> 6·25 전쟁은 냉전 시대에 나타난 국제 전쟁으로, 정신적·물질적으로 엄청난 피해를 남겼다. 기나긴 전쟁으로 국토가 황폐해지고 대부분의 건물과 산업시설이 파괴되었다. 또한 많은 군인과 민간인이 죽었으며, 수많은 전쟁고아와 이산가족이 생겼다(김태웅 외, 2020: 204).

> 전쟁 과정에서 특히 민간인의 희생이 컸다. 북한군은 '반동분자'를 몰아낸다는 명분으로 우익 인사들을 학살하였고, 대한민국 군경도 북한에 협력하였다고 의심되는 사람들을 '빨갱이'로 몰아 학살하였다. 이 밖에 폭격이나 상호 보복으로 희생된 사람도 많았다. <중략> 전쟁으로 이념 대립과 적대 감정도 깊어졌다. 남과 북에서는 각각 '빨갱이'나 '반동분자'로 낙인찍히면 사실상 그 사회에서 배제되는 흑백논리가 퍼졌다(최병택 외, 2020: 252).

마지막으로, 일부 자료는 전쟁을 학생 눈높이에서 사고하여 평화 감수성을 기를 수 있게 미시적으로 접근해야 한다. 전쟁 와중에 삶을 살아내야 했던 사람의 눈으로 전쟁을 바라볼 것을 권한다. 예를 들어, 교육부 자료에서 '남겨진 검정 고무신들'이란 제목의 글은 전쟁의 비참함을 사람의 관점에서 살펴볼 수 있도록 한다.

> 1950년 7월 7일 초여름날, 100여 명의 보도연맹원들은 두 손을 결박당한 채 한 명씩 사살된 것으로 전해진다. 주인을 저세상으로 보내고 덩그러니 남은 유품은 애잔함을 준다(교육부 외, 2019: 6~7).

이러한 서술은 교과서와 계기교육 자료에서 보편적인 서술은 아니지만, 전쟁 문제에 관한 교육을 새로운 관점에서 시도하고 있다는 점에서 의미가 있다.

3. 교육의 한계

교과 교육과정과 계기교육 자료에 나타난 한국전쟁 관련 교육 내용은 학교급별 서술에서 차이를 발견하기 어렵다. 전쟁 서술에 있어 전쟁의 시작, 전개, 이후 영향에 이르는 서사에 집중하고 가해자와 피해자를 구분하는 안보적 관점을 강조하고 있다. 전쟁의 상처를 되풀이하지 않기 위해 시민은 어떻게 사고하고 행동해야 하는가에 대한 고민과 고려는 부족하다. 한국전쟁에 관한 교육은 다음과 같은 한계가 있다.

첫째, 학생들의 발달단계를 고려하지 못하고 전쟁의 전개 과정과 피해 상황을 개괄적으로 살펴보는 데 그치고 있다. 2015 개정 교육과정에 따른 성취기준을 살펴보면, 초등학교 사회의 "6·25 전쟁의 원인과 과정을 이해하고, 그 피해상과 영향을 탐구한다", 중학교 역사의 "6·25 전쟁의 전개 과정을 파악한다", 고등학교 한국사의 "6·25 전쟁의 발발 배경 및 전개 과정과 전후 복구 노력을 살펴본다"와 같이 성취기준이 대동소이하다(교육부, 2018: 42, 112, 151).

이로인해 교과서 서술에서 초·중·고 교과서는 비슷한 경향을 보인다. 아래와 같이 전쟁 과정과 결과를 소개하고 한반도 지도 위에서 전선의 변화를 소개하는 글이 비슷하게 제시된다.

> 1950년 6월 25일에 북한군은 남한을 무력으로 통일하고자 38도선 전 지역에서 총공격을 시작했다. 전쟁에 대비하지 못한 국군은 북한군의 침략에 맞섰으나, 소련에게 무기 공급 등의 지원을 받은 북한군의 공격을 이겨 내지 못하고 낙동강 이남까지 후퇴했다. 국제 연합은 북한에 침략 행위를 중지할 것을 요구했다. <중략> 협상 끝에 마침내 1953년 7월에 휴전이 결정되었고, 맞서 싸우던 자리는 휴전선이 되어 남북은 다시 둘로 나누어졌다. <중략> 6·25 전쟁 중에 국군과 국제 연합군뿐만 아니라 많은 민간인이 다치거나 죽었고, 가족이 흩어져 서로 생사를 확인하기 어려운 경우가 많았다. 국토는 황폐해졌고 건물, 도로, 철도, 다리 등이 파괴되어 복구하는 데 많은 시간과 비용이 들었다(석병배 외, 2019: 142~144).

1950년 6월 25일에 북한이 먼저 침략했고, 3년여간 남과 북으로 전선(戰線)이 이동하며 치열하게 전투가 전개되고, 전쟁으로 인한 인적, 물적 피해가 컸음을 서술한다. "초등학교에서 고등학교까지 한국전쟁은 분량에 약간의 차이가 있을 뿐 동일한 내용의 영상물을 상영하는 것과 같다. 발단–전개–결말이라는 형태의 한국전쟁의 사건사에 대한 반복적 재생이다”(교육부 외, 2019: 26).

둘째, 역사적 사실을 중심으로 한 교과서 서술은 평화적 관점으로 시각을 넓히지 못하고 안보적 관점을 강조하는 데 그치는 경우가 많다. 안보적 접근은 전쟁에 대한 ‘큰 이야기’를 역사적 사실 중심으로 규명하여 교육받는 이로 하여금 전쟁 원인 제공자로서 북한과 북한군에 대한 위협을 드러내고자 하며 튼튼한 안보 의식을 갖춰 다시는 같은 일이 반복되지 않도록 하는 데 중점을 둔다. 남한 입장에서 북한은 침략자로, 전쟁의 근본 원인 제공자로 제시되고 전쟁 이야기는 국군 입장에서 전개된다. 이를 통해 의도하였건, 의도하지 않았건 교육의 결과는 북한에 대한 경계심과 적개심을 불러일으키는 방향으로 전개되었다. 한국전쟁을 소개하는 다수의 자료에서 전쟁 도발의 원인 제공자로서 북한, 전쟁 시작일로서 6월 25일을 지속해서 강조한다.

> 1950년 6월 25일에 북한군은 남한을 무력으로 통일하고자 38도선 전 지역에서 총공격을 시작했다(초등학교 사회)(석병배 외, 2019: 142).
> 1950년 6월 25일, 북한은 선전 포고도 없이 남한을 기습 침공하였다(중학교 역사)(김태웅 외, 2020: 204).
> 1950년 6월 25일 북한은 38도선을 넘어 전면적인 남침을 감행하였다(고등학교 한국사)(최병택 외, 2020: 252).
> 1950년 6월 25일 새벽, 북위 38도선 전역에 걸쳐 북한군이 기습적으로 대한민국을 침범하여 시작된 한반도 전쟁이다(국립통일교육원, 통일아 안녕)(황인표 외, 2017: 68).
> The conflict escalated into opening warfare when the North Korean forces supported by the Soviet Union and China attacked the south on 25 June 1950(국가보훈처, 2022: 4).

역사적 사실을 다루더라도 어떤 사실에 초점을 두는가에 따라 교육 효과는 다르다. 현재 교과서와 정부 기관 교육자료에서 한국전쟁 서술은 전쟁 당사자로서 남한과 북한, 특히 남한 입장에서 전쟁의 원인과 과정, 결과를 서술함으로써 안보 의식을 높이는 데 기여할 수 있지만, 전쟁의 폭력적 속성을 인식하고 전쟁 재발을 막기 위한 의지를 다지는 교육으로 확대되지 못하고 있다. 전쟁사를 무미건조하게 진술하는 방식을 취함으로써 학생들의 평화 감수성을 깨우치기보다, 전쟁의 원인과 승

패에 집중하는 가운데 전쟁 유발자로서 북한의 위협을 부각하는 데 집중하고 있다.

셋째, 전쟁의 책임 소재를 넘어 어떻게 함께 평화를 그려갈 수 있는가 하는 문제의식이 현재의 교육과정에는 담겨 있지 않다(교육부, 2019: 26). 다양한 맥락을 고려하여 전쟁을 살피지 못하고 전쟁을 비판적으로 이해하고 성찰할 기회가 부족하다. 전쟁에 관한 교육의 궁극적 지향점이 무엇인가에 대해 성찰이 필요하다. 교실에서 전쟁을 소재와 주제로 다룰 때에는 다시는 그와 같은 비극을 되풀이하지 않도록 평화 감수성을 기르는 것에 초점을 두어야 한다.

전쟁에 관한 교육은 전쟁 당사자 집단 간의 문제로서만이 아니라 개인, 가족, 마을, 남북관계, 주변 국가 간 관계 등 다양한 맥락에서 검토되어야 한다. 그 과정에서 다양한 이해와 해석이 공존하고 있음을 이해하고, 이를 비판적이고 종합적으로 살펴 자신의 관점을 세우는 과정이 되어야 한다. 학교급이 높아질수록 한국전쟁에 관한 논의의 범주는 단순 사실의 나열을 넘어 역사학계에서 이루어지는 논쟁까지 함께 다루어야 한다.

넷째, 확인된 교육자료에서는 전쟁문제를 여러 맥락에서 종합적으로 다루지 못하고 있다. 앞서 살펴본 바와 같이 2015 개정 교육과정에 따른 초등학교 '사회', 중학교 '역사', 고등학교 '한국사', '동아시아사' 등에서 '6·25 전쟁'을 다루고 있지만, 전쟁의 전개 과정과 영향을 서술하는 데 그치고 있다. 중학교 '도덕', 고등학교 '사회·문화', '여행지리' 등에서 갈등, 폭력, 전쟁 등의 주제를 다루고 있지만, 한국전쟁과 연결 지어 사고하도록 하지 못하고 있다.

중학교 '도덕'은 '타인과의 관계' 영역에서 평화적 갈등해결, 폭력의 문제 해결 등을 다루고 있지만(교육부, 2015: 19~20), 국가 차원의 갈등과 폭력의 대표 사례인 전쟁 문제와 연관 지어 확대하여 다루지 않는다(박병기 외, 2019; 변순용 외, 2019). 고등학교 '사회·문화'는 전 지구적 수준의 문제로 환경 문제, 자원 문제, 전쟁과 테러 등을 살펴보고 해결 방안을 탐색하도록 하고 있지만(교육부, 2018: 252) 테러와 전쟁의 원인, 전쟁으로 이어질 때 예상되는 피해, 세계적 분쟁 해결을 위한 평화적 중재 노력, 전 지구적 관점 등을 강조하는 데 그치고 있다(김영순 외, 2019: 199). 고등학교 '여행지리'는 전쟁박물관과 같은 기념물을 통해 인류의 물질적, 정신적 발전 과정을 성찰할 수 있는 여행계획을 세우고 이를 통해 시민의식을 고취하는 것을 성취기준으로 제시하고 있는

데(교육부, 2018: 261), 교과서는 폴란드의 아우슈비츠, 경기도의 임진각 평화누리, 베를린 장벽 여행, 서대문 형무소 역사관 등 소개하고 기념물 여행에서 갖추어야 할 예절 등을 다루고 있다(박종관 외, 2018: 146~147). 앞서 살폈듯이 2022 개정 교육과정에 따른 사회과군의 다양한 과목에서 평화, 인권, 정의의 관점이 반영된 성취기준이 제시되었는데 이들이 교과서 서술에 어떻게 반영될지 기대되는 이유이다.

Ⅳ 화해교육과 평화교육 관점에서 개선 방향

학교 교육에서 전쟁 문제를 수업의 소재와 주제로 다루는 근본 목적은 전쟁이 가지는 폭력성을 교훈으로 삼고 학생들의 역사의식과 역사적 사고력을 함양하여 더이상 전쟁이 일어나지 않게 노력하는 평화교육에 있다(차승주, 2011: 126). 또한, 전쟁이 남긴 분열과 적대감을 극복하고 새로운 남북관계를 만들어 가는 화해교육이 되어야 한다. 교과 교육과정에 따른 교과서와 교육부 등 정부 기관에서 제작한 교육자료는 이러한 대원칙에 따라 교육 목표, 교육 내용, 교육 방법을 보완해야 한다. 수업 소재로 한국전쟁을 다루되 교육의 결과는 남북 간, 남북한 사람 사이의 화해와 평화를 만들기 위한 자세를 함양하는 것이어야 한다. 이를 위해 한국전쟁에 관한 교육은 다음과 같이 개선이 필요하다.

첫째, 전쟁에 대한 역사적 지식을 습득하는 것에 머물지 않고 전쟁이 다양한 삶의 맥락에서 주는 교훈을 체득하는 과정이 되어야 한다. 가해자와 피해자를 구분하고 전선의 변화를 중심으로 전쟁사를 기술하는 것을 넘어 그 뒤에 가려진 국가 폭력이나 인권의 문제를 되짚어 보고 평화를 구체적으로 모색할 수 있도록 해야 한다. 군사사(軍事史)적 접근에서 벗어나 민주주의, 인권, 여성, 지역 등 다양한 층위로 전쟁을 성찰해야 한다(교육부 외, 2019: 26). 전쟁은 민주주의와 어떤 관계에 있고 어떤 영향을 미치는지, 승리한 전쟁은 인간의 존엄성을 보호할 수 있는지, 전쟁이 지역에 미친 영향은 무엇인지 등을 탐구할 수 있도록 해야 한다. 예를 들어, 일제 강점기를 벗어나던 1945년 무렵의 철원지역과 70여 년이 지나 분단된 한반도의 경계지역으로 외진 곳이 되어버린 철원지역을 비교하는 프로젝트 수업을 진행할 수 있다. 이를 통해 전쟁과 분단이 한 지역의 발전을 어떻게 가로막을 수 있는가를 살펴볼 수 있다.

둘째, 한국전쟁을 교육과정에서 왜 다루는가를 근본적으로 성찰하여 평화적 접근을 보다 강화한 교육 목표를 제시해야 한다. 평화적 접근은 전쟁이 남긴 상처가 군인뿐만 아니라 일반 민중들의 삶에도 미친다는 점에 주목하여 이를 집중적으로 드러내어 전쟁 자체가 갖는 비인간성을 부각함으로써 평화로운 사회 건설에 참여하는 인간을 기르는 데 역점을 둔다. 평화는 인간사회가 지향하는 가치 중 하나이며, 평화로운 사회의 건설에 참여하려는 인간을 기르는 것은 교육의 중요한 목적이다(김한종, 2013: 127). 전쟁 전개 과정에 대한 사실의 나열에 그치는 것이 아니라 그 과정에 있었던 사람들의 삶에 주목함으로써 전쟁의 폭력성을 드러내고 그러한 전쟁이 다시 발생하지 않아야 한다는 가치관을 길러야 한다.

전쟁 속에서 삶을 살아내야 했던 민중의 관점에서 전쟁을 비판적으로 성찰할 수 있도록 해야 한다. 전쟁이 민중의 삶에 미치는 폭력성을 성찰하는 기회를 제공해야 한다. 예를 들어, 전쟁 과정에서 대규모로 이루어진 학살과 엄청난 인간성 파괴 현장을 비중 있게 소개하여 전쟁의 참혹함과 평화의 소중함을 깨닫게 해야 한다(차승주, 2011: 124~125).

셋째, 남북 사이의 화해를 이루기 위해 전쟁에 대한 기억을 공동체적 기억으로 전환해야 한다. 남과 북의 구성원들이 동의할 수 있는 전쟁의 진실을 밝히기 위한 노력과 책임의 문제를 지속해서 제기함과 동시에 모든 구성원이 함께 추모할 수 있는 공동의 기억을 발굴하고 보급하기 위한 노력도 함께 전개되어야 한다. 그동안 한국전쟁에 관한 교육은 남북한이 각자의 입장을 정당화하기 위한 수단으로 활용해온 측면이 강했다. 각자에게 유리한 방식의 전쟁에 대한 기억은 남북이 평화로운 관계를 만들고 새로운 공동체를 구성하는 데 장애가 될 수 있다. 상호인정 가능한 역사적 사실에 대한 진실 규명 노력과 더불어 남북한 구성원이 함께 기억하고 공유할 수 있는 전쟁에 관한 이야기를 지속해서 발굴해야 한다. 예를 들어, 피해자의 관점에서 남과 북이 각각 강조하고 있는 사례들을 역지사지의 관점에서 살펴봄으로써 가해자와 피해자라는 이분법적 접근을 극복하고 모두가 전쟁의 피해자였음을 이해하고 희생당한 사람들을 함께 추모하고 기억하는 데 집중해야 한다.

강제 이주, 민간인 학살, 전쟁고아와 전쟁미망인의 증가, 이산가족의 증가, 전쟁 폭력으로 인한 트라우마 등이 수업의 주된 소재로 제시되면 전쟁을 대하는 학생들이 민중의 관점에서 전쟁을 재해석할 기회를 가질 수 있다. 이를 위한 교육 방법으로 구술자료를 적극적으로 활용할 필요가 있다. 누군가의 삶의 관점에서 해석되고 기록된 구술자료는 역사적, 국가적 관점에서 전쟁에 관한 기억을 사람의 관점에서 이해하고 받아들일 수 있도록 도울 수 있다. 이를 통해 자신과 상관없는 '남의 이야기'로 전쟁을 바라보는 것이 아니라, 나의 이웃 혹은 나 자신이 될 수도 있었던 사람들의 입장에 공감하며 추모할 수 있다.

넷째, 다양한 교과에서 교과 성격에 부합하는 목표와 내용으로 교육과정을 유기적으로 재조직해야 한다. 역사 과목을 제외한 다양한 과목에서 갈등과 폭력, 전쟁을 소재로 다루고 있지만, 유기적으로 조직되지 못하고 있다. 중학교 사회, 고등학교 통합사회 등의 과목에서도 전쟁을 소재로 한 교육과정은 어렵지 않게 포함될 수 있다. 다만, 다양한 과목에서 형식적으로 전쟁을 언급하는 수준에 머물러서는 안 된다.

고등학교 '여행지리'에서 전쟁박물관에 대해 일반적인 소개에 머물고 있는데, 한국전쟁이나 분단을 주제로 삼고 있는 전쟁기념관, 임진각평화누리공원 등을 방문할 때 필요한 역량이 함께 다뤄져야 한다. 전쟁기념관에 대한 기본적인 개요를 설명하는 데 그치지 않고, 전쟁기념관과 같은 기념시설들에 담긴 이야기를 발굴해 내고, 그곳을 방문하는 것이 왜 중요하고, 방문을 통해 얻을 수 있는 지식은 무엇이며, 전시물에 담긴 의미와 논란이 되는 것은 무엇인지 학생 스스로 탐구하고 논의 주제로 삼을 기회를 제공해야 한다.

고등학교 사회·문화는 지구촌 문제의 하나로서 전쟁과 테러에 대해 개괄적으로 서술하는 데 그치지 않고 그러한 전쟁과 테러가 학생 자신의 삶에서 발생할 때 미칠 수 있는 다양한 영향에 대해 상상해보도록 함으로써 전쟁에 대한 경각심과 평화의 소중함에 대해 마음속 깊이 사고할 수 있어야 한다. 특히 고등학교 교육과정에서 모든 학생이 공통으로 수강하게 되는 통합사회 과목에서 평화적 관점과 안보적 관점이 조화를 이룬 교육 내용이 더 풍부하게 반영되어야 한다.

다섯째, 학교급별 학생의 발달 수준을 고려하여 교육과정과 교과서, 기타 교육자료 등을 구성해야 한다. 초등학생이 한국전쟁의 시작부터 끝까지 전개 과정을 매우 제한된 시간 동안 학습해야 할 이유가 있는지, 그것이 교육적으로 온당한 효과를 발휘할 수 있는지 검토가 필요하다.

초등학생은 할머니, 할아버지가 자신과 비슷한 나이였던 시절에 이 땅에서 끔찍한 전쟁을 경험했고 그 과정에서 많은 사람이 비참하게 살아야만 했다는 이야기를 듣는 수준에 머물러도 된다. 동화나 동시를 통해 전쟁의 참혹함에 대해 공감하고 평화 감수성을 갖도록 하는 것만으로도 충분하다.

중학생은 전쟁에 대한 기본 정보를 사실로 배움과 동시에 전쟁을 경험한 다양한 사람들의 삶을 탐구함으로써 평화 감수성과 전쟁에 대한 비판의식을 가질 수 있다. 고등학교 단계에서는 한국전쟁과 관련된 다양한 쟁점들, 예를 들어, 명칭에 대한 논란, 전쟁의 성격에 대한 남과 북의 견해 차이, 남한 내에서 관점 차이 등을 제시하여 토의와 토론을 통해 역사적 사실과 그 해석에서 지평을 넓혀갈 수 있도록 교육과정 성취기준과 교과서 서술 방향을 보완해야 한다.

참고문헌

강순원(2000), 『평화·인권·교육』, 파주: 한울.

교육부(2019), 『교과 교육과정과 연계한 통일교육』, 세종: 교육부.

교육부(2022), 교육부 고시 제2022-33호 『사회과 교육과정』, 세종: 교육부.

교육부(2018), 교육부 고시 제2015-74호 『사회과 교육과정』, 세종: 교육부.

교육부(2015), 교육부 고시 제2015-74호 『도덕과 교육과정』, 세종: 교육부.

교육부 외(2019), 『평화·통일교육 교수-학습 자료 '역사'』, 진천: 한국교육개발원.

국가보훈처(2020), 『NIE 독립 호국 민주』, 세종: 국가보훈처.

국가보훈처(2019), 『우리가 알아야 할 보훈기념일』, 세종: 국가보훈처.

국가보훈처(2016), 『6·25 전쟁 이야기』, 세종: 국가보훈처.

국립통일교육원(2020), 『2020 통일 문제 이해』, 서울: 국립통일교육원.

김국현 외(2017), 『한반도의 오늘과 통일(중학생용)』, 서울: 국립통일교육원.

김영순 외(2019), 고등학교 『사회·문화』, 서울: ㈜교학사.

김태웅 외(2020), 중학교 『역사2』, 서울: ㈜미래엔.

박종관 외(2018), 고등학교 『여행지리』, 서울: 천재교과서.

박병기 외(2019), 중학교 『도덕2』, 과천: 비상교육.

변순용 외(2019), 중학교 『도덕2』, 서울: 천재교과서.

석병배 외(2019), 초등학교 『사회 5-2』, 세종: 교육부.

유네스코아시아태평양국제이해교육원(2020), 『한국 평화교육의 비판적 검토: 유네스코 평화교육의 관점에서』, 서울: APCEIU.

최병택 외(2020), 고등학교 『한국사』, 서울: ㈜천재교육.

국립통일교육원(2020), 『2020 통일 문제 이해』, 서울: 국립통일교육원.

황인표 외(2017), 『통일아 안녕 교사용 지도서』, 서울: 국립통일교육원.

황인표 외(2018), 『한반도의 오늘과 통일(초등 5~6학년용)』, 서울: 국립통일교육원.

강혁민(2021), "분단적대성의 평화적 전환을 위한 최대주의 화해 연구", 『평화학연구』,

22(2).
고병헌(2003), "반전을 넘어 평화를 위한 교육으로", 『중등우리교육』, 160.
김경섭(2014), "'전쟁의 기억'과 '기억의 전쟁': 특별한 피난체험을 중심으로", 『통일인문학』, 57.
김광규(2019), "6·25 전쟁 수업에서 '전쟁영웅'을 어떻게 이야기할 것인가", 『사회과교육연구』, 26(2).
김병연(2011), "평화교육의 교수학습체계 구성과 도덕과 교육에의 시사점 연구", 한국교원대학교대학원 석사학위논문.
김한종(2013), "평화교육과 전쟁사: 모순의 완화를 위한 전쟁사 교육의 방향", 『역사교육연구』, 18.
박보영(1998), "평화교육에 관한 연구", 연세대학교대학원 석사학위논문.
정영수(1993), "평화교육의 과제와 전망", 『교육학연구』, 31(5).
차승주(2011), "남북한 교과서의 '한국전쟁' 관련 내용 비교 연구", 『북한학연구』 7(2).
최연정(2011), "남·북한의 중등학교 역사교육과정과 6·25 전쟁의 쟁점 분석", 순천대학교교육대학원 석사학위논문.
허지영(2021), "고질갈등 이론을 통해 살펴본 한반도 갈등과 갈등의 평화적 전환 접근 방안 연구", 『평화학연구』, 22(1).
APCEIU(2019), *Reconciliation, Peace and Global Citizenship Education: Pedagogy and Practice*, Seoul: APCEIU.
Gabriel, S. ed.(2022), *Peace Education: the Concept, Principles, and Practices Around the World*, (Mahwah, N.J.: Lawrence Erlbaum Associates).
Danesh, H. B.(2008), "The Education for Peace Integrative Curriculum: Concepts, Contents and Efficacy", *Journal of Peace Education*, 5(2).
Harris, I. M. & Morrison, M. L.(2003), *Peace Education*, (Jefferson, N.C.: McFarland & Co).
Hicks, D. ed., 고병헌 역(1988), 『평화교육의 이론과 실천』, 서울: 서원.
Lederach, J. P.(1997), *Building Peace: Sustainable Reconciliation in Divided Societies*, 김동진 역(2012), 『평화는 어떻게 만들어지는가: 지속 가능한 평화의 구

축을 위하여』, 서울: 후마니타스.

OECD(2018), *The future of education and skills Education 2030*, (Paris: OECD).

UN, United Nations Charter, https://www.un.org/en/about-us/un-charter/preamble.

UNDP(2015), *Sustainable Development Goals Booklet*, (New York: UNDP).

저자소개

김병연

공주교육대학교 윤리교육과 교수

중학교와 고등학교에서 도덕교사로 오랫동안 근무했다. 학생들과 나눈 분단, 북한, 통일, 평화 등에 관한 이야기를 통해 학교 통일교육을 깊이 고민하게 되었다. 스스로 통일운동과 통일교육의 경계에 서서, 통일교육과 평화교육을 본격적으로 고민한 학자로 여겨지길 기대한다. 남북관계의 과거, 현재, 미래를 주제로 학생들과 일관되게 소통할 방안을 연구하고 있다. 한국교원대학교에서 평화교육의 교수·학습 체계에 관한 논문으로 석사학위를 취득했고 서울대학교에서 학교 통일교육의 잠재적 교육과정에 관한 논문으로 박사학위를 취득했다. 현재 공주교육대학교 윤리교육과 교수로 재직 중이다.

통일교육의 페다고지

초판발행 2025년 1월 3일

지은이 김병연
펴낸이 노 현

편 집 소다인
기획/마케팅 허승훈
표지디자인 BEN STORY
제 작 고철민·김원표

펴낸곳 ㈜ 피와이메이트
서울특별시 금천구 가산디지털2로 53, 210호(가산동, 한라시그마밸리)
등록 2014. 2. 12. 제2018-000080호
전 화 02)733-6771
f a x 02)736-4818
e-mail pys@pybook.co.kr
homepage www.pybook.co.kr
ISBN 979-11-7279-034-9 93370

정 가 22,000원

박영스토리는 박영사와 함께하는 브랜드입니다.